Los que sueñan el sueño dorado

JOAN DIDION

Los que sueñan el sueño dorado

Traducción de Javier Calvo

RANDOM HOUSE

Papel certificado por el Forest Stewardship Council®

Primera edición: octubre de 2012
Decimoprimera reimpresión: noviembre de 2025

Printed in Spain – Impreso en España

ISBN: 978-84-397-2634-0
Depósito legal: B-26.488-2017

Compuesto en La Nueva Edimac, S. L.
Impreso en Huertas Industrias Gráficas, S.A.
Fuenlabrada (Madrid)

GM 2 6 3 4 A

ÍNDICE

De *Arrastrarse hacia Belén*

De *El álbum blanco*

De *Después de Henry*

De *Salvador*

De *Miami*

LOS QUE SUEÑAN EL SUEÑO DORADO

Esta es una historia de amor y de muerte en la tierra dorada, y empieza hablando del paisaje mismo. El Valle de San Bernardino queda solo a una hora al este de Los Ángeles, saliendo por la autopista de San Bernardino, pero en cierta manera es un lugar foráneo: no es la California costera con sus crepúsculos subtropicales y sus brisas suaves procedentes del Pacífico, sino una California más áspera, hechizada por el Mojave, que se extiende justo al otro lado de las montañas, y devastada por el viento tórrido y seco de Santa Ana, que se cuela por los pasos de las montañas a más de ciento cincuenta kilómetros por hora y aúlla en las barreras de eucaliptos y te crispa los nervios. Octubre es el peor mes para el viento, el mes en que cuesta respirar y las colinas se incendian de forma espontánea. Lleva sin llover desde abril. Cuando uno habla, parece que grite. Es la época del año en que el viento trae los suicidios y los divorcios y una sensación de espanto.

Los mormones se establecieron en este paisaje ominoso y luego lo abandonaron, pero no sin antes plantar el primer naranjo, y durante los cien años siguientes el Valle de San Bernardino atrajo a un tipo de gente que imaginaba que podría vivir entre esa fruta talismánica y prosperar en medio de aquel aire seco, una gente que trajo consigo formas de construir y cocinar y rezar propias del interior y que intentaron aplicar esas costumbres a la tierra. Y el injerto prosperó de forma curiosa. Hablamos de esa California donde es posible vivir y morir sin haber comido nunca una alcachofa y sin haber conocido nunca a un católico ni a un judío. De esa California donde no cuesta nada llamar a números de asistencia espiritual como Dial-A-Devotion y en cambio cuesta horrores comprar un libro. La misma tierra donde la fe en la interpretación literal del Génesis ha dado paso de manera imperceptible a la fe en la interpretación literal de *Perdición* de Billy Wilder, la tierra del pelo cardado y los Ford Capri y las chicas para quienes la vida entera no promete nada más que un vestido de boda blanco hasta media pantorrilla y parir a una Kimberly o una Sherry o una Debbi y luego divorciarse en Tijuana y volver a la academia de peluquería. «Éramos unos chavales inconscientes», dicen sin remordimiento alguno, y pasan a mirar al futuro. En la tierra dorada el futuro siempre es atractivo, porque nadie recuerda el pasado. Hablamos del lugar donde sopla un viento tórrido y las viejas costumbres parecen irrelevantes, donde la tasa de divorcios dobla la media nacional y donde una persona de cada treinta y ocho vive en una caravana. Hablamos de la última parada para todo el mundo que viene de otra parte, para todo el mundo que ha llegado aquí huyendo del frío y del pasado y de las costumbres de antaño. Se trata del lugar donde esa gente intenta encontrar un nuevo estilo de vida, e intenta encontrarlo en los únicos sitios donde sabe buscar: en las películas y en los periódicos. El caso de Lucille Marie Maxwell Miller es un monumento sensacionalista a ese nuevo estilo de vida.

Antes que nada quiero que imaginen Banyan Street, porque es ahí donde sucedió todo. Para ir a Banyan Street hay que conducir en dirección oeste desde San Bernardino por el Foothill Boulevard de la Ruta 66, dejando atrás las playas de maniobras de Santa Fe y el motel Forty Links. Ese motel que consiste en diecinueve tipis de yeso: «NO SEA ROSTRO PÁLIDO, DUERMA EN UNA CHOZA INDIA». Hay que dejar atrás la pista de carreras Fontana Drag City, la iglesia del Nazareno de Fontana y las pistas del Pit Stop A Go-Go; dejar atrás la fundición de acero Kaiser Steel, cruzar Cucamonga y salir por el bar restaurante y cafetería Kapu Kai, situado en la esquina de la Ruta 66 con Carnelian Avenue. En Carnelian Avenue, según se sale del Kapu Kai, que quiere decir «mares prohibidos», el fuerte viento hace restallar las banderolas de las parcelas. «¡RANCHOS DE MEDIO ACRE! ¡COCINAS AMERICANAS! ¡ENTRADAS DE MÁRMOL TRAVERTINO! ¡95 DÓLARES DE ENTRADA!» Se trata de la senda de un propósito desbaratado, los desechos de la Nueva California. Al cabo de un rato, sin embargo, los letreros de Carnelian Avenue empiezan a desaparecer y las casas dejan de ser de esos colores pastel brillante típicos de los propietarios de Springtime Homes para convertirse en los bungalows descoloridos de esa gente que tiene un puñado de vides y un puñado de pollos en el jardín; a continuación la colina se vuelve más empinada y la carretera más abrupta y hasta los bungalows empiezan a escasear, y es ahí –en ese lugar desolado lleno de superficies ásperas y flanqueado de arboledas de eucaliptos y limoneros– donde está Banyan Street.

Igual que gran parte de este paisaje, Banyan Street produce cierta impresión peculiar y antinatural. Las huertas de limoneros están ocultas detrás de un terraplén de unos tres o cuatro pies de alto que hace de muro de contención, de manera que lo único que asoma es su denso follaje, demasiado exuberante e inquietantemente lustroso, de ese color verde de las pesadillas; la corteza caída de los eucaliptos forma una masa polvorienta, un criadero perfecto para las serpientes. Las piedras no parecen piedras, sino más bien los escombros de algún desastre innombrable. Hay estufas agrícolas de petróleo y una cisterna cerrada. A un lado de Banyan está el valle llano, y al otro las montañas de San Bernardino, una masa oscura que se eleva demasiado y demasiado deprisa, llegando a los dos mil, dos mil quinientos o incluso tres mil metros aquí mismo, por encima de los limoneros. A medianoche no hay ni una sola luz en Banyan Street, y tampoco se oye nada salvo el viento en los eucaliptos y los ladridos lejanos de los perros. Puede que haya una perrera cerca, o tal vez los perros sean coyotes.

Banyan Street fue la ruta que Lucille Miller tomó para ir desde el supermercado abierto las veinticuatro horas Mayfair Market hasta su casa la noche del 7 de octubre de 1964, una noche en la que no había luna y soplaba el viento y a ella se le había acabado la leche, y fue en Banyan Street donde, sobre las doce y media de la noche, su Volkswagen de 1964 se detuvo de golpe, se incendió y se puso a arder. Una hora y media se pasó Lucille Miller corriendo por todo Banyan en busca de ayuda, pero no pasó ni un solo coche y tampoco salió nadie a ayudarla. A las tres de la madrugada, después de apagar el fuego y de que los agentes de la policía de carreteras de California terminaran su informe, Lucille Miller seguía sollozando y farfullando, porque en el Volkswagen estaba durmiendo su marido.

–¿Qué les voy a decir a los niños cuando no haya nada, cuando no quede nada en el ataúd? –le dijo entre sollozos a la amiga a la que habían llamado para consolarla–. ¿Cómo les puedo explicar que no queda nada?

De hecho sí que quedaba algo, y una semana más tarde aquel algo yacía en la capilla de la Draper Mortuary dentro de un ataúd de bronce cerrado y cubierto de claveles de color rosa. Unos doscientos asistentes oyeron al reverendo Robert E. Denton de la Iglesia Adventista del Séptimo Día de Ontario hablar del «brote de furia que ha estallado entre nosotros». Para Gordon Miller, dijo, «ya no habrá más muerte ni más disgustos ni más malentendidos». El reverendo Ansel Bristol mencionó lo «peculiar» del dolor que estaban sufriendo. El reverendo Fred Jensen preguntó «de qué le sirve a un hombre ganar el mundo entero si a cambio pierde su alma». Lloviznaba, lo cual era una bendición en plena temporada de sequía, y una vocalista femenina cantó «Safe in the Arms of Jesus». El servicio tuvo que ser grabado en una cinta para la viuda, que estaba presa sin fianza en la cárcel del condado de San Bernardino, acusada de asesinato en primer grado.

Por supuesto, Lucille no era de allí, había venido de las praderas en busca de algo que debía de haber visto en alguna película u oído por la radio, puesto que esta es una historia del sur de California. Había nacido el 17 de enero de 1930 en Winnipeg, Manitoba, hija única de Gordon y Lily Maxwell, los dos maestros de escuela y los dos devotos de la Iglesia Adventista del Séptimo Día, cuyos miembros observan el sabbath los sábados, creen en una Segunda Venida apocalíptica de Cristo, tienen una fuerte tendencia misionera y, si son estrictos, ni fuman ni beben ni comen carne, y tampoco usan maquillaje ni llevan joyas, ni siquiera anillos de boda. Cuando Lucille Maxwell se inscribió en el Walla Walla College de College Place, Washington, la escuela universitaria adventista donde sus padres daban clase por entonces, ella tenía dieciocho años, era guapa de forma insulsa y tenía un carácter muy animado. «Lucille quería ver mundo –diría su padre más adelante–, y supongo que lo vio.»

Parece ser que la animación no le sirvió para durar mucho tiempo como alumna del Walla Walla College, así que en la primavera de 1949 Lucille Maxwell conoció y se casó con Gordon «Cork» Miller, de veinticuatro años, licenciado por el Walla Walla y también por la facultad de odontología de la Universidad de Oregón, y por entonces destinado en Fort Lewis en calidad de oficial médico. «Tal vez podría decirse que fue amor a primera vista –recuerda el señor Maxwell–. Antes de que fueran presentados formalmente, él le mandó a Lucille una docena y media de rosas con una tarjeta que decía que, aunque ella no quisiera salir con él, esperaba que al menos le gustaran las rosas.» Los Maxwell recuerdan a su hija como una novia «radiante».

Los matrimonios infelices se parecen todos tanto entre sí que no hace falta saber gran cosa del que nos ocupa. Puede que hubiera problemas o puede que no los hubiera en la isla de Guam, que es adonde fueron a vivir Cork y Lucille Miller cuando él se licenció del ejército. Puede que hubiera problemas o puede que no los hubiera en el pueblecito de Oregón donde él montó su primera consulta privada. Parece ser que su mudanza a California trajo consigo cierta decepción: Cork Miller les había dicho a sus amigos que quería hacerse médico, que era infeliz como dentista y que planeaba entrar en la Escuela de Evangelistas Médicos que los Adventistas del Séptimo Día tenían en Loma Linda, a unos pocos kilómetros al sur de San Bernardino. En cambio, terminó comprándose una consulta dental en la punta oeste del condado de San Bernardino, y cerca de allí se instaló la familia, en una modesta casa situada en una de esas calles donde siempre hay triciclos, crédito abierto y gente que sueña con casas más grandes y con calles mejores. Esto fue en 1957. Para el verano de 1964 ya habían conseguido la casa más grande en una calle mejor y también todo el clásico equipamiento de una familia en auge: los treinta mil dólares al año, los tres hijos para la postal navideña, la vidriera, el salón familiar y las fotografías en el periódico que mostraban a «la señora de Gordon Miller, presidenta de la Fundación para el Corazón de Ontario». Estaban pagando el clásico precio por ello. Y habían llegado a la clásica fase del divorcio.

Puede que fuera un verano agobiante como cualquier otro, puede que el calor y los nervios y las migrañas y los problemas de dinero no fueran nada extraordinario; sin embargo, aquel verano empezó particularmente pronto y resultó particularmente inclemente. El 24 de abril se murió una vieja amiga de la familia, Elaine Hayton, con quien Lucille Miller había estado la misma noche anterior. Durante el mes de mayo, Cork Miller fue hospitalizado brevemente por una úlcera sangrante, y su carácter de natural reservado derivó en una depresión. Llegó a decirle a su contable que estaba «harto de mirar bocas abiertas» y habló de suicidarse. Para el 8 de julio, las tensiones convencionales del amor y el dinero habían llegado a su impasse convencional en la parcela de media hectárea del 8488 de Bella Vista, y Lucille Miller pidió el divorcio. Al cabo de un mes, sin embargo, los Miller parecían reconciliados. Fueron a ver a un psicólogo de parejas. Hablaron de tener un cuarto hijo. Parecía que el matrimonio había alcanzado la tregua tradicional, ese punto en que muchos se resignan a minimizar los daños y rebajar sus expectativas.

Pero la racha de problemas de los Miller no iba a terminarse tan fácilmente. El 7 de octubre empezó como un día de lo más ordinario, uno de esos días que le hacen a uno rechinar los dientes con su tedio y sus pequeñas frustraciones. Aquella tarde la temperatura alcanzó los 39 grados en San Bernardino, y los hijos de la familia Miller no tenían escuela porque sus maestros estaban haciendo cursos de formación. Había que llevar ropa a planchar a la lavandería. Había que ir a la farmacia a recoger una receta de Nembutal y también a la tintorería de autoservicio. A media tarde se produjo un accidente desagradable con el Volkswagen: Cork Miller atropelló mortalmente a un pastor alemán y después dijo que se sentía «como si tuviera un camión Mack encima». Era una expresión que usaba a menudo. Esa tarde Cork Miller debía 63.479 dólares, incluyendo los 29.637 de la hipoteca de la nueva casa, un volumen de deudas que le resultaba opresivo. Era un hombre a quien le incomodaban las responsabilidades, y se quejaba de migrañas casi todo el tiempo.

Aquella noche cenó solo, con una bandeja y delante de la tele de la sala de estar. Más tarde los Miller vieron a John Forsythe y a Senta Berger en *See How They Run*, y cuando la película se terminó, sobre las once, Cork Miller sugirió que salieran a comprar leche. Quería chocolate caliente. Cogió una manta y una almohada del sofá y se subió al asiento del pasajero del Volkswagen. Lucille Miller recuerda haber estirado el brazo para cerrarle el seguro de la puerta mientras daba marcha atrás por la entrada para coches. Para cuando salió del Mayfair Market, y mucho antes de que llegaran a Banyan Street, Cork Miller ya parecía haberse dormido.

Hay cierta confusión en la mente de Lucille Miller acerca de lo que pasó entre las doce y media de la noche, que es cuando empezó el fuego, y las dos menos diez, que es cuando se informó a las autoridades. Ella dice que iba conduciendo en dirección este por Banyan Street a unos cincuenta kilómetros por hora cuando notó que el Volkswagen se desviaba bruscamente a la derecha. Lo siguiente que supo fue que el coche estaba casi en lo alto del terraplén de contención, y que por detrás de ella se elevaban las llamas. No recuerda haber saltado del coche. Sí que recuerda haber cogido del suelo una piedra con la que rompió la ventanilla lateral de su marido y luego haberse alejado por el terraplén en busca de un palo. «No sabía cómo sacarlo de allí –cuenta–. Lo que pensé es que si tenía un palo, quizá podría sacarlo con él.» Pero no pudo, y al cabo de un rato corrió hasta el cruce de Banyan con Carnelian Avenue. Se trata de una esquina donde no hay casas, ni tampoco prácticamente tráfico. Después de que pasara un coche sin pararse, Lucille Miller echó a correr por Banyan en dirección al Volkswagen en llamas. No se detuvo, pero sí que aminoró la marcha, y pudo ver a su marido en medio de las llamas. Estaba, en palabras de ella, «todo negro».

En la primera casa de Sapphire Avenue, a menos de un kilómetro del Volkswagen, Lucille Miller encontró ayuda por fin. Allí la señora de Robert Swenson llamó al sheriff, y a continuación, a petición de Lucille Miller, llamó a Harold Lance, abogado y amigo íntimo de los Miller. Nada más llegar, Harold Lance se llevó a Lucille Miller a su casa, donde estaba su mujer, Joan. Harold Lance y Lucille Miller regresaron dos veces a Banyan Street para hablar con los agentes de la policía de carreteras. La tercera vez Harold Lance regresó solo, y cuando volvió a casa le dijo a Lucille Miller: «Vale... tú no hables más».

Cuando a la tarde siguiente detuvieron a Lucille Miller, con ella estaba Sandy Slagle. Sandy era la vehemente e incansablemente leal estudiante de medicina que hacía de niñera para los Miller, y que llevaba viviendo con la familia como un miembro más desde que se había graduado en el instituto en 1959. Los Miller la habían rescatado de una situación doméstica difícil y ella consideraba a Lucille Miller no solo como «algo parecido a una madre o una hermana», sino como «la persona más maravillosa» que había conocido. La noche del accidente, Sandy Slagle estaba en su habitación de la residencia de estudiantes de la Universidad de Loma Linda, pero Lucille Miller la llamó a primera hora de la mañana y le pidió que fuera a casa. Cuando Sandy Slagle llegó, el médico le estaba poniendo a Lucille Miller una inyección de Nembutal. «Seguía llorando mientras perdía el conocimiento –recuerda Sandy Slagle–. Y no paraba de repetir: "Sandy, con todas las horas que me he pasado intentando salvarlo, ¿y ahora qué me van a hacer *a mí*?".»

A la una y media de aquella tarde llegaron al 8488 de Bella Vista el sargento William Paterson y los detectives Charles Callahan y Joseph Karr de la División Central de Homicidios. «Uno de ellos apareció en la puerta del dormitorio –recuerda Sandy Slagle– y le dijo a Lucille: "Tiene usted diez minutos para vestirse o nos la llevamos tal como está". Ella estaba en camisón, ya sabe, así que intenté vestirla.»

A estas alturas Sandy Slagle ya cuenta la historia como si la recitara de memoria, con mirada impertérrita: «Así que le puse las medias y el sujetador y ellos volvieron a abrir la puerta, y luego le puse unos pantalones pirata, ya sabe, y un pañuelo. –Baja la voz–. Y entonces se la llevaron».

La detención tuvo lugar menos de doce horas después del primer aviso de que se había producido un accidente en Banyan Street, una rapidez que más tarde inspiraría al abogado de Lucille Miller a afirmar que todo el caso no era más que un intento típico de justificar una detención precipitada. En realidad el motivo de que los detectives que habían llegado aquella madrugada a Banyan Street prestaran al accidente una atención más allá de lo simplemente rutinario fueron ciertas incoherencias físicas aparentes. Mientras que Lucille Miller había contado que había ido conduciendo a cincuenta kilómetros por hora cuando el coche viró hasta detenerse, un examen del Volkswagen todavía caliente mostró que estaba en primera y que no tenía encendidas las luces de posición sino las de aparcar. Además, las ruedas delanteras no estaban exactamente en la posición que sugería la descripción que Lucille Miller había hecho del accidente, y la rueda trasera derecha estaba hundida en el suelo, como si hubiera estado girando sin moverse. A los detectives también les resultó curioso que una parada brusca después de haber estado yendo a cincuenta kilómetros por hora –el mismo frenazo en seco que supuestamente había tirado una lata de gasolina que había en el asiento trasero y había provocado el incendio– hubiera dejado dos cartones de leche de pie en el suelo de atrás, así como los restos de la caja de una cámara Polaroid también aparentemente intactos en el asiento trasero.

Sin embargo, a nadie se le podía pedir que ofreciera una crónica precisa de algo que había sucedido en un momento de pánico, y ninguna de aquellas incoherencias parecía en sí misma prueba indiscutible de que había existido intención criminal. Pero sí que interesaron a la oficina del sheriff, igual que la inconsciencia aparente de Gordon Miller en el momento del accidente y el enorme lapso de tiempo que Lucille Miller había tardado en obtener ayuda. Además, los investigadores vieron algo raro en la actitud de Harold Lance cuando este regresó por tercera vez a Banyan Street y advirtió que la investigación estaba lejos de concluir. «A juzgar por cómo estaba actuando Lance –dijo más tarde el fiscal del caso–, les pareció que tal vez habían dado con algo.»

Y así fue como la mañana del 8 de octubre, antes incluso de que el médico le pusiera a Lucille Miller una inyección para tranquilizarla, la oficina del sheriff del condado de San Bernardino ya estaba intentando armar otra versión de lo que podía haber pasado entre las doce y media y las dos menos diez. La hipótesis que acabarían presentando se basaba en la algo enrevesada premisa de que Lucille Miller había emprendido un plan fallido: un plan para detener el coche en aquella calle solitaria, rociar a su presumiblemente drogado marido con gasolina y, después de poner un palo sobre el acelerador, «darle un empujoncito» al Volkswagen por el terraplén de contención, desde cuya cima caería un par de metros y casi seguro explotaría contra los limoneros. Si aquello le hubiese salido bien, Lucille Miller podría haber recorrido los tres kilómetros que había entre Carnelian y Buena Vista a tiempo para estar en casa cuando se descubriera el accidente. El plan se había torcido, de acuerdo con la hipótesis de la oficina del sheriff, porque el coche no había querido subir por el terraplén. Es posible que entonces a Lucille Miller le hubiera entrado el pánico –después de apagar el motor por tercera o cuarta vez, digamos, en aquella carretera a oscuras, con el coche ya rociado de gasolina y los perros ladrando y el viento soplando y el miedo inefable a que de repente apareciera un par de faros por Banyan Street y la iluminaran– y hubiera provocado el incendio ella misma.

Aunque esta versión explicaba algunas de las evidencias físicas –que el coche estuviera en primera, por ejemplo, porque ella lo había arrancado desde punto muerto; o que las luces de aparcar estuvieran encendidas porque ella no podía haber hecho lo que había hecho sin algo de luz; o que una rueda trasera se hubiera quemado por culpa de los repetidos intentos de hacer subir el coche por el terraplén; o que los cartones de leche siguieran de pie porque no se había producido ninguna parada repentina–, por sí misma no parecía ni más ni menos creíble que la versión de Lucille Miller. Además, algunas de las pruebas físicas parecían apoyar su historia: un clavo en uno de los neumáticos delanteros, una piedra de casi cinco kilos encontrada dentro del coche, supuestamente la misma con que ella había roto la ventana en un intento de salvar a su marido. Al cabo de unos días la autopsia estableció que Gordon Miller estaba vivo al quemarse, lo cual no reforzaba precisamente los argumentos de la fiscalía, y también que tenía en la sangre cantidades de Nembutal y de Sandoptal suficientes como para dormir a una persona normal, lo cual sí beneficiaba a la acusación. Por otro lado, Gordon Miller tomaba de modo habitual tanto Nembutal como Fiorinal (un medicamento que se toma a menudo para el dolor de cabeza y que contiene Sandoptal), y además había estado enfermo.

Era un caso complicado, y para hacer que sus argumentos funcionaran, la fiscalía iba a tener que encontrar un móvil. Se habló de infelicidad conyugal y se dijo que había otro hombre de por medio. Aquella clase de móviles fue lo que las autoridades intentaron establecer en las semanas siguientes. Y se pusieron a buscarlos en los libros de contabilidad y en las cláusulas de prima doble por muerte accidental y en los registros de moteles, decididos a averiguar qué podía llevar a una mujer que creía en todas las promesas de la clase media –una mujer que había sido presidenta de la Fundación del Corazón y que siempre te podía recomendar a una buena modista y que había escapado de las sórdidas prácticas del fundamentalismo rural en busca de lo que ella imaginaba que era una buena vida–, qué podía empujar a una mujer así a sentarse en una calle llamada Bella Vista y mirar al otro lado de su vidriera nueva bajo el sol vacío de California y planear cómo podía quemar vivo a su marido a bordo de un Volkswagen. Y encontraron la palanca que necesitaban más cerca de lo que al principio habían esperado, porque, tal como un testigo revelaría más adelante en el juicio, parece ser que en diciembre de 1963 Lucille Miller había iniciado una aventura con el marido de una de sus amigas, un hombre cuya hija la llamaba «tía Lucille», un hombre que podía haberle producido la impresión de tener aquel don para la gente y el dinero y la buena vida que estaba tan claro que a Cork Miller le faltaba. El hombre en cuestión era Arthwell Hayton, un abogado bastante conocido en San Bernardino y ex empleado de la oficina del fiscal del distrito.

En cierta manera se trataba de una aventura clandestina bastante convencional en un lugar como San Bernardino, donde prácticamente no hay nada luminoso ni elegante, y donde perder el futuro y ponerse a buscarlo en la cama se convierte en una rutina. Durante las siete semanas que duró el juicio a Lucille Miller por asesinato, el ayudante del fiscal de distrito Don A. Turner y el abogado de la defensa Edward P. Foley sacarían a la luz entre ambos una historia curiosamente predecible. Estaban, por ejemplo, los registros falsos en moteles. Estaban las citas para almorzar y los paseos por las tardes en el Cadillac rojo descapotable de Arthwell Hayton. Estaban las interminables discusiones del malogrado matrimonio. Estaban las confidentes («Yo lo sabía todo –insistiría una y otra vez Sandy Slagle más adelante–, yo sabía todas las fechas, los lugares, todo») y estaban las frases sacadas de relatos malos de las revistas («No me beses o se desencadenará la tormenta», recordaba Lucille Miller que le había dicho un día a Arthwell Hayton después de almorzar, en el aparcamiento del Harold's Club de Fontana) y también las notas y las conversaciones cariñosas: «¡Hola, cielito! ¡Tú sí que me gustas! ¡Feliz cumpleaños, no aparentas ni veintinueve! Tu amorcito, Arthwell».

Y hacia el final apareció la acritud. Era el 24 de abril de 1964 cuando la esposa de Arthwell Hayton, Elaine, murió de repente, y después de aquello ya no pasó nada bueno. Arthwell Hayton había ido a pasar el fin de semana a la isla Catalina a bordo de su barca, la *Captain's Lady*; a las nueve en punto del viernes por la noche llamó a su casa, pero no habló con su mujer porque Lucille Miller descolgó el teléfono y le dijo que Elaine se estaba duchando. A la mañana siguiente la hija de los Hayton encontró a su madre muerta en la cama. Los periódicos informaron de que se había tratado de una muerte accidental, tal vez como resultado de una alergia a la laca para el pelo. Cuando Arthwell Hayton voló de vuelta a casa aquel fin de semana, Lucille Miller fue a buscarlo al aeropuerto, pero el final ya estaba escrito.

Y fue en su ruptura donde la aventura dejó de resultar convencional y empezó a parecerse a las novelas de James M. Cain, a las películas de finales de los años treinta y a todos esos sueños en los que la violencia y las amenazas y el chantaje acaban pareciendo lugares comunes en la vida de la clase media. Lo más sorprendente del caso que enfrentaba al estado de California con Lucille Miller era algo que no tenía nada que ver en absoluto con la ley ni con las cosas que solían aparecer en los titulares vespertinos a ocho columnas: era la revelación de que el sueño estaba enseñando a sus soñadores cómo vivir. Esto es lo que le dijo Lucille Miller a su amante a principios del verano de 1964, después de que él le indicara que, por consejo de su pastor, tenía intención de dejar de verla: «En primer lugar voy a ir a ver a ese querido pastor tuyo y le voy a contar cuatro cosas... Y cuando se las cuente, te aseguro que ya no estarás en la Iglesia de Redlands... Mira, chavalote, si crees que tu reputación va a quedar por los suelos, yo te digo que tu vida no va a valer ni un centavo». Y esto es lo que le contestó Arthwell Hayton a Lucille Miller: «Pues yo voy a ir a ver al sheriff Frank Bland y le voy a contar ciertas cosas que sé de ti y que van a hacer que desees no haber conocido nunca a Arthwell Hayton». Lo cual resulta un tanto curioso tratándose de un idilio entre la mujer de un dentista adventista del séptimo día y un abogado adventista del séptimo día especializado en lesiones.

«Chaval, lo tengo agarrado de las pelotas», le confió más adelante Lucille Miller a Erwin Sprengle, un contratista de Riverside que era socio de Arthwell Hayton y amigo de los dos amantes. (Amigo o no, en aquella ocasión resultó que tenía una bobina de inducción conectada a su teléfono para grabar la llamada de Lucille Miller.) «Y él no tiene nada sobre mí que pueda demostrar. O sea, yo tengo cosas concretas, él no tiene nada concreto.» En la misma conversación grabada con Erwin Sprengle, Lucille Miller mencionaba una cinta que ella misma había grabado subrepticiamente, meses atrás, en el coche de Arthwell Hayton:

«Y fui y le dije: "Arthur, tengo la sensación de que me estás utilizando...". Él se puso a chuparse el pulgar y me dijo: "Te quiero... Esto no es algo que venga de ayer. Si pudiera, me casaría contigo mañana. No quiero a Elaine". A él le encantaría que le pusiera esa grabación ahora, ¿verdad que sí?

»–Sí –decía la voz arrastrada de Sprengle en la grabación–. Eso lo incriminaría un poco, ¿verdad?

»–Lo incriminaría *un poquitín* –admitía Lucille Miller–. Ya lo creo».

En la misma cinta, Sprengle preguntaba dónde estaba Cork Miller.

«–Se ha llevado a los niños a la iglesia.

»–¿Y tú no has ido?

»–No.

»–Mira que eres mala.»

Y además, todo se hacía en nombre del «amor»; todo el mundo involucrado ponía una fe mágica en la eficiencia de aquella palabra. Estaba, por ejemplo, la importancia que Lucille Miller le daba a que Arthwell dijera que la «quería» a ella pero que no «quería» a Elaine. Estaba el hecho de que Arthwell insistiera más adelante en el juicio en que él nunca había dicho aquella palabra, que tal vez le hubiera «susurrado bobadas al oído» (a lo que la defensa repuso que «se las había susurrado a los oídos de muchas»), pero ciertamente no recordaba haberle otorgado a ella ese distintivo especial que era decir la palabra, declararle su «amor». Estaba la tarde de verano en que Lucille Miller y Sandy Slagle habían seguido a Arthwell Hayton hasta la nueva barca que tenía amarrada en Newport Beach y habían soltado las amarras mientras Arthwell estaba a bordo, acompañado de una chica con la que él más tarde testificó que estaba bebiendo chocolate caliente y viendo la televisión. «Lo hice a propósito –le contó más tarde Lucille Miller a Erwin Sprengle–, para evitar que mi corazón cometiera una locura.»

El 11 de enero de 1965 fue un día cálido y luminoso en el sur de California, esa clase de día en que la isla Catalina flota en el horizonte del Pacífico y el aire huele a flores de azahar y todo está a años luz del lúgubre y difícil Este, a años luz del frío y del pasado. En Hollywood una mujer se pasó la noche entera escenificando una sentada en el capó de su coche para impedir que una compañía financiera se lo requisara por impago. Un pensionista de setenta años pasó con su ranchera a ocho kilómetros por hora por delante de tres salones de póquer de Gardena y vació tres pistolas y una escopeta del calibre doce a través de las ventanillas, dejando veintinueve heridos. «Muchas jóvenes se arrojan a la prostitución solo para tener dinero para jugar a las cartas», explicó en una nota. La señora de Nick Adams dijo que «no le sorprendía» oír que su marido anunciaba sus planes de divorcio en el show de Les Crane, y, más al norte, un chico de dieciséis años se tiraba desde el Golden Gate y sobrevivía.

Y en los juzgados del condado de San Bernardino se iniciaba el juicio a Lucille Miller. Había tanta gente que las puertas de cristal de los juzgados se hicieron añicos bajo la presión, y después de aquello hubo que repartir fichas identificativas a los primeros cuarenta y tres espectadores de la cola. La cola había empezado a formarse a las seis de la mañana, y hasta había habido un grupo de universitarias que se habían pasado la noche entera acampadas en los juzgados, aprovisionadas de galletas saladas Graham y de refresco dietético No-Cal.

Lo único que se hizo durante aquellos primeros días fue elegir al jurado, pero el caso ya había proclamado su propia naturaleza sensacionalista. A principios de diciembre se había producido un primer juicio abortado en el cual no se había presentado prueba alguna porque el mismo día en que se elegía el jurado el *Sun-Telegram* de San Bernardino había publicado un artículo «confidencial» donde se citaban las siguientes palabras del ayudante del fiscal del distrito Don Turner, el fiscal del caso: «Estamos investigando las circunstancias en que se produjo la muerte de la señora Hayton. A la vista del juicio en curso para esclarecer la muerte del doctor Miller, creo que no debo hacer ningún comentario sobre la muerte de la señora Hayton». Al parecer, en la sangre de Elaine Hayton se habían encontrado barbitúricos, y también se habían observado ciertas irregularidades aparentes en la forma en que iba vestida la mañana en que la encontraron muerta bajo las sábanas. Las dudas producidas en el momento de la muerte, sin embargo, nunca habían llegado hasta la oficina del sheriff. «Supongo que había alguien que no quería llamar la atención –dijo más adelante Turner–. Se trataba de gente importante.»

Aunque todo esto no había salido en el artículo del *Sun-Telegram*, inmediatamente se había declarado nulo el juicio. Y también casi de inmediato se había producido otra novedad: Arthwell Hayton había convocado a los periódicos para una rueda de prensa en su bufete un domingo a las once de la mañana. Se habían presentado cámaras de televisión y el lugar se había llenado del destello de los flashes. «Como ustedes deben de saber –había dicho Hayton en tono de forzada cordialidad–, hay muchas mujeres que se enamoran de sus médicos o sus abogados. Esto no quiere decir que por parte del médico o del abogado exista intención romántica alguna hacia la paciente o clienta.»

«¿Está negando usted que tuviera una aventura con la señora Miller?», le había preguntado un periodista.

«Estoy negando que existiera ningún romance por mi parte.»

Se trataba de una distinción que él mantendría durante todas las tediosas semanas que se avecinaban.

De manera que habían venido a ver a Arthwell, aquellas multitudes que ahora se arremolinaban bajo las polvorientas palmeras de delante de los juzgados, y también habían venido a ver a Lucille, que se presentó como una mujer menuda e intermitentemente guapa, ya pálida por la falta de sol, una mujer que cumpliría treinta y cinco años antes de que terminara el juicio y cuya tendencia a verse demacrada ya empezaba a asomar, una mujer meticulosa que insistía –en contra del consejo de su abogado– en acudir al tribunal con el pelo recogido en un moño alto y cargado de laca. «Yo habría preferido que ella viniera con el pelo suelto, pero Lucille se negaba», explicó su abogado. El defensor era Edward P. Foley, un católico irlandés bajito y sensible que lloró varias veces durante el juicio. «Se trata de una mujer de una sinceridad enorme –añadió–, pero el parecer tan sincera nunca la benefició.»

Cuando se inició el juicio, el aspecto de Lucille Miller incluía también ropa de embarazada, puesto que un examen oficial practicado el 18 de diciembre había revelado que estaba de tres meses y medio, un dato que dificultó todavía más de lo normal la elección del jurado, porque Turner estaba pidiendo para ella la pena de muerte. «Es desafortunado, pero es lo que hay», les dijo el fiscal a los doce miembros del jurado, uno por uno, hasta que por fin fueron elegidos doce, siete de ellos mujeres, de cuarenta y un años la más joven, un grupo de los mismos vecinos –amas de casa, un maquinista, un camionero, el gerente de una tienda de comestibles y un administrativo– por encima de los cuales Lucille Miller había tenido tantas ganas de ascender socialmente.

Aquel era el pecado, más todavía que el adulterio, que venía a reforzar el otro por el que estaba siendo juzgada. Tanto en los argumentos de la defensa como en los de la acusación quedaba implícito que Lucille Miller era una mujer confusa, una mujer que tal vez quería demasiado. Para la acusación, sin embargo, no era meramente una mujer que quisiera tener una casa nueva, ir a fiestas y gastar más dinero en teléfono (1.152 dólares en diez meses), sino una mujer capaz de llegar al extremo de asesinar a su marido por los ochenta mil dólares de su seguro de vida, haciendo además que pareciera un accidente para cobrar otros cuarenta mil en concepto de prima doble y pólizas de accidente simple. Para Turner era una mujer que no solo quería libertad y una pensión alimenticia razonable (cosas que podría haber conseguido, replicó la defensa, resolviendo su demanda de divorcio), sino que lo quería todo, era una mujer movida por «el amor y la codicia». Era una «manipuladora». Era alguien que «usaba a la gente».

Para Edward Foley, por otro lado, se trataba de una mujer impulsiva e «incapaz de controlar aquel corazoncito suyo de boba». Mientras que Turner evitaba hablar del embarazo, Foley se concentraba en él, y hasta hizo venir desde Washington a la madre del muerto para que atestiguara que su hijo le había dicho que iban a tener otro bebé porque Lucille pensaba que «contribuiría mucho a unir a nuestra familia y a devolverle aquel ambiente tan agradable que teníamos antes». Mientras que la fiscalía veía a una mujer «calculadora», la defensa veía a una «bocazas», y de hecho Lucille Miller se reveló como una persona que hablaba con gran ingenuidad. Del mismo modo que antes de la muerte de su marido les había contado su romance a todas sus amistades, después de la muerte se puso a charlar del tema con el sargento que la había detenido. «Por supuesto, Cork vivió con ello durante años, ya sabe –se oía su voz contándoselo al sargento Paterson en una grabación realizada la mañana después de la detención–. Después de que muriera Elaine, una noche le dio al botón del pánico y me lo preguntó abiertamente, y creo que fue entonces cuando de verdad... que fue la primera vez que lo afrontó.» Cuando el sargento le preguntó por qué había aceptado hablar con él, a pesar de las instrucciones específicas que le habían dado sus abogados para que no lo hiciera, Lucille Miller le dijo: «Oh, yo es que siempre he sido por encima de todo una persona sincera... O sea, puedo guardar un sombrero en el armario y decir que me ha costado diez dólares menos, pero básicamente siempre he vivido la vida como me ha dado la gana, y a quien no le guste ya se puede largar».

La acusación insinuó que había habido más hombres además de Arthwell, y hasta consiguió ponerle nombre a uno, pese a las objeciones de Foley. La defensa atribuyó a Miller tendencias suicidas. La acusación convocó a expertos que aseguraron que el incendio del Volkswagen no podía haber sido accidental. Foley convocó a testigos que decían lo contrario. El padre de Lucille, que ahora trabajaba de profesor de instituto en Oregón, citó al profeta Isaías delante de los reporteros: «Y condenarás hasta a la última lengua que se levante contra ti para juzgarte». «Lucille hizo mal al tener la aventura –dijo su madre con gran criterio–. Lo de ella era amor. Lo de otros creo que no es más que pasión.» Luego apareció Debbie, la hija de catorce años de los Miller, que testificó con voz firme que ella y su madre habían ido juntas a comprar la lata de gasolina la semana antes del accidente. Y subió a declarar Sandy Slagle, presente en los juzgados a diario, que afirmó que al menos en una ocasión Lucille Miller había impedido no solo que su marido se suicidara, sino también que se suicidara de tal manera que pareciera un accidente para asegurar la cláusula de prima doble por accidente. Y apareció por fin Wenche Berg, la guapa institutriz noruega de veintisiete años de los hijos de Arthwell Hayton, que testificó que Arthwell le había ordenado que no permitiera a Lucille Miller ver a los niños ni hablar con ellos.

Pasaron dos meses lentos y pesados, y los titulares no cesaban. Los reporteros de las secciones de crímenes del sur de California se pasaron todo lo que duró el juicio acuartelados en San Bernardino: Howard Hertel del *Times* y Jim Bennett y Eddy Jo Bernal del *Herald Examiner*. Dos meses durante los cuales el juicio a Lucille Miller solo fue desplazado de la portada del *Examiner* por las nominaciones a los Oscar y la muerte de Stan Laurel. Y por fin, el 2 de marzo, después de que Turner repitiera una vez más que se trataba de un caso de «amor y codicia», y de que Foley protestara porque a su cliente la estaban juzgando por adulterio, el caso quedó en manos del jurado.

Este pronunció su veredicto –culpable de asesinato en primer grado– a las 16.50 del 5 de marzo. «Ella no lo hizo –chilló Debbie Miller, levantándose de un salto en la zona del público–. *No lo hizo.*» Sandy Slagle se desplomó en su asiento y se puso a chillar. «Sandy, por el amor de Dios, *no hagas eso*», dijo Lucille Miller con una voz que se oyó por toda la sala, y Sandy Slagle se contuvo momentáneamente. Pero cuando los miembros del jurado salieron de la sala, volvió a gritarles: «Sois unos asesinos... hasta el último de vosotros es un *asesino*». Luego entraron los ayudantes del sheriff, todos con corbatines de lazo que decían «RODEO DEL SHERIFF 1965», y el padre de Lucille Miller, aquel profesor de instituto de cara triste que creía en la palabra de Cristo y en los peligros de querer ver mundo, le tiró un beso a su hija con las yemas de los dedos.

La Penitenciaría Californiana para Mujeres de Frontera, donde Lucille Miller está ahora, se encuentra allí donde Euclid Avenue se convierte en una carretera rural, a no muchas millas de donde ella solía vivir e ir de compras y organizar el baile de la Fundación del Corazón. El ganado se dedica a pastar por la carretera y los aspersores Rainbird riegan la alfalfa. Frontera tiene un campo de softball y unas cuantas pistas de tenis, y podría ser una universidad californiana de primer ciclo si no fuese porque los árboles todavía no han crecido lo suficiente para esconder los rollos de alambre de púas que coronan la verja. El día de las visitas el aparcamiento se llena de cochazos, de Buick y Pontiac enormes propiedad de los abuelos y hermanas y padres de las reclusas (no hay muchos que pertenezcan a maridos), y algunos tienen adhesivos que dicen: «APOYA A TU POLICÍA LOCAL».

Muchas asesinas de California viven aquí, muchas chicas que por lo que sea no entendieron bien la promesa. Don Turner metió aquí a Sandra Garner (y a su marido en la cámara de gas de San Quintín) después de los asesinatos cometidos en 1959 en el desierto, a los que los reporteros de las secciones de crímenes se refieren como «los asesinatos de la gaseosa». Aquí está también Carol Tregoff, desde que la encerraron por conspirar para asesinar a la mujer del doctor Finch de West Covina, no muy lejos de San Bernardino. De hecho, Carol Tregoff hace de ayudante de enfermera en el hospital penitenciario, y es posible que hubiera asistido al parto de Lucille Miller si esta hubiera decidido tener a su bebé en Frontera; sin embargo, Lucille Miller decidió tenerlo fuera, y pagarse ella a los agentes que montaron guardia a la puerta de la sala de partos del hospital de Saint Bernardine. Debbie Miller acudió al hospital para llevarse al bebé a casa, con un vestidito blanco con cintas rosas, y hasta le dejaron elegir el nombre. Decidió llamarla Kimi Kai. Ahora los niños viven con Harold y Joan Lance, porque lo más seguro es que Lucille Miller se pase diez años en Frontera. Don Turner cambió su petición original de pena de muerte (todo el mundo se mostró de acuerdo en que solo la había pedido, en palabras de Edward Foley, «para sacar del jurado a cualquiera que tuviera el más mínimo asomo de compasión en las venas»), y se conformó con cadena perpetua con la posibilidad de libertad bajo fianza. A Lucille Miller no le gusta la vida en Frontera, y tiene problemas de adaptación. «Va a tener que aprender humildad –dice Turner–. Va a tener que usar su habilidad para seducir y manipular.»

Ahora la casa nueva está vacía, la casa en cuya calle hay el siguiente letrero:

CALLE PRIVADA
BELLA VISTA
SIN SALIDA

Los Miller nunca llegaron a hacerse el jardín, y ahora la maleza crece alrededor de las tapias laterales de piedra sin argamasa. La antena de televisión se ha caído sobre el tejado y hay un cubo de basura con los detritos de la vida de una familia: una maleta barata y un juego infantil llamado «Detector de mentiras». Donde debería haber estado el jardín hay un letrero que dice «FINCA EN SUBASTA». Edward Foley está intentando conseguir una apelación del caso de Lucille Miller, pero la cosa lleva retraso. «Los juicios siempre se han reducido a una pura cuestión de compasión –dice ahora Foley en tono fatigado–. Y yo no pude crear compasión por ella.» Ahora todo el mundo está un poco fatigado, fatigado y resignado, todo el mundo salvo Sandy Slagle, cuya rabia sigue intacta. Vive en un apartamento cerca de la facultad de medicina de Loma Linda, y se dedica a estudiar informes del caso en *True Police Cases* y *Oficial Detective Stories*. «Preferiría que no habláramos mucho del caso Hayton –les dice a los visitantes, y siempre enciende una grabadora–. Prefiero hablar de Lucille y de lo maravillosa que es y de cómo se violaron sus derechos.» Harold Lance no habla con ninguna visita. «No queremos regalar lo que podemos vender», explica en tono amable; hubo un intento de vender la historia personal de Lucille Miller a *Life*, pero *Life* no la quiso comprar. En las oficinas del fiscal del distrito ya están ocupándose de otros asesinatos, y no entienden por qué el juicio del caso Miller atrajo tanta atención. «No era un asesinato muy interesante, comparado con otros», dice Don Turner lacónicamente. La muerte de Elaine Hayton ya no se está investigando. «Ya sabemos todo lo que queríamos saber», dice Turner.

La oficina de Arthwell Hayton queda justo debajo de la de Edward Foley; hay gente en San Bernardino que dice que Arthwell Hayton sufrió y hay otra que dice que no. Tal vez no sufriera, porque existe la creencia de que, en esa tierra dorada donde el mundo nace de nuevo cada día, el pasado no tiene ningún peso sobre el presente ni sobre el futuro. En cualquier caso, el 17 de octubre de 1965 Arthwell Hayton se volvió a casar, esta vez con la guapa institutriz de sus hijos, Wenche Berg, en una ceremonia celebrada en la Capilla de las Rosas de una comunidad de jubilados situada cerca de Riverside. Luego los recién casados fueron agasajados en una recepción para setenta y cinco personas en el comedor de la Rose Garden Village. El novio llevaba corbata negra y un clavel blanco en el ojal. La novia llevaba un vestido blanco *peau de soie* y un ramo en cascada de rosas en miniatura con guirnaldas de jazmines de Madagascar. Una diadema de aljófares le sujetaba el velo francés.

1966

JOHN WAYNE: CANCIÓN DE AMOR

En el verano de 1943 yo tenía ocho años y estaba viviendo con mis padres y mi hermano en la base aérea de Peterson, en Colorado Springs. Llevaba todo el verano soplando un viento tórrido, y hasta tal punto soplaba que daba la impresión de que antes incluso de que empezara agosto todo el polvo de Kansas iba a estar ya en Colorado, iba a pasar por encima de los barracones de cartón alquitranado y de la pista de aterrizaje temporal y no se iba a detener hasta chocar contra Pikes Peak. En un verano como aquel no teníamos gran cosa que hacer: hubo un día que trajeron el primer B-29, un acontecimiento memorable pero que tampoco era exactamente un plan para las vacaciones. La base tenía un club de oficiales, pero sin piscina; lo único que tenía de interesante el club de oficiales era una lluvia azul artificial que bajaba por detrás de la barra. La lluvia me interesaba bastante, pero yo no me podía pasar el verano entero mirándola, así que mi hermano y yo nos dedicábamos a ir al cine.

Tres o cuatro tardes por semana íbamos a sentarnos en las sillas plegables del oscuro barracón de chapa de acero que hacía de cine, y fue allí, durante aquel verano de 1943, mientras fuera soplaba un viento tórrido, donde vi por primera vez a John Wayne. Lo vi caminar y oí su voz. Le oí decirle a una chica en una película titulada *En el viejo Oklahoma* que le iba a hacer una casa «en el recodo del río donde crecen los álamos». La verdad es que al crecer yo no me convertí en la clase de mujer que protagoniza una película del Oeste, y aunque los hombres a los que he conocido han tenido muchas virtudes y me han llevado a vivir a muchos sitios, nunca han sido John Wayne, y nunca me han llevado tampoco a ese recodo del río donde crecen los álamos. Pero en las profundidades de mi corazón donde cae eternamente la lluvia artificial, esa sigue siendo la frase que yo espero oír.

No cuento todo esto con ánimo de hablar de mí misma, ni tampoco como ejercicio de memoria, sino simplemente para demostrar que cuando John Wayne pasó cabalgando por mi infancia, y tal vez por la de ustedes, determinó para siempre la forma de algunos de nuestros sueños. No parecía posible que un hombre como él pudiera enfermar, que pudiera llevar dentro la más inexplicable e incontrolable de las enfermedades. El rumor disparó una ansiedad oscura y vino a cuestionar nuestra infancia misma. En el mundo de John Wayne se suponía que era John Wayne quien daba las órdenes. «A cabalgar», decía, o «Ensillad». «A la carga», o «Hay cosas que un hombre tiene que hacer y ya está». «¿Cómo está usted?», decía cada vez que veía por primera vez a una chica, en un campamento de trabajadores ferroviarios o bien a bordo de un tren o incluso plantada en un porche, esperando a que apareciera algún jinete entre las hierbas altas. Cuando John Wayne hablaba, sus intenciones eran inconfundibles; tenía una autoridad sexual tan fuerte que hasta una niña podía percibirla. Y en un mundo que enseguida nos dimos cuenta de que estaba caracterizado por la corrupción y las dudas y esas ambigüedades que lo paralizan a uno, él sugería un mundo distinto, que puede que hubiera existido alguna vez o puede que no, pero que en cualquier caso ya no existía: un lugar donde uno podía moverse con libertad, crear sus propios códigos y regirse por ellos; un mundo en el cual, si un hombre hacía lo que tenía que hacer, un día podía coger a la chica, cabalgar a través del tiroteo y llegar indemne a casa, no a un hospital con algo malo dentro del cuerpo, no a una cama elevada y rodeada de flores y fármacos y sonrisas forzadas, sino al recodo del río luminoso, con los álamos resplandeciendo bajo el sol de primera hora de la mañana.

«¿Cómo está usted?» ¿De dónde venía aquel hombre, antes de salir de las hierbas altas? Hasta su misma historia parecía perfecta, puesto que carecía de historia, no tenía nada que entorpeciera el sueño. Nacido Marion Morrison en Winterset, Iowa, hijo de un farmacéutico. De niño se trasladó a Lancaster, California, como parte de la migración a esa tierra prometida que a veces se llama «la costa oeste de Iowa». No es que Lancaster fuera la promesa hecha realidad; se trataba de un pueblo en pleno Mojave azotado por las tormentas de arena. Pero Lancaster ya era California, y a él ya solo le faltaba un año para llegar a Glendale, donde la desolación tenía un aroma distinto: pañitos para los respaldos de los sillones entre las huertas de naranjos, un preludio de clase media a Forest Lawn. Imagínense a Marion Morrison en Glendale. Boy scout y alumno del instituto de Glendale. Placador del equipo de fútbol americano de la USC, miembro de la fraternidad Sigma Chi. En las vacaciones de verano, un empleo como tramoyista en los viejos platós de la Fox. Y allí conoció a John Ford, uno de los directores que iban a notar que en aquel molde perfecto se podían verter los deseos no expresados de una nación que ya se preguntaba en qué encrucijada debía de haberse perdido. «Joder –dijo más adelante Raoul Walsh–, el cabrón estaba hecho un pedazo de hombre.» Así que el chico de Glendale no tardó en convertirse en una estrella. No se hizo actor, tal como él mismo se había cuidado de decirles muchas veces a los entrevistadores («¿Cuántas veces se lo tengo que decir? Yo no actúo. Yo *reacciono*»), sino estrella, y aquella estrella llamada John Wayne se pasaría la mayor parte del resto de su vida trabajando con uno u otro de aquellos directores, en alguna localización perdida, en busca del sueño.

Allí donde los cielos son un poco azules,
allí donde la amistad es un poco más verdadera,
allí es donde empieza el Oeste.

En aquel sueño no podía pasar nada muy malo, nada que un hombre no pudiera enfrentar con la mirada. Y, sin embargo, algo pasó. Allí estaba, primero el rumor y después los titulares. «Le he dado una paliza al cáncer», anunció John Wayne en su estilo más genuino, reduciendo aquellas células forajidas al nivel de cualquier otro forajido, pero aun así todos nos dimos cuenta de que aquel iba a ser el único duelo impredecible, el único tiroteo que John Wayne podía perder. A mí las ilusiones y la realidad me generan tantos problemas como a cualquiera, de manera que no me moría precisamente de ganas de presenciar cómo John Wayne tenía (o eso pensaba yo) ciertos problemas también con ellas; y, sin embargo, sí que lo vi, en México, donde él estaba filmando la película que su enfermedad había retrasado durante tanto tiempo, en la tierra misma de los sueños.

Era la película número 165 de John Wayne. Era la película número 84 de Henry Hathaway. Y era la número 34 de Dean Martin, que estaba agotando un viejo contrato que tenía con Hal Wallis, que a su vez estaba haciendo su producción independiente número 65. Se titulaba *Los cuatro hijos de Katie Elder*, y era una película del Oeste, y después del retraso de tres meses por fin acababan de filmar los exteriores en Durango y ahora estaban rodando los últimos interiores en los Estudios Churubusco de las afueras de México D.F., y lucía un sol abrasador y el aire era luminoso y era la hora del almuerzo. Bajo los falsos pimenteros, los muchachos del equipo de rodaje mexicano estaban sentados comiendo caramelos, mientras que calle abajo parte del equipo técnico se había instalado en un local que servía langosta rellena y un vaso de tequila por un dólar americano, pero era dentro de la vacía y cavernosa cantina donde estaban sentados los actores, los objetos de mi encargo, todos sentados alrededor de una enorme mesa, comiendo con desgana sus huevos con queso y bebiendo cerveza Carta Blanca. Dean Martin, sin afeitar. Mack Gray, que iba a donde iba Martin. Bob Goodfried, que estaba a cargo de la publicidad de la Paramount y que había bajado hasta allí en avión para montar un tráiler y que tenía el estómago delicado. «Té con tostadas –no paraba de advertir–. Es lo que hay que pedir. En la lechuga no se puede confiar.» Y Henry Hathaway, el director, que parecía no estar escuchando a Goodfried. Y John Wayne, que daba la impresión de no estar escuchando a nadie.

–Esta semana se está haciendo larga –dijo Dean Martin por tercera vez.

–¿Cómo puedes decir eso? –le preguntó Mack Gray.

–Estaaa... semanaaa... se está haciendooo... largaaa..., así es como lo puedo decir.

–No estarás diciendo que tienes ganas de que termine.

–Lo digo abiertamente, Mack, quiero que *termine*. Mañana por la noche me afeito esta barba, me voy al aeropuerto y digo: «¡Adiós, amigos! ¡Hasta luego, muchachos!».

Henry Hathaway encendió un puro y le dio unas palmadas cariñosas en el brazo a Martin.

–Mañana no, Dino.

–Henry, ¿qué estás planeando añadir? ¿Una guerra mundial?

Hathaway le dio más palmaditas en el brazo a Martin y se quedó mirando a lo lejos. Al fondo de la mesa alguien mencionó a un hombre que unos años atrás había intentado sin éxito hacer explotar un avión.

–Sigue en la cárcel –dijo de pronto Hathaway.

–¿En la cárcel? –Martin se distrajo momentáneamente de la cuestión de si tenía que mandar sus palos de golf de vuelta con Bob Goodfried o bien encomendárselos a Mack Gray–. ¿Y por qué está en la cárcel si no murió nadie?

–Por intento de asesinato, Dino –le dijo Hathaway con delicadeza–. Que es un delito grave.

–¿Quieres decir que si alguien solo *intentara* matarme iría a la cárcel?

Hathaway se quitó el puro de la boca y miró al otro lado de la mesa.

–Si alguien intentara matarme *a mí*, seguro que no iba a la cárcel. ¿Y tú qué dices, Duke?

Muy despacio, el destinatario de la pregunta de Hathaway se limpió la boca, echó su silla hacia atrás y se puso de pie. Era el auténtico, el genuino, el mismo movimiento que había constituido el clímax de un millar de escenas en las 165 fronteras luminosas y campos de batalla fantasmagóricos del pasado, y que también estaba a punto de constituir el clímax de la escena presente, en la cantina de los Estudios Churubusco de las afueras de México D.F.

–Pues mira –dijo John Wayne arrastrando las palabras–, yo lo mataría a él.

Aquella última semana de rodaje ya se había marchado casi todo el reparto de *Katie Elder*; solo quedaban los actores principales, Wayne, Martin, Earl Holliman, Michael Anderson, Jr. y Martha Hyer. Martha Hyer no se dejaba ver mucho, pero de vez en cuando alguien se refería a ella, habitualmente como «la chica». Todos se habían pasado nueve semanas juntos, seis de ellas en

Durango. México D.F. no era ni mucho menos Durango; a las esposas les gustaba acompañar a sus maridos a los sitios como México D.F., les gustaba ir a comprar bolsos, asistir a fiestas en casa de Merle Oberon de Pagliai y mirar sus cuadros. Pero Durango... El nombre mismo provocaba alucinaciones. Tierra de hombres. Allí donde empieza el Oeste. En Durango se habían encontrado árboles de agua, una cascada y serpientes de cascabel. Y había hecho mal tiempo, unas noches tan frías que habían tenido que posponer un par de exteriores hasta poder rodarlos en los platós de Churubusco. «Fue por la chica –me explicaron–. No se podía tener a la chica al aire libre con tanto frío.» En Durango Henry Hathaway había cocinado gazpacho y costillas y los filetes que Dean Martin había encargado que le trajeran en avión desde el Sands; también había querido cocinar en México D.F., pero la dirección del hotel Bamer no le había permitido montar una barbacoa de ladrillos en su habitación. «De verdad te perdiste algo tremendo, *Durango*», me decían, a veces en broma y a veces no, hasta que se convirtió en un latiguillo, el Edén perdido.

Pero aunque México D.F. no era Durango, tampoco era Beverly Hills. Aquella semana no había nadie más usando los Estudios Churubusco, y por eso dentro del gigantesco plató en cuya puerta ponía «LOS HIJOS DE KATIE ELDER», con los falsos pimenteros y el sol radiante fuera, aquellos tipos todavía podían mantener, mientras durara la producción, el mundo peculiar de los hombres a quienes les gusta hacer películas del Oeste, un mundo de lealtades y de chanzas cariñosas, de sentimentalismo y de puros compartidos, de anécdotas desganadas e interminables; pura charla de fogata de campamento, cuya única finalidad era que siguiera sonando una voz humana en medio de la noche, el viento y los susurros de la hojarasca.

–Una vez un doble de acción resultó herido en una película mía –me contó Hathaway entre tomas de una escena de pelea elaboradamente coreografiada–. ¿Cómo se llamaba? Se casó con Estelle Taylor, la había conocido en Arizona.

El círculo se cerraba en torno a él, los puros eran manoseados. Había que honrar el minucioso arte de las peleas escenificadas.

–Solo le he pegado a un hombre en mi vida –dijo Wayne–. Y por accidente. Fue a Mike Mazurki.

–Vaya tipo. Eh, Duke dice que solo le ha pegado a un hombre en la vida, a Mike Mazurki.

–A vaya uno elegiste.

Murmullos, asentimiento.

–No lo elegí, fue un accidente.

–Me lo creo.

–Seguro.

–Carajo. A Mike Mazurki.

Y así iba la cosa. Estaba Web Overlander, que había sido el maquillador de Wayne durante veinte años, encorvado y con impermeable azul, repartiendo chicles Juicy Fruit. «¿Espray insecticida? –decía–. Ni nos hables del espray insecticida. En África nos hinchamos de ver espray insecticida. ¿Te acuerdas de África?» O bien: «¿Almejas al vapor? Ni nos hables de las almejas al vapor. Anda que no nos hinchamos de almejas al vapor en la gira promocional de *Hatari!* ¿Te acuerdas del Bookbinder's?». Estaba Ralph Volkie, el que había sido preparador físico de Wayne durante once años, con una gorra de béisbol roja y llevando encima siempre una columna de prensa en la que Hedda Hopper rendía tributo a Wayne. «Esa Hopper sí que es una señora –no paraba de repetir–. No como algunos de esos que corren por ahí, que solo saben escribir que si está enfermo y enfermo y dale con que está enfermo. ¿Cómo pueden llamarlo *enfermo*, cuando tiene dolores y toses y no para de trabajar todo el día y *no se queja nunca*? Ese tipo tiene el mejor gancho desde Dempsey, no está *enfermo*.»

Y estaba el propio Wayne, luchando para rodar su película número 165. Estaba Wayne, con sus espuelas de treinta y tres años de antigüedad, su pañuelo polvoriento al cuello y su camisa azul. «En estos rollos no hay que preocuparse mucho por lo que te pones –me dijo–. Te puedes poner una camisa azul, o, si estás en Monument Valley, una camisa amarilla.» Estaba Wayne, con un sombrero relativamente nuevo, un sombrero que le daba un curioso parecido con William S. Hart. «Yo tenía un sombrero viejo de caballería que me encantaba, pero se lo presté a Sammy Davis. Cuando me lo devolvió ya estaba para tirar. Creo que todos se dedicaban a encasquetárselo y a decirle "Toma, John Wayne", ya sabe, de broma.»

Estaba Wayne, trabajando desde primera hora, terminando la película con un catarro tremendo y una tos terrible, tan cansado a media tarde que necesitaba un inhalador de oxígeno en el plató. Y pese a todo, lo único que importaba era el Código.

–Ese tipo... –murmuró refiriéndose a un reportero que había incurrido en su antipatía–. Admito que me estoy quedando calvo. Y que tengo michelines en la cintura. ¿Y qué hombre no los tiene con cincuenta y siete años? Vaya cosa. En fin, ese tipo...

Se detuvo, a punto de exponer el meollo de la cuestión, la raíz de la antipatía, aquella ruptura de las normas que todavía le molestaba más que las supuestas citas falsas, todavía más que la sospecha de que ya no era Ringo Kid.

–Viene a verme sin que nadie se lo pida, pero aun así lo invito a pasar. Así que nos sentamos a beber una jarra de mezcal...

Hizo otra pausa y le echó una mirada cargada de intención a Hathaway, preparándolo para el impensable desenlace.

–... y lo tuvieron que *ayudar* a llegar a su habitación.

Discutían sobre las virtudes de diversos boxeadores, discutían sobre el precio del J&B en pesos. Discutían sobre los diálogos.

–Por muy duro que sea el tipo, Henry, sigo sin creerme que rife la Biblia de su madre.

–Me gusta escandalizar, Duke.

Intercambiaban interminables chistes de sobremesa.

–¿Sabes por qué a esto lo llaman la salsa de la memoria? –preguntaba Martin señalando un cuenco de chile.

–¿Por qué?

–¡Porque te acuerdas de él por la mañana!

–¿Lo has oído, Duke? ¿Has oído por qué llaman a esto la salsa de la memoria?

Se deleitaban entre ellos trazando las marcas de las minúsculas variaciones en la escena de la pelea a puñetazos que no podía faltar nunca en las películas de Wayne; justificada o completamente gratuita, la escena de la pelea tenía que estar en la película, de tan bien que se lo pasaban haciéndola.

–Oye... esto va a ser graciosísimo. Duke levanta al chaval y entonces hacen falta Dino y Earl juntos para arrojarlo por la puerta. *¿Qué te parece?*

Se comunicaban compartiendo viejos chistes; sellaban su camaradería burlándose con gentileza y a la antigua usanza de sus esposas, siempre empeñadas en civilizar y domesticar.

–De manera que a la señora Wayne se le mete en la cabeza quedarse levantada y beberse un coñac. O sea que el resto de la noche ya no se oye nada más que: «Sí, Pilar, tienes razón, cariño. Soy un bravucón, Pilar, tienes razón, soy imposible».

–¿Lo has oído? Duke dice que Pilar le tiró una vez una mesa.

–Eh, Duke, esto te hará gracia. Ese dedo que te has lastimado hoy, ve a que el médico te lo vende, luego te vas a casa esta noche, se lo enseñas a Pilar y le dices que te lo lastimó ella al tirarte la mesa. Ya sabes, hazle creer que montó una escena tremenda.

A los que tenían más edad de entre ellos los trataban con respeto; a los más jóvenes los trataban con cariño.

–¿Ve usted a ese chaval? –decían de Michael Anderson, Jr.–. Menudo chaval.

–No actúa, le sale todo del corazón –dijo Hathaway dándose unas palmadas en el corazón.

–Eh, chaval –dijo Martin–. Vas a salir en mi próxima película. Haremos la función completa, nada de barbas. Las camisas a rayas, las chicas, la alta fidelidad, las luces en los ojos.

Le encargaron una silla especial a Michael Anderson que ponía «BIG MIKE» en la parte de detrás. Cuando llegó al plató, Hathaway le dio un abrazo.

–¿Ha visto usted eso? –le preguntó Anderson a Wayne, demasiado tímido de pronto para mirarlo a los ojos.

Wayne le dedicó una sonrisa, asintió con la cabeza y le concedió el elogio final:

–Sí, chaval, lo he visto.

La mañana del día en que iban a terminar *Katie Elder*, Web Overlander no se presentó con su impermeable azul, sino con una americana azul.

–A casita, mamá –dijo mientras repartía los últimos Juicy Fruit que le quedaban–. Ya llevo la ropa de marcharme.

Pero se lo veía apagado. A mediodía, la mujer de Henry Hathaway se pasó por la cantina para decirle a su marido que a lo mejor tomaba un avión a Acapulco.

–Pues tómalo –le dijo él–. Cuando yo acabe con esto, no voy a hacer más que tomar Seconal hasta quedarme al borde del suicidio.

Todos estaban apagados. Después de que la señora Hathaway se marchara, hubo algún intento desganado de rememorar anécdotas, pero la tierra de hombres ya se estaba disipando rápidamente; ya tenían un pie en casa, y lo único que pudieron rememorar fue el incendio de Bel Air del 61, durante el cual Henry Hathaway había ordenado al Departamento de Bomberos de Los Ángeles que salieran de su propiedad y había salvado su casa él solo, gracias a que, entre otras medidas, tiró a la piscina todo lo que fuera inflamable.

–Habría dado igual que aquellos bomberos se desentendieran –dijo Wayne–. Que dejaran que se le quemara la casa.

De hecho, se trataba de una buena anécdota, y tocaba varios de los temas favoritos de aquellos hombres, pero era una anécdota de Bel Air, no de Durango.

Poco después de mediodía empezaron la última escena, y aunque se pasaron todo el tiempo que pudieron organizándola, por fin llegó el momento en que ya no les quedó nada más que hacer que rodarla.

–Segundo equipo fuera, primer equipo dentro, *cierren puertas* –gritó por última vez el ayudante del director.

Los dobles salieron del plató y entraron John Wayne y Martha Hyer.

–Muy bien, muchachos, silencio, estamos rodando.

Hicieron dos tomas. En las dos ella le ofreció la ajada Biblia a John Wayne. Y las dos veces John Wayne le contestó que «yo voy a muchos sitios donde ese libro no encaja». Todo estaba muy tranquilo. Y a las dos y media de aquella tarde de viernes, Henry Hathaway se apartó de la cámara, y en el silencio que se hizo a continuación aplastó su puro en un cubo lleno de arena y dijo:

–Muy bien. Ya estamos.

Después de aquel verano de 1943 yo había pensado en John Wayne de muchas maneras. Había pensado en él trayendo ganado desde Texas, haciendo aterrizar avionetas con un solo motor y hasta diciéndole a la chica de *El Álamo*: «República es una palabra hermosa». Nunca había pensado en él cenando con su familia y conmigo y mi marido en un restaurante caro de Chapultepec Park, pero el tiempo trae extrañas mutaciones, así que allí estábamos, una noche de aquella última semana de rodaje en México. Durante un rato solo fue una velada agradable, una velada como cualquier otra. Bebimos mucho y yo perdí la noción de que aquella cara que había al otro lado de la mesa me resultaba en cierto sentido más familiar que la de mi marido.

Y luego pasó algo. De pronto la sala pareció inundarse del sueño, y yo no entendí por qué. De la nada aparecieron tres hombres tocando guitarras. Pilar Wayne se inclinó un poco hacia delante y John Wayne levantó su copa de manera apenas perceptible hacia ella.

–Vamos a necesitar una botella de Pouilly-Fuissé para el resto de la mesa –dijo Wayne–. Y un burdeos tinto para Duke.

Todos sonreímos, y procedimos a bebernos el Pouilly-Fuissé para el resto de la mesa y el burdeos tinto para Duke, y durante todo aquel rato los guitarristas siguieron tocando, hasta que por fin me di cuenta de qué era lo que estaban tocando: «The Red River Valley» y el tema de *Escrito en el cielo*. No estaban llevando bien el ritmo, pero todavía hoy los puedo oír, en otro país y mucho tiempo después, mientras les cuento esto a ustedes.

1965

ARRASTRARSE HACIA BELÉN

El centro ya no se sostenía. Era un país de avisos de bancarrota y de anuncios de subastas públicas y de noticias diarias de gente que mataba porque sí y de niños que se criaban con quien no debían y de hogares abandonados y de vándalos que escribían mal hasta las guarradas que pintarrajeaban. Era un país donde desaparecían familias de forma rutinaria, dejando tras de sí un rastro de cheques sin fondo y documentos de embargo. Los adolescentes iban a la deriva de ciudad en ciudad, sacudiéndose de encima tanto el pasado como el futuro igual que las serpientes mudan de piel, chavales a quienes nadie había enseñado –y ahora ya nunca iban a aprender– esos juegos que mantienen a la sociedad cohesionada. Desaparecía gente. Desaparecían chavales. Los que quedaban atrás presentaban denuncias desganadas por desaparición y se olvidaban del asunto.

No era un país en plena revolución. No era un país bajo asedio enemigo. Eran los Estados Unidos de América a finales de la fría primavera de 1967, y el mercado estaba en calma y el PNB era alto y había mucha gente culta que parecía comprometida con la sociedad, y podría haber sido una primavera de grandes esperanzas y de promesas nacionales, pero no lo era, y cada vez más gente experimentaba la sensación inquietante de que no lo era. Lo único que parecía claro era que en algún momento nos habíamos abortado a nosotros mismos y habíamos estropeado lo que teníamos entre manos, y como no había nada más que me pareciera tan relevante como aquello, decidí irme a San Francisco. San Francisco era el lugar donde estaban brotando las hemorragias sociales. Era el lugar donde los chavales que desaparecían se estaban reuniendo y llamándose a sí mismos «hippies». La primera vez que fui a San Francisco, a finales de aquella primavera fría de 1967, ni siquiera sabía qué estaba intentando averiguar, así que me limité a quedarme una temporada y hacer unos cuantos amigos.

Una pintada en Haight Street, San Francisco:

El pasado Domingo de Pascua
mi Christopher Robin se fue de casa.
El 10 de abril recibí su llamada
pero desde entonces no sé nada.
Me dijo que iba a volver
pero no hay rastro de él.

Si lo veis por Haight Street,
decidle que vuelva aquí,
que necesito que venga ya
y que el cómo me da igual.
Si es pasta lo que necesita
solo tiene que pedirla.

Que alguien me escriba una carta,
que me dé alguna esperanza.
Decidle que es mi rey.
Si por fin alguno lo veis,
¡que no quiero nada de nada
más que tenerlo conmigo en casa!

Agradecida,
Marla

Marla Pence
12702 NE Multnomah
Portland, Oregon, 97230
503/252-2720

Estoy buscando a alguien apodado Tirofijo que he oído que anda esta tarde por Haight haciendo unos trapicheos, así que me mantengo alerta a ver si lo veo y estoy fingiendo que leo los anuncios de la Psychedelic Shop de Haight Street cuando un chaval de unos dieciséis o diecisiete años se me acerca y se sienta en el suelo a mi lado.

–¿Qué estás buscando? –me pregunta.

Yo no le digo gran cosa.

–Llevo tres días hasta el culo de todo –me dice.

Me cuenta que se ha estado chutando cristal, aunque no hace falta que me lo cuente, porque no se molesta en bajarse las mangas para taparse las marcas de los pinchazos. Hace unas semanas que llegó de Los Ángeles, no se acuerda de la fecha, y ahora se va a marchar a Nueva York si encuentra alguien que lo lleve. Yo le enseño un anuncio de alguien que podría llevarlo a Chicago. Él me pregunta dónde está Chicago. Yo le pregunto de dónde es él.

–De aquí –me dice.

–¿Y antes de aquí? –le pregunto.

–De San José, de Chula Vista, no sé. Mi madre está en Chula Vista.

Unos días más tarde me lo encuentro en un concierto de los Grateful Dead en el Golden Gate Park. Le pregunto si ha encontrado a alguien que lo lleve a Nueva York.

–Me han dicho que Nueva York es un coñazo –me dice.

Tirofijo no aparece ese día por Haight Street, y alguien me dice que tal vez lo pueda encontrar en su casa. Son las tres de la tarde y Tirofijo está en la cama. Hay otro tipo durmiendo en el sofá de la sala de estar, una chica dormida en el suelo debajo de un póster de Allen Ginsberg, y un par de chicas más en pijama preparando café instantáneo. Una de estas me presenta al amigo que duerme en el sofá, que me ofrece la mano pero no se levanta porque está desnudo. Tirofijo y yo tenemos un conocido en común, pero él no menciona su nombre delante de los demás. «El hombre con el que hablaste», lo llama, o bien «el hombre al que me estaba refiriendo antes». Se trata de un policía.

En la habitación hace demasiado calor y la chica que está en el suelo no se encuentra bien. Tirofijo dice que ya lleva veinticuatro horas durmiendo.

–Déjame que te haga una pregunta –me dice–. ¿Quieres hierba?

Yo le digo que no me puedo quedar.

–Si la quieres te la regalo –me dice Tirofijo.

Antes Tirofijo era un Ángel del Infierno en Los Ángeles, pero de eso ya hace años.

–Ahora mismo –me dice–, estoy intentando montar un grupo religioso muy chulo: Evangelismo Adolescente.

Don y Max quieren salir a cenar, pero Don solo come cosas macrobióticas, así que terminamos una vez más en Japantown. Max me está contando que él vive libre de todos los viejos malos rollos freudianos de la clase media.

–Ya llevo dos meses teniendo parienta, y a veces ella me cocina algo especial para cenar y yo voy y me presento tres días después y le digo que me he estado tirando a otra tía y, bueno, a veces ella me grita un poco, pero luego yo voy y le digo «Yo soy así, chata», y ella se ríe y me dice: «Tú eres así, Max».

Max me cuenta que la cosa es mutua.

–O sea, si ella viniera y me dijera que se quiere tirar a Don, pues igual yo le diría: «Vale, cielo, es cosa tuya».

Max ve su vida como un triunfo sobre las cosas negativas. Entre las cosas negativas que probó antes de cumplir los veintiún años están el peyote, el alcohol, la mescalina y la metanfetamina. Se pasó tres años colgado de metanfetaminas en Nueva York y en Tánger antes de descubrir el ácido. Probó el peyote por primera vez cuando asistía a una escuela masculina de Arkansas y bajó hasta el golfo de México y allí conoció a «un chico indio que estaba haciendo una cosa negativa. Después, todos los fines de semana que podía escaparme, hacía autoestop durante mil kilómetros hasta Brownsville, Texas, para poder pillar peyote. En Brownsville el peyote iba a treinta centavos el bulbo si lo comprabas en la calle». Max pasó fugazmente por todas las escuelas y clínicas de moda de la mitad este de Norteamérica, puesto que su técnica habitual para combatir el aburrimiento era marcharse. Por ejemplo: Max estaba en un hospital de Nueva York y «la enfermera de noche era una negra que molaba cantidad, y luego en la terapia de la tarde había una chati de Israel que era interesante, pero por la mañana no había gran cosa que hacer, así que me largué».

Bebemos un poco más de té verde y hablamos de subir a Malakoff Diggings, en el condado de Nevada, porque hay una gente que está montando una comuna allí y a Max se le ha ocurrido que molaría mucho tomar ácido en las minas. Dice que tal vez podríamos ir la semana que viene, o la otra, o en cualquier momento antes de que su caso llegue a los tribunales. Casi todo el mundo que conozco en San Francisco tiene que presentarse a juicio en algún momento del futuro inmediato. Yo nunca les pregunto por qué.

Sigo interesada en cómo Max se libró de sus malos rollos freudianos de clase media, y le pregunto si ahora ya es completamente libre.

–No –me dice él–. Tengo el ácido.

Max se toma una lámina de 250 o 350 microgramos cada seis o siete días.

Max y Don se fuman un porro a medias en el coche y luego nos vamos a North Beach para averiguar si Otto, que trabaja allí a tiempo parcial, quiere ir a Malakoff Diggings. Otto está trapicheando con unos ingenieros electrónicos. Los ingenieros nos ven llegar con cierto interés, creo yo, porque Max lleva cascabeles y una cinta india en el pelo. Max tiene muy poca tolerancia para los ingenieros convencionales y sus malos rollos freudianos.

–Míralos –dice–. Siempre están gritando «maricón», pero luego vienen a hurtadillas a Haight-Ashbury a ver si pillan a alguna chica hippy, porque las hippies follan.

No llegamos a preguntarle a Otto lo de Malakoff Diggings porque lo que él quiere es hablarme de una chica de catorce años que él conoce a la que la policía trincó el otro día en el Golden Gate Park. Me cuenta que ella iba andando por el parque sin meterse con nadie, con sus libros del instituto, cuando los polis la trincaron y la llevaron a comisaría y le hicieron un examen pélvico.

–*Catorce años* –dice Otto–. ¡Un examen pélvico!

»Cuando estás de bajada de ácido –añade–, eso puede ser un viaje chunguísimo.

A la tarde siguiente llamo a Otto para ver si puede encontrarme a la chica de catorce años. Resulta que está muy liada con los ensayos de la obra de teatro de su instituto, *El mago de Oz*. «Hora de coger el camino de baldosas amarillas», dice Otto. Otto se ha pasado todo el día enfermo. Él cree que ha sido una cocaína con levadura que le dio alguien.

Donde hay grupos de rock siempre hay chicas, las mismas chicas que antes iban con saxofonistas, chicas que se nutren de la celebridad y del poder y del sexo que las bandas proyectan cuando tocan... Y esta tarde hay tres en el ensayo de los Grateful Dead en Sausalito. Son todas guapas, dos de ellas todavía no han perdido la redondez de la infancia y una de ellas baila sola con los ojos cerrados.

Les pregunto a un par de las chicas a qué se dedican.

–Yo, pues vengo bastante por aquí –dice una de ellas.

–Yo, pues conozco un poco a los Dead –dice la otra.

La que conoce un poco a los Dead se pone a cortar una rebanada de pan de barra sobre la banqueta del piano. Los chicos hacen una pausa y uno de ellos habla de tocar en el Cheetah de Los Ángeles, que es lo que antes era el Aragon Ballroom.

–Estuvimos allí bebiendo cerveza en el mismo sitio donde se sentaba Lawrence Welk –dice Jerry Garcia.

La chica que está bailando sola suelta una risita.

–Demasiado –dice en voz baja. Sigue sin abrir los ojos.

Alguien me ha dicho que si quiero conocer a chavales fugados de sus casas, lo que tengo que hacer es pillar unas cuantas hamburguesas y unas Coca-Colas para llevar, así que eso es lo que hago, y ahora me estoy comiendo las hamburguesas en el Golden Gate Park en compañía de Debbie, que tiene quince años, y de

Jeff, que tiene dieciséis. Debbie y Jeff se escaparon hace doce días, se largaron de la escuela una mañana llevando cien dólares entre los dos. Como Debbie tiene una orden de búsqueda de menor –ya estaba en libertad bajo fianza porque su madre la había llevado una vez a comisaría y la había declarado incorregible–, esta es solo la segunda vez que salen del piso del amigo que los está alojando desde que llegaron a San Francisco. La primera vez se fueron al hotel Fairmont y cogieron el ascensor exterior, subieron tres veces y bajaron otras tres.

–Uau –dice Jeff, y es lo único que se le ocurre decir al respecto de aquello.

Les pregunto por qué se han escapado de casa.

–Mis padres me decían que tenía que ir a la iglesia –dice Debbie–. Y no me dejaban vestirme como yo quería. En séptimo yo llevaba las faldas más largas de la clase. En octavo la cosa mejoró un poco, pero no mucho.

–Tu madre era bastante coñazo –asiente Jeff.

–Jeff no les caía bien. No les caían bien mis amigas. Mi padre pensaba que yo era vulgar y me lo dijo. Yo tenía una media de suficiente en las notas y él me dijo que no podía volver a salir con chicos hasta que subiera la media, y eso me tocó los cojones.

–Mi madre no era más que la típica zorra norteamericana –dice Jeff–. Siempre estaba tocándome las narices con lo de mi pelo. Y tampoco le gustaban mis botas. Era todo muy raro.

–Cuéntale lo de las tareas –dice Debbie.

–Por ejemplo, me ponía tareas. Si no terminaba de planchar las camisas de toda la semana no podría pasar el fin de semana fuera. Era raro. Uau.

Debbie suelta una risita y cabecea de un lado a otro.

–Este año va a ser salvaje.

–Vamos a dejar que las cosas vengan –dice Jeff–. Todo está en el futuro, nada se puede planear de antemano. Primero conseguiremos trabajo y luego un sitio donde vivir. Y luego no sé.

Jeff se termina las patatas fritas y se queda pensando en qué clase de trabajo podría conseguir.

–Siempre me han gustado los talleres siderúrgicos, soldar y esas cosas.

Yo le digo que tal vez podría trabajar con coches.

–No tengo una mente demasiado mecánica –me dice él–. Y en todo caso, las cosas no se pueden planear de antemano.

–Yo podría conseguir trabajo de canguro –dice Debbie–. O en una tienda de artículos rebajados.

–Siempre estás hablando de trabajar en tiendas de artículos rebajados –dice Jeff.

–Es porque ya he trabajado en una.

Debbie se está sacando brillo a las uñas con el cinturón de su chaqueta de ante. Está molesta porque se ha roto una uña y yo no llevo quitaesmalte en el coche. Le prometo que la voy a llevar al piso de una amiga para que se pueda hacer la manicura, pero hay algo que me ha estado intranquilizando y mientras arranco el coche por fin lo saco a colación. Les pido que se acuerden de cuando eran niños y que me digan qué habían querido ser de mayores, cómo habían visto el futuro por entonces.

Jeff tira una botella de Coca-Cola por la ventanilla.

–No recuerdo haber pensado nunca en eso –dice.

–Yo me acuerdo de que antes quería ser veterinaria –dice Debbie–. Pero ahora más o menos estoy apuntando a convertirme en artista o en modelo o en cosmetóloga. O algo así.

Oigo hablar bastante de un policía, el agente Arthur Gerrans, cuyo nombre se ha convertido en sinónimo de exceso de celo en Haight Street.

«Es nuestro agente Krupke», me dijo Max en una ocasión. Max no le tiene precisamente un gran aprecio al agente Gerrans porque el agente Gerrans lo detuvo después de la Asamblea Humana del invierno pasado, me refiero a la enorme Asamblea Humana del Golden Gate Park, donde veinte mil personas se activaron mentalmente de forma gratuita, o diez mil, o las que fueran, aunque a fin de cuentas el agente Gerrans ha detenido a casi todo el mundo del distrito en un momento u otro. Supuestamente para impedir que surgiera un culto a la personalidad, al agente Gerrans lo transfirieron fuera del distrito no hace mucho, así que cuando yo por fin consigo verlo ya no es en la comisaría del Golden Gate Park, sino en la jefatura de Greenwich Avenue.

Estamos en la sala de interrogatorios, y yo estoy interrogando al agente Gerrans. Es joven y rubio y se muestra receloso, así que voy despacito. Le pregunto cuáles cree él que son los «principales problemas» de la zona de Haight.

El agente Gerrans se lo piensa.

–Yo diría que los principales problemas de la zona... –dice por fin–... que los principales problemas son los narcóticos y la delincuencia juvenil, esos son los principales problemas.

Yo lo apunto.

–Un momento –dice el agente Gerrans, y abandona la sala.

Cuando vuelve me dice que no puedo hablar con él sin permiso del jefe, Thomas Cahill.

–Entretanto –añade el agente Gerrans, señalando el cuaderno en el que yo he escrito: «Principales problemas: narcóticos y delincuencia juvenil»–, me quedo con estas notas.

Al día siguiente solicito permiso para hablar con el agente Gerrans y también con el jefe Cahill. Al cabo de unos días un sargento me devuelve la llamada.

–Finalmente hemos recibido la respuesta del jefe en relación a su petición –me dice el sargento–. Y la respuesta es que es tabú.

Le pregunto por qué es tabú hablar con el agente Gerrans.

Porque el agente Gerrans está involucrado en casos pendientes de juicio.

Le pregunto por qué es tabú hablar con el jefe Cahill.

Porque el jefe tiene asuntos policiales urgentes.

Le pregunto si puedo hablar con alguien del Departamento de Policía.

–No –dice el sargento–. En este momento, no.

Y ese es mi último contacto oficial con el Departamento de Policía de San Francisco.

Norris y yo estamos en el Panhandle, y Norris me está diciendo que ya ha arreglado las cosas para que un amigo suyo me lleve a Big Sur. Yo le digo que lo que realmente quiero es pasar unos días con Norris y su mujer y todos los demás en su casa. Norris me dice que sería mucho más fácil si yo tomara ácido. Yo le digo que soy inestable. Norris me dice que vale, que entonces tome *hierba*, y me da un apretón de manos.

Un día Norris me pregunta qué edad tengo. Yo le digo que treinta y dos. Norris tarda unos minutos, pero por fin reacciona.

–No te preocupes –me dice por fin–. También hay hippies viejos.

Hace una tarde muy bonita y no pasa gran cosa y Max se trae a su parienta, Sharon, al Warehouse. El Warehouse, que es donde vive Don junto con una cantidad variable de gente, no es un almacén como su nombre indica, sino el garaje de un hotel declarado ruinoso. El Warehouse está concebido como un teatro total, un happening continuo, y yo siempre me siento bien en él. En el Warehouse lo que ha pasado hace diez minutos o lo que va a pasar dentro de media hora suele borrarse rápidamente de la memoria. Por lo general siempre hay alguien haciendo algo interesante, como por ejemplo trabajando en un espectáculo de luces, y también hay montones de cosas interesantes tiradas por ahí, como un viejo turismo Chevrolet que ahora se usa como cama y una bandera americana enorme que ondea en las sombras y un mullido sillón que cuelga de las vigas como si fuera un columpio y que supuestamente te tiene que provocar un colocón por privación sensorial.

Una de las razones por las que me gusta especialmente el Warehouse es que ahora mismo allí vive un niño llamado Michael. La madre de Michael, Sue Ann, es una chica dulce y lánguida que siempre está en la cocina preparando algas o haciendo pan macrobiótico mientras Michael se divierte jugando con varitas de incienso o con una pandereta vieja o con un caballito balancín que tiene la pintura descascarillada. La primera vez que vi a Michael fue en aquel caballito: un niño muy rubio y pálido y sucio montado en un caballito despintado. Aquella tarde en el Warehouse no había más luz que un foco azul de los que se usan en el teatro, y en medio de esa luz estaba Michael, canturreando suavemente al compás del caballito de madera. Michael tiene tres años. Es un niño listo, pero todavía no habla.

Esta noche Michael está intentando encender sus varitas de incienso y hay la pandilla habitual de gente pululando por el local y todos entran en la habitación de Don y se sientan en la cama y se pasan porros entre ellos. Sharon está muy excitada cuando llega.

–¡Don! –exclama, sin aliento–. Hoy tenemos STP.

Tienen que recordar ustedes que en aquella época el STP era algo grande; todavía nadie sabía qué era y resultaba relativamente, aunque solo relativamente, difícil de conseguir. Sharon es rubia y pulcra y debe de tener diecisiete años, pero Max se muestra un poco vago cuando habla de su edad porque le toca ir a juicio dentro de un mes más o menos y lo último que le hace falta es que lo acusen también de acostarse con menores. La última vez que Sharon vio a sus padres estaban viviendo en casas separadas. No echa de menos la escuela ni tampoco gran cosa de su pasado, salvo a su hermano pequeño.

–Quiero activarlo mentalmente –me confió un día–. Ahora tiene catorce años, es la edad perfecta. Sé a qué instituto va y un día simplemente voy a ir a buscarlo.

Pasa un rato y yo pierdo el hilo y cuando lo retomo Max parece estar hablando de lo hermoso que es que Sharon friegue los platos.

–Es que *es* hermoso –dice Sharon–. *Todo* lo es. O sea, te quedas mirando cómo las burbujas azules del detergente resbalan por el plato, ves cómo se deshace la grasa… caray, puede ser un colocón total.

Muy pronto, tal vez el mes que viene o posiblemente más adelante, Max y Sharon tienen planeado irse a África y a la India, donde puedan vivir de la tierra.

–Tengo un pequeño fondo fiduciario, ¿sabes? –dice Max–, que me resulta útil porque les dice a la poli y a las patrullas de fronteras que soy legal, pero vivir de la tierra es lo más. Puedes colocarte y pillar la droga en la ciudad, vale, pero también necesitamos escaparnos a algún sitio y vivir de forma orgánica.

–Raíces y cosas de esas –dice Sharon, encendiendo otra varita de incienso para Michael. La madre de Michael sigue en la cocina, preparando algas–. Se pueden comer.

Sobre las once más o menos, nos vamos del Warehouse al apartamento que Max y Sharon comparten con una pareja llamada Tom y Barbara. Sharon se alegra de llegar a casa (a modo de saludo le dice a Barbara: «Espero que tengas unos porros de hachís listos en la cocina») y todo el mundo está encantado de enseñarme el apartamento, que está lleno de flores y velas y estampados de cachemira. Max y Sharon y Tom y Barbara se colocan bastante con hachís y todo el mundo baila un poco y hacemos unas cuantas proyecciones líquidas y ponemos una luz estroboscópica y nos turnamos para colocarnos con ella. Cuando ya es bastante tarde, llega un tipo llamado Steve acompañado de una chica guapa y morena. Vienen de una reunión de gente que practica un yoga occidental, pero da la impresión de que no quieren hablar de ello. Se quedan los dos un rato tumbados en el suelo y por fin Steve se pone de pie.

–Max –dice–, quiero decirte una cosa.

–A tu rollo.

Max está intranquilo.

–Con el ácido encontré el amor. Pero lo perdí. Y ahora lo estoy volviendo a encontrar. Solo con la hierba.

Max murmura que tanto el cielo como el infierno están en el karma de uno.

–Eso es lo que me fastidia del arte psicodélico –dice Steve.

–¿Qué pasa con el arte psicodélico? –dice Max–. Yo no he visto mucho arte psicodélico.

Max está tumbado en una cama con Sharon, y Steve se inclina sobre él.

–Molas, chaval –le dice–. Tú molas.

Steve se vuelve a sentar y me habla de un verano que pasó en una escuela de diseño de Rhode Island, durante el cual hizo treinta viajes de ácido, los últimos todos malos. Yo le pregunto por qué fueron malos.

–Te podría decir que fue por mis neurosis –me dice–, pero eso me lo paso por el forro.

Al cabo de unos días voy al apartamento de Steve para hacerle una visita. Él camina nerviosamente por la sala que usa de estudio y me enseña unas cuantas pinturas. No parece que estemos sacando nada en claro.

–Quizá te fijaste en que pasaba algo raro en casa de Max –me dice de repente.

Parece ser que la chica que él llevó, la morena guapa, había sido antes la chica de Max. Ella lo había seguido hasta Tánger y luego a San Francisco. Pero ahora Max tiene a Sharon.

–O sea que ella se está quedando conmigo, más o menos –dice Steve.

A Steve le preocupan muchas cosas. Tiene veintitrés años, se crió en Virginia y tiene la idea de que California es el principio del fin.

–Esto me parece una locura –me dice, y baja la voz de repente–. Una chica me dijo que la vida no tiene sentido pero que no importa, que simplemente saldremos flotando de ella. Ha habido veces en que me ha apetecido hacer las maletas y volverme a la Costa Este, por lo menos allí yo tenía una *meta*. Por lo menos allí tienes alguna idea de lo que va a pasar. –Me enciende un cigarrillo y le tiemblan las manos–. Aquí simplemente sabes que no va a pasar.

Yo le pregunto qué es lo que tiene que pasar.

–No lo sé –dice él–. Algo. Lo que sea.

Arthur Lisch está al teléfono en su cocina, intentando venderle al programa VISTA un plan para el distrito.

–La emergencia *ya la tenemos* –le dice al teléfono mientras intenta desenredar a su hija de un año y medio del cable del aparato–. Aquí no nos ayuda nadie, y nadie puede garantizar lo que va a pasar. Tenemos a gente durmiendo en la calle. Tenemos a gente que se muere de hambre. –Hace una pausa–. Muy bien –dice por fin, y levanta la voz–. Así que lo están haciendo a dedo. Y qué.

Para cuando cuelga ha pintado un cuadro a mi parecer bastante dickensiano de la vida en los márgenes del Golden Gate Park, pero es que se trata de la primera vez que presencio el discurso tipo «habrá disturbios en Haight Street a menos que» de Arthur Lisch. Lisch es una especie de líder de los Diggers, que en la mitología oficial del distrito se supone que son un grupo de benefactores anónimos cuya mente colectiva no piensa jamás en nada que no sea ayudar a los demás. La mitología oficial del distrito también dice que los Diggers no tienen «líderes», y sin embargo Arthur Lisch es uno de ellos. Arthur Lisch también cobra un sueldo del American Friends' Service Committee, y vive con su mujer, Jane, y sus dos hijos pequeños en un piso en forma de pasillo, donde hoy en concreto reina el caos. Para empezar, el teléfono no para de sonar. Arthur promete que asistirá a una vista en el Ayuntamiento. Arthur promete «mandar a Edward, que está muy bien». Arthur promete conseguir que una buena banda, tal vez los Loading Zone, toque gratis en un evento benéfico judío. Aparte de eso, el bebé está llorando, y no hay manera de que se calle hasta que Jane Lisch aparece con un frasco de papilla Gerber de pollo con fideos. Otro elemento que se añade a la confusión es un tipo llamado Bob, que se limita a estar sentado en la sala de estar y mirarse los dedos de los pies. Primero se mira los dedos de un pie y luego los del otro. Yo hago varios intentos por incluir a Bob en la conversación, hasta que me doy cuenta de que está en pleno viaje chungo de ácido. Por si fuera poco, hay dos personas cortando lo que parece ser media ternera en el suelo de la cocina, y la idea es que cuando terminen de despedazarla Jane Lisch la podrá cocinar para la comida diaria que organizan los Diggers en el parque.

Arthur Lisch no parece fijarse en nada de esto. Se limita a hablar de sociedades cibercontroladas y de salarios anuales garantizados y de disturbios en Haight Street a menos que.

Al día siguiente llamo a los Lisch y pregunto por Arthur. Jane Lisch me dice que está en el piso de al lado duchándose porque en su cuarto de baño hay alguien recuperándose de un mal viaje de ácido. Además del tipo que ha perdido la chaveta en el baño, están esperando a que venga un psiquiatra a echarle un vistazo a Bob. También esperan a un médico para Edward, que no es verdad que esté muy bien, porque tiene gripe. Jane me dice que tal vez debería hablar con Chester Anderson. Pero no me da su número.

Chester Anderson es un legado de la Generación Beat, un hombre de treinta y bastantes cuya peculiar posición en el distrito deriva del hecho de que posee un ciclostil con el que imprime comunicados firmados por «la compañía de comunicación». Otro precepto de la mitología oficial del distrito es que la compañía de comunicación está dispuesta a imprimir cualquier cosa que cualquiera quiera decir, pero la verdad es que Chester Anderson solo imprime lo que escribe él mismo o bien aquello con lo que está de acuerdo o bien considera inofensivo o completamente inoperante. Sus comunicados, que él deja en pilas o bien pegados a las ventanas de Haight Street, son contemplados con cierta aprensión en el distrito y con interés considerable por la gente de fuera, que los estudian, como por ejemplo los observadores de la China, en busca de sutiles alteraciones de rebuscadas ideologías. Los comunicados de Anderson pueden hacer cosas tan específicas como señalar públicamente a alguien de quien se dice que ha organizado una redada en busca de marihuana, o bien pueden tratar temas más generales:

> Chica guapa de clase media de dieciséis años viene al Haight para ver qué se cuece por aquí y cae en manos de un camello de diecisiete años que se pasa el día entero chutándole anfetas y más anfetas sin parar, a continuación le da 3.000 microgramos de ácido y subasta su cuerpo temporalmente desocupado para la sesión de sexo en grupo más grande que se ha visto en Haight Street desde la noche de los tiempos. La política y la ética del éxtasis. En Haight Street las violaciones son tan comunes como las mentiras. Aquí mueren chavales en las calles. Hay mentes y cuerpos siendo destrozados ante nuestros ojos, esto es como una reproducción a escala de Vietnam.

Alguien que no es Jane Lisch me ha dado la dirección de Chester Anderson, que supuestamente vive en el 443 de Arguello Boulevard; el problema es que el 443 de Arguello no existe. Telefoneo a la esposa del hombre que me dijo que era el 443 de Arguello y ella me dice que no, que es el 742 de Arguello.

–Pero no vaya usted ahí –me dice.

Le digo que llamaré por teléfono.

–No hay teléfono –me dice–. No se lo puedo dar.

–El 742 de Arguello.

–No –dice ella–. No lo sé. Y no vaya usted allí. Y si va, no mencione mi nombre ni el de mi marido.

Se trata de la esposa de un catedrático de literatura inglesa del San Francisco State College. Decido pasarme unos días sin tocar mucho el tema de Chester Anderson.

«Paranoia strikes deep
Into your life it will creep»,
es la letra de una canción de Buffalo Springfield.

Parece que Malakoff Diggings ha dejado de apetecer, pero Max me dice que por qué no voy a su casa y estoy presente la próxima vez que tome ácido. Tom también lo tomará, y probablemente Sharon, y tal vez Barbara. Sin embargo, no podemos hacerlo hasta dentro de seis o siete días, porque ahora mismo Max y Tom están en territorio de STP. No es que estén entusiasmados con el STP, pero tiene sus ventajas.

–Conservas el uso del prosencéfalo –dice Tom–. Yo he podido escribir con STP, pero no con ácido.

Es la primera vez que oigo hablar de algo que no se puede hacer con ácido, y también la primera vez que oigo que Tom escribe.

Otto se encuentra mejor desde que ha descubierto que lo que lo ponía enfermo no era la cocaína con levadura. Era la varicela, que cogió haciendo de canguro para Big Brother and the Holding Company una noche que ellos tocaban. Voy a visitarlo y conozco a Vicki, que canta de vez en cuando con una banda llamada los Jook Savages y vive en casa de Otto. Vicki dejó los estudios en el instituto de Laguna «porque cogí mononucleosis», luego siguió a los Grateful Dead hasta San Francisco y lleva aquí «una temporada». Sus padres están divorciados y ella ya no ve a su padre, que trabaja para una cadena de televisión en Nueva York. Hace unos meses el padre vino a hacer un documental sobre el distrito y trató de encontrarla, pero no pudo. Después le escribió una carta a la dirección de su madre donde le pedía que volviera al instituto. Vicki supone que en algún momento retomará los estudios, pero no le ve mucho sentido a hacerlo ahora mismo.

Estamos comiendo un poco de tempura en Japantown, Chet Helms y yo, y él está compartiendo algunas de sus ideas conmigo. Hasta hace un par de años, Chet Helms no hacía gran cosa más que ir en autoestop. Ahora, sin embargo, dirige el Avalon Ballroom, sobrevuela el polo para ver cómo está la movida de Londres y dice cosas como: «Solo para ser claros, me gustaría categorizar los aspectos de la religión primitiva tal como yo la veo». Ahora mismo me está hablando de Marshall McLuhan y diciéndome que la palabra impresa está acabada, que es cosa del pasado.

–El *East Village Other* es uno de los pocos periódicos de América que no está en números rojos –me dice–. Lo sé porque leo el *Barron's*.

Se supone que hoy toca un grupo nuevo en el Panhandle, pero los músicos están teniendo problemas con el amplificador, y yo me siento al sol para escuchar a un par de chicas de unos diecisiete años. Una de ellas lleva mucho maquillaje y la otra unos Levi's y botas de vaquero. Las botas no parecen una pose, sino que dan la impresión de que la chica realmente salió del rancho hace dos semanas. Yo me pregunto qué está haciendo aquí en el Panhandle intentando hacerse amiga de una chica de ciudad que no le está haciendo ni caso, pero no paso mucho tiempo preguntándomelo, porque la chica es fea y torpe y me la imagino pasando por el instituto de su pueblo sin que nadie la invitara nunca a ir a Reno el sábado por la noche para ver una película en el autocine y tomar una cerveza junto al río, y sospecho que por eso se escapó.

–Sé una cosa sobre los billetes de un dólar –está diciendo ahora–. Si encuentras el que tiene «1111» en una esquina y «1111» en otra, lo llevas a Dallas, Texas, y allí te dan quince dólares por él.

–¿Quién te los da? –pregunta la chica de ciudad.

–No lo sé.

–En el mundo actual solo existen tres datos significativos –me cuenta una noche Chet Helms.

Estamos en el Avalon y tienen el enorme estroboscopio encendido y hay luces de colores y pintura fluorescente y el sitio está lleno de chavales de secundaria intentando aparentar que están activados mentalmente. El equipo de sonido del Avalon proyecta 126 decibelios a treinta metros de distancia, pero para Chet Helms el sonido está ahí mismo, es como el aire, así que lo traspasa con su voz.

–El primero –dice– es que Dios murió el año pasado y su necrológica salió en la prensa. El segundo es que el cincuenta por ciento de la población tiene o tendrá pronto menos de veinticinco años. –Un chaval agita una pandereta hacia nosotros y Chet le dedica una sonrisa benévola–. El tercero –me dice– es que esa parte de la población tiene veinte mil millones de dólares que gastar irresponsablemente.

Llega el jueves, algún jueves, y Max y Tom y Sharon y tal vez Barbara se disponen a tomar ácido. Quieren tomárselo a las tres en punto. Barbara ha hecho pan, Max ha ido al parque a buscar flores frescas y Sharon está haciendo un letrero para la puerta que dice: «NO MOLESTAR, NO LLAMAR AL TIMBRE NI CON LOS NUDILLOS NI INTERRUMPIR DE NINGUNA OTRA MANERA. AMOR». Yo no le dejaría ese mensaje al inspector de sanidad, que tiene que venir esta semana, ni tampoco a las varias docenas de agentes de narcóticos que hay por el vecindario, pero supongo que el letrero forma parte del viaje de Sharon.

Nada más terminar de escribirlo, Sharon se pone nerviosa.

–¿Puedo al menos poner el disco nuevo? –le pregunta a Max.

–Tom y Barbara quieren reservarlo para cuando estemos colocados.

–Es que me aburro aquí sentada.

Max mira cómo se levanta de un salto y sale.

–Eso es lo que se llama canguelo de antes del ácido –me dice.

A Barbara no se la ve por ningún lado. Tom no para de entrar y salir.

–Siempre quedan un montón de cosas de último minuto por hacer –murmura.

–Es un rollo complicado, el ácido –dice Max al cabo de un rato. Se dedica a encender y apagar el estéreo–. Cuando una chati toma ácido, no pasa nada si está sola, pero cuando está viviendo con alguien es cuando le sale el nerviosismo. Y si las cosas no van bien durante la hora y media antes de que toméis el ácido... –Coge una colilla de porro, la examina y añade–: Están teniendo lío ahí con Barbara.

Entran Sharon y Tom.

–¿Tú también estás cabreada? –le pregunta Max a Sharon.

Sharon no contesta.

Max se dirige a Tom.

–¿Y la otra está bien?

–Sí.

–¿Podemos tomarnos el ácido ya? –Max está nervioso.

–No sé qué va a hacer Barbara.

–¿Y qué quieres hacer tú?

–Lo que quiera hacer yo depende de lo que quiera hacer ella.

Tom está liando unos porros, frotando antes los papeles con una resina de marihuana que prepara él mismo. Se lleva los porros de vuelta al dormitorio, y Sharon lo acompaña.

–Cada vez que la gente toma ácido pasa algo como esto –dice Max. Al cabo de un rato se anima y elabora una teoría al respecto–. Hay gente a quien no le gusta salir de sí misma, ese es el problema. Lo más seguro es que a ti no te gustara. Lo más seguro es que tú solo quisieras un cuarto de dosis. Con un cuarto de dosis todavía queda ego, y ese ego quiere cosas. Pero si lo que quiere tu ego es follar, y tu parienta o tu hombre van por ahí enseñándolo todo y no se dejan tocar... pues mira, el ácido te va a dar bajón y puede que no te recuperes durante meses.

Sharon entra tranquilamente y sonriendo.

–Al final es posible que Barbara tome ácido, ya nos sentimos mejor, nos hemos fumado un porro.

A las tres y media de esa tarde, Max, Tom y Sharon se ponen sus dosis de ácido debajo de la lengua y se sientan juntos en la sala de estar a esperar el destello. Barbara se ha quedado en el dormitorio, fumando hachís. Durante las cuatro horas siguientes se oye un golpe en la ventana del cuarto de Barbara, y sobre las cinco y media unos niños se pelean en la calle. El viento de la tarde hace ondear una cortina. Un gato araña a un beagle en el regazo de Sharon. Salvo por la música de sitar que viene del equipo de música, no se oye nada y tampoco se mueve nada hasta las siete y media, cuando Max dice: «Uau».

Veo a Tirofijo en Haight Street y él se mete en el coche. Hasta que salimos de Haight él permanece sentado con la espalda encorvada y tratando de no llamar la atención. Tirofijo quiere que yo conozca a su parienta, pero primero quiere contarme cómo es que le dio por ayudar a la gente.

–Ahí estaba yo, el típico tipo duro con su motocicleta –me dice–, y de pronto me di cuenta de que la gente joven no tiene por qué caminar sola.

Tirofijo tiene una mirada evangélica de ojos claros y esa retórica razonable de los vendedores de coches. Es el producto modélico de la sociedad. Yo intento mirarlo directamente a los ojos porque una vez él me dijo que podía leer el carácter de la gente en su mirada, sobre todo si acababa de meterse un ácido, que ahora mismo es el caso: se lo ha tomado a las nueve de la mañana.

–Solo tienen que recordar una cosa –me dice–: el padrenuestro. Eso los puede ayudar de muchas maneras.

Se saca de la billetera una carta doblada muchas veces. Es la carta de una chica a la que él ayudó.

«Mi amante hermano –empieza–. He pensado en escribirte una carta porque formo parte de ti. Recuerda esto: cuando tú sientas felicidad, yo la sentiré. Cuando tú sientas…»

–Lo que quiero hacer ahora –dice Tirofijo– es montar una casa donde pueda venir cualquier persona de cualquier edad para pasar unos días y hablar de sus problemas. *De cualquier edad.* La gente de tu edad también tiene problemas.

Yo le digo que para una casa hace falta dinero.

–He encontrado una forma de ganar dinero –dice Tirofijo. Vacila solo unos segundos–. Podría haber ganado ochenta y cinco dólares ahora mismo en Haight Street. Mira, tengo cien dosis de ácido en el bolsillo. Un día yo tenía que conseguir veinte dólares para la noche o nos echaban de la casa donde estamos, y como conocía a alguien que tenía ácido y a otra gente que lo quería, pues hice la conexión.

«Desde que la mafia se metió en el tinglado del LSD, las cantidades han subido y la calidad ha bajado» y «El historiador Arnold Toynbee celebró su setenta y ocho cumpleaños el viernes por la noche chasqueando los dedos y haciendo claqué con la música de Quicksilver Messenger Service» son un par de noticias que leí en la columna de Herb Caen una mañana de aquella primavera de 1967 mientras Occidente se hundía.

Cuando estuve en San Francisco, una dosis o una cápsula de LSD-25 valía entre tres y cinco dólares, dependiendo de quién la vendiera y del distrito. El LSD era un poco más barato en Haight-Ashbury que en Filmore, donde casi nadie lo tomaba; se usaba principalmente como estimulante sexual y lo vendían los camellos de drogas duras, por ejemplo de heroína o «caballo». Gran parte del ácido se cortaba con metanfetamina, cuyo nombre comercial era Mecedrina, porque la Mecedrina puede simular ese destello del que carece el ácido de baja calidad. Nadie sabe cuánto ácido hay realmente en una dosis, pero se supone que la media es de unos 250 microgramos. La hierba iba a diez dólares la onza y a cinco dólares la cajita. El hachís se consideraba «un producto de lujo». Todas las anfetaminas, o «anfetas» –la Bencedrina, la Dexedrina y sobre todo la Mecedrina–, se usaban con mucha más frecuencia a finales de la primavera de lo que se habían usado a principios. Algunos atribuían este hecho a la presencia del Sindicato; otros, a un deterioro general de la movida o a las incursiones de las bandas criminales y de los hippies más jóvenes «de plástico» o a tiempo parcial, a quienes les gustan las anfetaminas y esa ilusión de acción y de poder que causa. Allí donde se usa mucho la metanfetamina también suele encontrarse heroína con facilidad, puesto que, según me dijeron, «cuando te chutas cristal te puedes colocar muchísimo, y el caballo se puede usar para bajar del colocón».

La parienta de Tirofijo, Gerry, nos recibe en la puerta de su casa. Es una chica corpulenta y campechana que siempre ha hecho de orientadora en campamentos de las girl scouts durante las vacaciones de verano y que estaba estudiando «trabajo social» en la Universidad de Washington cuando decidió que «no estaba viviendo lo bastante» y se vino a San Francisco.

–Además, en Seattle el calor era espantoso –añade.

»La noche que llegué aquí –me dice– me quedé con una chica a la que conocí en el Blue Unicorn. Yo tenía toda la pinta de acabar de llegar, llevaba la mochila y todo. –Después Gerry se alojó en una casa que llevaban los Diggers y allí conoció a Tirofijo–. Pero tardé un poco en familiarizarme con el lugar, por eso todavía no he trabajado mucho.

Yo le pregunto a Gerry de qué trabaja.

–Básicamente soy poeta –dice–, pero me robaron la guitarra nada más llegar y eso me cortó un poco el rollo.

–Trae tus libros –le ordena Tirofijo–. Enséñale tus libros.

Gerry protesta un poquito, pero luego va al dormitorio y vuelve con varios cuadernos escolares llenos de versos. Yo me pongo a hojearlos, pero Tirofijo sigue hablando de ayudar a la gente.

–A cualquier chaval que vaya de anfetas –dice–, yo intentaré que las deje. La única ventaja que tienen desde la perspectiva de los chavales es que no se tienen que preocupar de comer ni dormir.

–Ni del sexo –añade Gerry.

–Es verdad. Cuando vas supercolocado de cristal no te hace falta *nada*.

–Y te puede llevar a rollos más duros –dice Gerry–. Al colgado habitual de metanfetamina, en cuanto ha empezado a chutarse en el brazo, ya no le cuesta mucho decir: «Bueno, vamos a chutarnos un poco de caballo».

Y durante todo ese rato yo me dedico a mirar los poemas de Gerry. Son los poemas de una niña, escritos con caligrafía muy pulcra y rematados con una floritura. Los amaneceres son rosados y los cielos teñidos de plata. Cuando Gerry escribe «cristal» en sus cuadernos no se refiere a la metanfetamina.

–Tienes que volver a escribir –le dice Tirofijo con cariño, pero Gerry no le hace caso.

Ahora me está contando que ayer un tipo le hizo proposiciones por la calle.

–Se puso a hablar conmigo en Haight Street y me ofreció seiscientos dólares para que me fuera con él a Reno y lo hiciéramos.

–No eres la única a quien se lo ha propuesto –dice Tirofijo.

–Si alguna chati se quiere ir con él, pues muy bien –dice Gerry–. Pero a mí que no me jodan mi rollo. –Vacía la lata de atún que estamos usando de cenicero y va a mirar a una chica que está durmiendo en el suelo. Se trata de la misma chica que estaba durmiendo en el suelo el primer día que fui a casa de Tirofijo. Ya lleva enferma una semana o diez días–. Normalmente, cuando alguien me viene con un rollo así en Haight Street –añade Gerry–, yo le sableo unas monedas.

Al día siguiente veo a Gerry en el parque y le pregunto por la chica enferma, y ella me contesta en tono jovial que está en el hospital con neumonía.

Max me cuenta cómo se juntó con Sharon.

–La primera vez que la vi en Haight Street, todo se me iluminó. O sea, se me iluminó. Así que me puse a hablar con ella de sus abalorios, pero la verdad, fíjate, es que sus abalorios me daban igual.

Sharon compartía casa con un amigo de Max, y la siguiente vez que él la vio fue cuando le llevó unos plátanos a su amigo.

–Fue cuando estaba tan de moda lo de los plátanos. Tenías que imponerles tu personalidad y obligarlas a fumar aquellas pieles de plátano. Sharon y yo no éramos más que unos chavales, lo único que hacíamos era fumar piel de plátano y mirarnos y fumar más piel de plátano y mirarnos más.

Pero Max no lo tenía claro. Para empezar, él creía que Sharon era la chica de su amigo.

–Además, yo no sabía si quería tener parienta.

Pero la vez siguiente que visitó la casa, Sharon iba de ácido.

–Así que todo el mundo gritó «¡Ya viene el tío de los plátanos!» –lo interrumpe Sharon–, y yo me emocioné mucho.

–Ella estaba viviendo en una casa de locos –continúa Max–. Había un chaval que lo único que hacía era gritar. Su rollo no era más que practicar gritos. Era demasiado. –Max seguía manteniéndose a distancia de Sharon–. Pero entonces ella me ofreció un ácido y entonces yo lo supe.

Max se fue a la cocina y volvió con el ácido, preguntándose si debía tomarlo.

–Y luego decidí no resistirme más, y ahí cambió la cosa. Porque en cuanto decides tomar ácido con alguien que te ha iluminado, ya ves el mundo entero fundido con los ojos de esa persona.

–Es más fuerte que nada en el mundo –dice Sharon.

–Nada lo puede romper –dice Max–. Por lo menos mientras dura.

«No milk today,
My love has gone away...
The end of my hopes,
The end of all my dreams»,

es una canción que yo oía todas las mañanas a finales de aquella fría primavera de 1967 por la KFRC, la Emisora del Flower Power de San Francisco.

Tirofijo y Gerry me cuentan que están planeando casarse. Un sacerdote episcopaliano del distrito les ha prometido oficiar la boda en el Golden Gate Park, y ellos van a llevar a varios grupos de rock, va a ser «un auténtico rollo comunitario». El hermano de Gerry también se va a casar, en Seattle.

–Es bastante interesante –reflexiona Gerry–, porque, ya sabes, él va a tener la clásica boda tradicional, y eso establece un contraste con la nuestra.

–A la suya voy a tener que llevar corbata –dice Tirofijo.

–Claro –dice Gerry.

–Los padres de ella vinieron aquí a verme, pero no estaban preparados para mí –apunta Tirofijo en tono filosófico.

–Al final le dieron su bendición –dice Gerry–. En cierta manera.

–Vinieron a hablar conmigo y su padre me dijo: «Cuida de ella» –recuerda Tirofijo–. Y su madre dijo: «No permitas que la metan en la cárcel».

Barbara ha hecho una tarta de manzana macrobiótica y ahora Tom, Max, Sharon y yo nos la estamos comiendo. Barbara me cuenta que ha aprendido a encontrar la felicidad en las «cosas de mujeres». Ella y Tom se fueron a no sé dónde a vivir con los indios, y aunque al principio a ella se le hizo duro que la relegaran con las mujeres y no poder meterse para nada en las conversaciones de los hombres, pronto lo entendió.

–El *rollo* era eso mismo precisamente –me dice.

Barbara está tan metida en eso llamado «cosas de mujeres» que llega al punto de excluir casi todo lo demás. Cuando a ella y a Tom y a Max y a Sharon les hace falta dinero, Barbara coge un trabajo a tiempo parcial haciendo de modelo o de maestra de guardería, pero no le gusta ganar más de diez o veinte dólares por semana. La mayor parte del tiempo se queda en casa y hace tartas.

–Hacer algo que demuestra tu amor de esa manera –me cuenta– es lo más hermoso que conozco.

Siempre que alguien me habla de las cosas de mujeres, y lo hacen a menudo, me viene a la cabeza aquello de «Nada dice "Te quiero" tan bien como lo que sale del horno» y en la Mística Femenina y en cómo es posible que haya gente que son instrumentos inconscientes de unos valores que a un nivel consciente rechazarían fervientemente, pero no se lo menciono a Barbara.

Hace un día bastante bonito y estoy yendo con el coche por Haight Street cuando veo a Barbara en un semáforo.

Ella me pregunta qué estoy haciendo.

Dando una vuelta con el coche.

–Mola –me dice ella.

Hace un día bonito, le digo.

–Mola –admite ella.

Me pregunta si voy a pasar a visitarlos. Pronto, le digo yo.

–Mola –me dice ella.

Le pregunto si quiere dar una vuelta con el coche por el parque, pero está demasiado ocupada. Está yendo a comprar lana para su telar.

Ahora Arthur Lisch se pone bastante nervioso cada vez que me ve porque la política de los Diggers de esta semana es que no hablan con los «emponzoñadores mediáticos», o sea, conmigo. De manera que sigo sin tener el contacto de Chester Anderson, pero un día en el Panhandle me encuentro con un chaval que me dice que es socio de Chester. Lleva capa negra, sombrero blando y negro, una sudadera malva de las Job's Daughters y gafas de sol, y dice que se llama Claude Hayward, pero que no me preocupe porque yo lo puedo llamar simplemente el Contacto. El Contacto se ofrece para «inspeccionarme».

Yo me quito las gafas de sol para que él pueda verme los ojos. Él se deja las suyas puestas.

–¿Cuánto te pagan por hacer esta clase de ponzoña mediática? –me dice para empezar.

Yo me vuelvo a poner las gafas.

–Solo hay una manera de averiguar dónde está la movida –dice el Contacto, y señala con el pulgar al fotógrafo que va conmigo–. Deshazte de ese y ve a Haight Street. No lleves dinero. No te va a hacer falta. –Se mete la mano por debajo de la capa y saca una página ciclostilada que anuncia una serie de clases que se imparten en la Tienda Gratuita de los Diggers sobre «Cómo evitar que te trinque la policía, las emboscadas sexuales, las enfermedades venéreas, las violaciones, el embarazo, las palizas y morir de hambre»–. Deberías asistir –me dice el Contacto–. Te van a hacer falta.

Yo le digo que quizá asista, pero que entretanto me gustaría hablar con Chester Anderson.

–Si decidimos ponernos en contacto contigo –me dice el Contacto–, lo haremos muy, muy pronto.

Después de nuestra conversación no me quitó ojo en el parque, pero no me llamó al número que le di.

Está anocheciendo y hace frío y es demasiado temprano para encontrar a Tirofijo en el Blue Unicorn, así que llamo al timbre de Max. Sale a abrirme Barbara.

–Max y Tom están teniendo una especie de reunión de negocios –me dice–. ¿Puedes volver un poco más tarde?

Me cuesta bastante imaginar qué clase de reunión de negocios pueden estar teniendo Max y Tom, pero unos días más tarde en el parque me entero.

–Eh –me llama Max–. Siento que no pudieras subir el otro día, pero estábamos haciendo *negocios*. –Esta vez sí que lo entiendo–. Tenemos un material tremendo –me dice, y se pone a explicármelo.

Pero esta tarde una de cada tres personas que hay en el Golden Gate Park parece un agente de narcóticos, de manera que intento cambiar de tema. Más tarde le sugiero a Max que tenga un poco más de cuidado en público.

–Pero si soy muy cauteloso –me dice–. Toda precaución es poca.

A estas alturas ya tengo un contacto oficioso tabú con el Departamento de Policía de San Francisco. El caso es que el policía en cuestión y yo nos encontramos en distintas situaciones tipo película de madrugada, como, por ejemplo, yo estoy sentada en la grada viendo un partido de béisbol y él está sentado por casualidad a mi lado, de manera que charlamos en tono cauteloso sobre nada en particular. No intercambiamos ninguna información real, pero al cabo de un tiempo empezamos a caernos bien.

–Los chavales no son demasiado listos –me cuenta un día–. Te dicen que siempre distinguen a los secretas y hasta te hablan de «la clase de coches que llevan». Pero no están hablando de los secretas, están hablando de los simples polis de paisano que no llevan coche oficial, como yo. A los secretas no los captan. Los secretas no van en Ford negros con radioteléfonos.

Me habla de un secreta al que sacaron del distrito porque creían que estaba demasiado expuesto, que se había vuelto demasiado conocido. Lo transfirieron a la brigada de narcóticos y por culpa de un error lo mandaron inmediatamente de vuelta al distrito en calidad de agente secreto de narcóticos.

El policía juguetea con sus llaves.

–¿Quiere saber cómo de listos son esos chavales? –me dice por fin–. Pues la primera semana, aquel tipo abrió cuarenta y tres expedientes.

Se supone que los Jook Savages van a dar una fiesta para celebrar el Primero de Mayo en Larkspur, así que paso por el Warehouse y a Don y a Sue Ann se les ocurre que estaría bien ir hasta allí en coche, porque el niño de tres años de Sue Ann, Michael, lleva tiempo sin salir. Hace un airecillo suave, el Golden Gate está rodeado de una neblina crepuscular y Don le pregunta a Sue Ann cuántos aromas puede ella detectar en un simple grano de arroz, a lo que Sue Ann le contesta que tal vez tendría que aprender a cocinar *yang*, que tal vez en el Warehouse son todos demasiado *yin*, y entretanto yo intento enseñarle a Michael «Frère Jacques». Cada uno de nosotros va a su rollo y tenemos un buen viaje. Lo cual al final no importa, porque en casa de los Jook Savages no hay nadie, ni siquiera los mismos Jook Savages. Cuando nos volvemos a casa, Sue Ann decide cocinar un montón de manzanas que tienen por el Warehouse y Don se pone a trabajar en su espectáculo de luces y yo bajo un momento a ver a Max.

–Alucinante –dice Max sobre el fiasco de Larkspur–. A alguien se le ocurre que molaría activar mentalmente a quinientas personas el Primero de Mayo, y es verdad que molaría, pero luego resulta que se lo montan el último día de abril, así que la cosa al final no se hace. Si se hace, se hace. Y si no, pues no se hace. Qué más da. A nadie le importa.

Hay un chaval con ortodoncia tocando la guitarra y jactándose de que le ha pillado el último STP que quedaba al mismísimo Owsley en persona, y otro está diciendo que durante el mes que viene se van a liberar cinco gramos de ácido, y se nota que esta tarde no pasa gran cosa en las oficinas del *San Francisco Oracle*. Hay un chaval sentado ante un tablero de dibujo, dibujando esas figuras infinitesimales que uno dibuja cuando va de anfetas, y el chaval de la ortodoncia se dedica a mirarlo. «I'm gonna shoot my wooo-man –canturrea en voz baja–. She been with aaanotheeer man.» Alguien hace un cálculo numerológico de mi nombre y del nombre del fotógrafo que me acompaña. Al fotógrafo le sale todo blanco y el mar («Si te fuera a hacer unos abalorios, por ejemplo, los haría sobre todo blancos», le dicen), pero mi nombre tiene un símbolo de muerte doble. La tarde no parece estar yendo a ninguna parte, así que alguien sugiere que vayamos a Japantown y busquemos a alguien llamado Sandy para que nos lleve al templo zen.

Hay cuatro chavales y un hombre de mediana edad sentados en una esterilla de paja en casa de Sandy, dando sorbos de té de anís y mirando cómo Sandy lee *You Are Not the Target* de Laura Huxley.

Nos sentamos y bebemos té de anís.

–La meditación nos activa mentalmente –dice Sandy.

Tiene la cabeza afeitada y esa típica cara de querubín que se suele ver en las fotografías de los asesinos múltiples que salen en la prensa. El hombre de mediana edad, que se llama George, me está poniendo nerviosa porque está en pleno trance a mi lado y se dedica a mirarme fijamente sin verme.

Ya noto que se me está yendo la cabeza –George está *muerto* o bien lo estamos *todos*– cuando suena el teléfono.

–Es para George –dice Sandy.

–¡George, teléfono!

–¡George!

Alguien agita la mano delante de George y por fin este se levanta, hace una reverencia y se aleja hacia la puerta pisando sin hacer ruido.

–Creo que me quedo con el té de George –dice alguien–. George, ¿piensas volver?

George se detiene en la puerta y nos mira a todos por turnos.

–Dentro de un momento –contesta en tono seco.

«¿Sabes quién es el primer astronauta eterno de este universo?
¿El primero que mandó sus vibraciones tremendas
a todas estas superestaciones cósmicas?
Porque la canción que no para de gritar
manda a los planetas a dar tumbos…

Pero antes de que creas que estoy chiflado,
te aclaro que es de Narada Muni de quien estoy hablando...
Cantando
HARE KRISHNA HARE KRISHNA
KRISHNA KRISHNA HARE HARE
HARE RAMA HARE RAMA
RAMA RAMA HARE HARE»,

es una canción de los Krishna, con letra de Howard Wheeler y música de Michael Grant.

Tal vez el viaje verdadero no sea el del zen, sino el de los Krishna, así que visito a Michael Grant, el discípulo más importante del swami A.C. Bhaktivedanta que hay en San Francisco. Encuentro a Michael Grant en su casa con su cuñado y su mujer, una chica guapa que lleva jersey de cachemira, vestido de tirantes y una marca roja de casta en la frente.

–Llevo desde el pasado julio más o menos asociado con el swami –dice Michael–. Fíjese, el swami vino de la India, se instaló en un ashram del estado de Nueva York y allí se limitó a estar solo y salmodiar mucho. Así se pasó un par de meses. Enseguida le ayudé a conseguir el local que tiene ahora en Nueva York. Y ahora es un movimiento internacional, que nosotros extendemos enseñando estas salmodias. –Michael se dedica a manosear sus abalorios rojos de madera y yo me doy cuenta de que soy la única persona de la sala que lleva zapatos–. La cosa se está propagando como un incendio.

–Si todo el mundo salmodiara –dice el cuñado–, se acabarían los problemas con la policía y con todo el mundo.

–Ginsberg llama éxtasis a la salmodia, pero el swami dice que no es exactamente así. –Michael cruza la sala y endereza un cuadro que representa a Krishna como bebé–. Qué lástima que no pueda usted conocer al swami –añade–. Ahora mismo está en Nueva York.

–«Éxtasis» no es la palabra adecuada en absoluto –dice el cuñado, que ha estado reflexionando sobre la cuestión–. Le hace a uno pensar en un éxtasis... *mundano.*

Al día siguiente paso por casa de Max y de Sharon, y me los encuentro en la cama fumando un poco de hachís matinal. Sharon me dijo una vez que medio porro aunque fuera de hierba convertía levantarse por la mañana en una experiencia hermosa. Yo le pregunto a Max qué piensa él de Krishna.

–Con un mantra te puedes colocar –me dice él–. Pero con el ácido yo soy un santo.

Max le pasa el porro a Sharon y se reclina hacia atrás.

–Qué lástima que no pudieras conocer al swami –dice–. El swami era lo que te activaba mentalmente.

«Si alguien piensa que todo esto es un asunto de drogas es porque tiene la cabeza dentro de una bolsa. Se trata de un movimiento social, intrínsecamente romántico, de los que resurgen en las épocas de crisis social verdadera. Los temas son siempre los mismos. El retorno a la inocencia. La invocación de una autoridad y un control anteriores. Los misterios de la sangre. El gusanillo por lo trascendental, por la purificación. Ahí mismo tiene usted el camino por el que el romanticismo termina históricamente volviéndose conflictivo y por el que conduce al autoritarismo. Cuando se presenta esa dirección... ¿Y cuánto tiempo cree usted que tardará eso en suceder aquí?», es la pregunta que me hizo un psiquiatra de San Francisco.

Durante la época que pasé en San Francisco ya empezaba a verse claro el potencial político de lo que por entonces se llamaba el movimiento. Siempre había estado claro para el núcleo revolucionario de los Diggers, cuyo talento para la guerrilla se estaba orientando ahora hacia los enfrentamientos abiertos y la creación de una situación de emergencia en verano, y también estaba claro para muchos de los médicos y sacerdotes y sociólogos convencionales que habían tenido ocasión de trabajar en el distrito, y también lo podía ver claro rápidamente cualquier persona de fuera que se molestara en decodificar aquellos comunicados en los que Chester Anderson llamaba a la acción, o bien que observara quiénes eran los primeros en aparecer siempre en las escaramuzas callejeras que ahora marcaban la dinámica de la vida en el distrito. No había que ser analista político para verlo; los chavales de los grupos de rock lo veían, porque a menudo estaban presentes cuando la cosa sucedía.

–En el Golden Gate Park siempre había veinte o treinta personas al pie del pabellón –se me quejó un miembro de los Grateful Dead–. Listos para liar al público con algún rollo militante.

Pero la peculiar belleza de aquel potencial político, por lo que respectaba a los activistas, era que la mayor parte de los habitantes del distrito no terminaba de verlo en absoluto, tal vez porque los escasos chavales de diecisiete años que tienen una visión realista de la política no suelen adoptar el idealismo romántico como estilo de vida. Tampoco lo terminaba de ver la prensa, que con niveles diversos de competencia seguía informando del «fenómeno hippy» como si fuera una chanza universitaria prolongada; una vanguardia artística liderada por habituales del centro cívico judío tan inofensivos como Allen Ginsberg; o bien una protesta reflexiva, no muy distinta de alistarse en el Cuerpo de Paz, contra la cultura que había producido el plástico para envolver alimentos y la guerra de Vietnam. Esta última interpretación, o bien la de «están intentando decirnos algo», llegó a su apogeo con ocasión de cierto reportaje de portada de la revista *Time* que revelaba que los hippies «se burlan del dinero, lo llaman "pasta"» y que sigue constituyendo a día de hoy la más notable, aunque involuntaria, demostración de que la señal que comunica las distintas generaciones está irrevocablemente bloqueada.

Porque las señales que recibía la prensa estaban completamente limpias de posibilidades políticas; sobre las tensiones del distrito no se hacía comentario alguno, ni siquiera durante el periodo en que en Haight Street había tantos observadores de *Life* y *Look* y de la CBS que en gran medida se dedicaban a observarse entre ellos. Los observadores venían a creer lo que les decían los chavales: que estos eran una generación que había dejado de lado la acción política y los juegos de poder, y que en realidad en Haight-Ashbury no había activistas, sino que aquellas cosas que pasaban todos los domingos no eran más que manifestaciones espontáneas, puesto que, tal como decían los Diggers, la policía actuaba con brutalidad y los delincuentes juveniles carecían de derechos, y los chavales fugados de su casa se veían privados de su derecho a la autodeterminación y la gente se moría de hambre en Haight Street, que era un modelo a escala de Vietnam.

Por supuesto, los activistas –no aquellos cuyo pensamiento se había vuelto rígido, sino los que conservaban una idea imaginativamente anárquica de la revolución– ya habían entendido hacía mucho tiempo la realidad que la prensa seguía sin captar: que teníamos delante algo importante. Que teníamos delante el intento desesperado, por parte de un puñado de chavales patéticamente desprovistos de recursos, de crear una comunidad en medio de un vacío social. Después de ver a aquellos chavales, ya no podíamos pasar por alto dicho vacío, ni tampoco fingir que íbamos a ser capaces de dar marcha atrás a la atomización de la sociedad. Aquello no era una rebelión generacional tradicional. En algún momento entre 1945 y 1967 habíamos pasado por alto contarles a aquellos chavales las reglas del juego que estábamos jugando. Tal vez nosotros mismos habíamos dejado de creer en esas reglas, o tal vez nos estaban fallando los ánimos para jugar al juego. Tal vez no quedaba la bastante gente para darles explicaciones. Se trataba de unas criaturas que habían crecido despojadas de esa red de primos y tías abuelas y médicos de familia y vecinos de toda la vida que tradicionalmente habían sido los que sugerían y reforzaban los valores de la sociedad. Eran chavales que se habían mudado de ciudad muchas veces: «San José, Chula Vista, aquí». No era tanto que se rebelaran contra la sociedad como que no la conocían, y solo eran capaces de responder a algunas de sus dudas más publicitadas sobre sí misma: Vietnam, el precinto de plástico para la comida, las pastillas para adelgazar, la Bomba.

Ellos respondían exactamente a lo que se les daba. Y como no creían en las palabras –las palabras eran para las «mentes cuadriculadas», les decía Chester Anderson, y los pensamientos que necesitaban palabras no eran más que rollos nacidos del ego–, el único vocabulario en el que eran competentes eran los lugares comunes de la sociedad. Pero resulta que yo todavía estoy comprometida con la idea de que la capacidad de pensar por uno mismo depende del dominio que uno tenga del lenguaje, de manera que no sentía ningún optimismo hacia unos chavales que se conformaban con decir, para indicar que su padre y su madre no vivían juntos, que venían de un «hogar roto». Tenían dieciséis años, quince y catorce, cada vez llegaban más jóvenes, un ejército de niños esperando a que alguien les diera las palabras.

Peter Berg, en cambio, conoce muchas palabras.

–¿Está Peter Berg? –pregunto.

–Tal vez.

–¿Eres tú Peter Berg?

–Sí.

La razón por la que a Peter Berg no le apetece compartir muchas palabras conmigo es que dos de las palabras que conoce son «ponzoña mediática». Peter Berg lleva un pendiente dorado y es tal vez la única persona del distrito a quien un pendiente dorado le da un aspecto ominoso. Pertenece a la Troupe de Mimos de San Francisco, algunos de cuyos miembros fundaron el Frente de Liberación de Artistas para «aquellos que quieren combinar sus ansias creativas con el compromiso sociopolítico». Fue de la Troupe de Mimos de donde salieron los Diggers, durante los disturbios de Hunter's Point en 1966, cuando parecía buena idea repartir comida gratis y llevar a las calles espectáculos de títeres que se burlaban de la Guardia Nacional. Junto con Arthur Lisch, Peter Berg forma parte del liderazgo en la sombra de los Diggers, y fue él quien más o menos inventó y le presentó a la prensa la idea de que durante el verano de 1967 iban a llegar a San Francisco doscientos mil adolescentes indigentes. La única conversación que yo he tenido con Peter Berg fue aquella en la que me responsabilizó directamente de los pies de foto que la revista *Life* les había puesto a las fotos de Henri Cartier-Bresson sobre Cuba, pero lo que yo quiero es verlo en acción en el Golden Gate Park.

Janis Joplin está cantando con los Big Brother en el Panhandle y casi todo el mundo va colocado y estamos entre las tres y las seis de una tarde de domingo bastante bonita, que los activistas dicen que son las tres horas de la semana en las que es más probable que pase algo en Haight-Ashbury, ¿y quién aparece? Pues Peter Berg. Va acompañado de su mujer y de otras seis o siete personas, entre ellas el socio de Chester Anderson, el Contacto, y la primera cosa peculiar que veo es que llevan las caras pintadas de negro.

Les menciono a Max y a Sharon que parece que algunos miembros de la Troupe de Mimos llevan la cara pintada de negro.

–Es teatro callejero –me asegura Sharon–. Se supone que mola un montón.

Los miembros de la Troupe de Mimos se acercan un poco más y veo más elementos peculiares en su conducta. Para empezar, están pegando a la gente en la cabeza con porras de plástico de esas que se venden en las tiendas de artículos rebajados, y además llevan letreros en la espalda. «¿CUÁNTAS VECES OS HAN VIOLADO, COLGADOS DEL AMOR?» y «¿QUIÉN LE HA ROBADO LA MÚSICA A CHUCK BERRY?» y otras cosas por el estilo. Y además están repartiendo pasquines de la compañía de comunicación que dicen:

> & este verano miles de grupis no-blancos & no-suburbanos van a estar preguntándose por qué habéis renunciado a lo que ellos no pueden tener & cómo es que nadie os dice nada por ello & cómo es que no sois maricones con ese pelo tan largo & ellos quieren que haight street se decida por una cosa u otra. POR SI NO LO SABES YA, EN AGOSTO HAIGHT STREET SERÁ UN CEMENTERIO.

Max lee el pasquín y se pone de pie.

–Estoy recibiendo malas vibraciones –dice, y él y Sharon se marchan.

Yo me tengo que quedar porque estoy buscando a Otto, así que me acerco al sitio donde los miembros de la Troupe de Mimos han formado un círculo alrededor de un negro. Peter Berg está diciendo que si alguien pregunta esto es teatro callejero, y yo supongo que se debe de haber levantado el telón, porque ahora se dedican a golpear al negro con sus porras. Lo golpean y le enseñan los dientes y luego dan un paso atrás y esperan.

–Estoy empezando a mosquearme –dice el negro–. Me voy a enfadar.

Ya se han acercado varios negros, que están leyendo los letreros y mirando.

–Conque estás empezando a mosquearte, ¿eh? –dice uno de los miembros de la Troupe de Mimos–. ¿No te parece que ya era hora?

–La música de Chuck Berry no la ha *robado* nadie, colega –dice otro negro que ha estado examinando los letreros–. La música de Chuck Berry pertenece a todo el mundo.

–¿Ah, sí? –dice una chica con la cara pintada de negro–. ¿Qué mundo?

–Bueno –dice él, confundido–. Pues todo el mundo. De América.

–De *América* –chilla la chica de la cara pintada–. Escuchad cómo habla de *América*.

–Escuchad –dice él, impotente–. Escuchadme.

–¿Y qué ha hecho *América* por ti? –dice en tono de mofa la chica de la cara pintada–. Estos chavales blancos se pueden pasar todo el verano sentados en el parque y escuchando la música que han robado, porque los peces gordos de sus papás no paran de mandarles dinero. ¿Y a vosotros quién os manda dinero?

–Oye –dice el negro levantando la voz–, vais a liar algo feo aquí, esto no está bien…

–Dinos tú lo que está bien, negrito –dice la chica.

El miembro más joven del grupo de caras pintadas, un chaval alto y serio de unos diecinueve o veinte años, está un poco apartado, al margen de la escena. Yo le ofrezco una manzana y le pregunto qué está pasando.

–Bueno –me dice él–, yo soy nuevo en esto. Estoy empezando a estudiarlo ahora, pero lo que pasa es que los capitalistas están conquistando el distrito, ¿sabe usted?, y eso es lo que Peter… bueno, pregúntele a Peter.

Pero no se lo pregunto a Peter. La cosa continúa un rato. Pero ese domingo en concreto, entre las tres y las seis, todo el mundo va demasiado colocado y hace demasiado buen tiempo y las bandas de delincuentes de Hunter's Point que suelen venir por aquí entre las tres y las seis de la tarde del domingo ya vinieron el sábado, así que no se lía nada. Mientras yo espero a Otto le pregunto a una chica a la que conozco un poco qué le ha parecido la escena.

–Es una cosa que mola y que ellos llaman teatro callejero –me contesta.

Yo le pregunto si no es posible que haya tenido connotaciones políticas. Ella tiene diecisiete años y le da unas cuantas vueltas mentalmente a la cuestión y por fin recuerda un par de palabras de alguna parte.

–Puede que sea un rollo a lo John Birch –me dice.

Cuando por fin encuentro a Otto me dice:

–Tengo algo en mi casa que te va a dejar flipada.

Y cuando llegamos allí veo en el suelo de la sala de estar a una niña, vestida con un abrigo corto y leyendo un tebeo. No para de relamerse con gesto concentrado y lo único raro que le veo es que lleva pintalabios blanco.

–Tiene cinco años –dice Otto–, y va de ácido.

La niña de cinco años se llama Susan y me cuenta que va a la guardería para mayores. Vive con su madre y con otra gente, acaba de pasar el sarampión, quiere una bicicleta para Navidad y le gustan sobre todo la Coca-Cola, el helado, Marty de los Jefferson Airplane, Bob de los Grateful Dead y la playa. Recuerda que fue a la playa una vez hace mucho tiempo y dice que ojalá se hubiera llevado un cubo. Ahora ya hace un año que su madre le da ácido y peyote. Susan lo describe como «colocarse».

Yo empiezo a preguntarle si hay más niños en la guardería que se colocan, pero me fallan las palabras clave.

–Te está preguntando si los demás niños de tu clase se activan mentalmente, si se *colocan* –le dice la amiga de su madre que la ha traído a casa de Otto.

–Solo Sally y Anne –dice Susan.

–¿Y Lia? –le apunta la amiga de su madre.

–Lia no va a la guardería –dice Susan.

Esta mañana, antes de que nadie se levantara, Michael, el hijo de tres años de Sue Ann, ha provocado un incendio, pero Don lo ha apagado antes de que causara grandes daños. Sin embargo, Michael se ha quemado el brazo, y debe de ser por eso por lo que Sue Ann se pone nerviosa cuando por casualidad lo ve masticar un cable eléctrico.

–Te vas a freír como un huevo –le grita.

La única gente que hay presente son Don, una de las amigas macrobióticas de Sue Ann y alguien que está de paso hacia la comuna de las Santa Lucias, y ninguno de ellos se da cuenta de que Sue Ann le está gritando a Michael porque están en la cocina intentando recuperar un hachís marroquí muy bueno que se ha colado por un tablón del suelo dañado por el incendio.

1967

SOBRE TENER UN CUADERNO DE NOTAS

«Esa tal Estelle –dice la nota– es en parte la razón de que actualmente George Sharp y yo estemos separados.» *Salto de cama de crepé de China sucio, bar del hotel de la estación de Wilmington, 9.45 de la mañana de un lunes de agosto.*

Como la anotación está en mi cuaderno, imagino que en algún momento debió de significar algo para mí. Me paso un buen rato examinándola. Al principio solo tengo un recuerdo muy vago de lo que yo estaba haciendo un lunes de agosto por la mañana en el bar del hotel de delante de la estación de la Pennsylvania Railroad de Wilmington, Delaware (¿esperando un tren?, ¿perdiéndolo?, ¿era 1960?, ¿1961?), aunque sí que recuerdo haber estado allí. La mujer del salto de cama de crepé de China sucio había bajado de su habitación para tomar una cerveza, y el camarero ya había oído antes la razón por la que George Sharp y ella estaban separados en la actualidad.

–Sí –le dijo, y siguió fregando el suelo–. Ya me lo contó usted.

En el otro extremo de la barra había una chica. Estaba hablando, ostensiblemente, no con el hombre que tenía al lado sino con un gato que había acostado en el triángulo de luz del sol que entraba por la puerta abierta. Llevaba un vestido de seda a cuadros de Peck & Peck y se le estaba deshaciendo el dobladillo.

He aquí lo que pasó: la chica venía de la Eastern Shore y ahora se volvía a la ciudad, dejando a aquel hombre que tenía al lado, y lo único que podía ver por delante de ella eran las viscosas aceras del verano y las conferencias telefónicas a las tres de la madrugada que la mantendrían despierta y luego el dormirse con pastillas y pasarse dormida todas las humeantes mañanas que quedaban de agosto (¿de 1960?, ¿1961?). Como tenía que ir directamente desde el tren a su almuerzo en Nueva York, le habría gustado tener un imperdible para el dobladillo del vestido de seda a cuadros, aunque también le habría gustado poder olvidarse del dobladillo y del almuerzo y quedarse en aquel bar tan fresco que olía a desinfectante y a malta y hacerse amiga de la mujer del salto de cama de crepé de China. Estaba teniendo una ligera crisis de autocompasión y quería comparar a sus Estelles. Era esto lo que pasaba.

¿Por qué lo apunté? Pues para recordarlo, claro, pero ¿qué es exactamente lo que yo quería recordar? ¿Cuánto de todo aquello sucedió realmente? ¿Acaso sucedió algo? ¿Para qué tengo un cuaderno de notas? Es fácil engañarse a uno mismo en relación con todas estas cuestiones. El impulso de apuntar cosas resulta peculiarmente compulsivo, inexplicable para quienes no lo comparten y útil solo de forma accidental, solo de forma secundaria, de esa misma forma en que todas las compulsiones intentan justificarse a sí mismas. Supongo que es algo que ya empieza, o no, desde la cuna. Sin embargo, aunque he sentido el impulso de apuntar las cosas desde que tenía cinco años, dudo mucho que mi hija lo haga nunca, porque es una criatura singularmente alegre y positiva, a quien le encanta la vida tal como se le presenta, y a quien no le da miedo irse a dormir ni tampoco despertarse. La gente que toma notas en cuadernos íntimos es una especie distinta, gente solitaria y reticente que siempre está cambiando la disposición de las cosas, insatisfechos ansiosos, niños que al parecer sufrieron al nacer cierto presentimiento de pérdida.

Mi primer cuaderno fue un bloc Big Five que me regaló mi madre junto con el sensato consejo de que dejara de quejarme de todo y aprendiera a divertirme apuntando mis pensamientos. Hace unos años me devolvió aquel bloc; la primera anotación trata de una mujer que estaba convencida de estar muriéndose de congelación en la noche ártica, solo para descubrir, cuando amanecía, que había acabado en el desierto del Sahara y que iba a morir de calor antes de mediodía. No tengo ni idea de qué estado de ánimo de una niña de cinco años pudo suscitar una historia tan «irónica» y exótica, pero es cierto que la anotación revela cierta predilección por los extremos que me ha perseguido hasta la vida adulta; tal vez si tuviera inclinaciones analíticas me resultaría una historia más cierta que ninguna de las que he contado más tarde sobre la fiesta de cumpleaños de Donald Johnson o el día en que mi prima Brenda puso arena del gato en la pecera.

De manera que el sentido de tener un cuaderno de anotaciones nunca ha sido, ni siquiera ahora, llevar un registro factual preciso de lo que he estado haciendo o pensando. Eso respondería a un impulso completamente distinto, a un instinto de realidad que a veces envidio pero que no poseo. En ningún momento he sido capaz de escribir un diario; mi estrategia para la vida diaria vacila entre el abandono flagrante de mis obligaciones y la simple distracción, y en las pocas ocasiones en que he intentado registrar como Dios manda los acontecimientos de un día, me ha sobrevenido tal aburrimiento que los resultados son en el mejor de los casos misteriosos. ¿Qué demonios quiere decir «ir de compras, mecanografiar artículo, cena con E, deprimida»? ¿Compras de qué? ¿Mecanografiar qué artículo? ¿Quién es E? ¿Estaba deprimida la tal «E» o lo estaba yo? ¿Y a quién le importa?

De hecho, he abandonado por completo esa clase de anotación inútil; ahora cuento lo que algunos llamarían mentiras. «Eso simplemente no es verdad», me dicen a menudo los miembros de mi familia cuando me oyen rememorar algún acontecimiento que compartimos. «La fiesta *no era* para ti, la araña *no era* una viuda negra, eso *simplemente no pasó así*.» Y lo más seguro es que tengan razón, porque no solo he tenido siempre problemas para distinguir lo que sucedió de lo que simplemente pudo haber sucedido, sino que sigo sin estar nada convencida de que esa distinción, de cara a lo que a mí me ocupa, importe en absoluto. El cangrejo despedazado que recuerdo haber comido para almorzar el día en que mi padre llegó a casa de Detroit en 1945 casi seguro que es un adorno, encajado en esa jornada para prestarle verosimilitud; yo tenía diez años y no me acordaría del cangrejo. Los acontecimientos del día no giran en torno al cangrejo. Y, sin embargo, es precisamente ese cangrejo ficticio el que hace que toda la tarde me vuelva a pasar por delante de los ojos, igual que una película casera vista demasiadas veces; el padre que trae regalos, la niña que llora, un verdadero ejercicio de amor familiar y culpa. O por lo menos eso es lo que fue para mí. Asimismo, tal vez no sea verdad que nevara aquel agosto en Vermont. Tal vez el viento nocturno no trajo remolinos de nieve, y tal vez nadie más sintió que el suelo se endurecía y que el verano ya estaba muerto incluso mientras nosotros fingíamos que nos regodeábamos en él, pero así fue como lo sentí yo, y por qué no iba a nevar también, es posible que nevara, seguro que nevó.

Así lo sentí yo: esto se acerca más a la verdad de los cuadernos. A veces me engaño a mí misma sobre las razones por las que tengo un cuaderno de notas, me imagino que conservar todo lo que uno observa es reflejo de cierta virtud ahorrativa. Si ves las suficientes cosas y las apuntas, me digo a mí misma, una mañana en que el mundo parezca despojado de prodigios, un día en que solo esté haciendo de forma automática lo que se supone que tengo que hacer, que es escribir... en esa mañana indigente me limitaré a abrir mi cuaderno y allí estará todo, un relato olvidado y con intereses acumulados, el billete ya pagado de vuelta al mundo exterior: diálogos oídos por casualidad en hoteles y en ascensores y en el mostrador del guardarropía del Pavillon (un hombre de mediana edad le enseña a otro su recibo de guardarropía y le dice: «Es el número que tenía cuando jugaba al fútbol»); mis impresiones de Bettina Aptheker y Benjamin Sonnenberg y Teddy («Mr. Acapulco») Stauffer; meticulosos perfiles de instructores de tenis y modelos de pasarela fracasadas y herederas de magnates navieros griegos, una de las cuales me enseñó una lección importante (una lección que yo podría haber aprendido de F. Scott Fitzgerald, aunque tal vez todos deberíamos conocer en persona a alguien muy rico) cuando al llegar yo para entrevistarla en su sala de estar llena de orquídeas durante el segundo día de una tormenta de nieve que tenía todo Nueva York paralizado, ella me preguntó si estaba nevando fuera.

Me imagino, en otras palabras, que el cuaderno trata de los demás. Pero, por supuesto, no es así. No es asunto mío para nada lo que un desconocido le dijera a otro en el mostrador del guardarropía del Pavillon; de hecho, sospecho que la frase «Es el número que tenía cuando jugaba al fútbol» no despertó para nada mi imaginación, sino el simple recuerdo de algo que había leído, probablemente «La carrera de ochenta yardas». Tampoco tengo nada que ver con una mujer vestida con un salto de cama de crepé de China sucio en un bar de Wilmington. Mi interés reside, como siempre, en la chica del vestido de seda a cuadros que no se menciona para nada. «Recuerda cómo te sentías por entonces»: de eso se trata siempre.

Es una idea que cuesta admitir. Nos han inculcado la idea de que los demás, da igual quiénes, todos los demás, son por definición más interesantes que nosotros; nos enseñan a ser tímidos, prácticamente a odiarnos a nosotros mismos. («Eres la persona menos importante de la sala, no lo olvides», le susurraba la institutriz de Jessica Mitford al oído cada vez que tenía lugar un acontecimiento social; yo lo copié en mi cuaderno porque hace muy poco tiempo que he sido capaz de entrar en una sala sin oír una frase parecida en mi oído interno.) Solo a la gente muy joven y a la que es muy mayor se les permite contar sus sueños a la mesa del desayuno, perorar sobre sí mismos e interrumpir a los demás para contar recuerdos de sus picnics en la playa y sus vestidos floreados favoritos y la trucha arcoíris que pescaron en un arroyo cerca de Colorado Springs. Del resto se espera, y está bien que así sea, que finjamos un gran interés por los vestidos favoritos de los demás y por las truchas de los demás.

Y eso hacemos. Pero nuestros cuadernos nos delatan, porque por muy diligentemente que anotemos lo que vemos a nuestro alrededor, el común denominador de todo lo que vemos es siempre, de forma transparente y desvergonzada, el implacable «yo». No estamos hablando aquí de la clase de cuaderno que está obviamente destinado al consumo público, un simple engaño estructural para engarzar una serie de pensamientos elegantes; estamos hablando de algo privado, de fragmentos de la cadena mental que son demasiado cortos para usarlos, de un ensamblaje indiscriminado y errático que solo reviste significado para quien lo lleva a cabo.

Y a veces incluso el que lo lleva a cabo tiene dificultades para entender qué significa. Por ejemplo, no parece tener ningún sentido que yo sepa que durante 1964 cayeron 480 toneladas de hollín por kilómetro cuadrado en la ciudad de Nueva York, y sin embargo, lo tengo en mi cuaderno, con la etiqueta «DATO». Ni tampoco me hace falta acordarme de que a Ambrose Bierce le gustaba escribir «£eland $tanford» en vez de Leland Stanford, ni que «en Cuba las mujeres listas siempre van de negro», un apunte de moda sin mucho potencial para ser puesto en práctica. ¿Y acaso la relevancia de las siguientes notas no parece, en el mejor de los casos, marginal?

> En el museo que hay en el sótano de los juzgados del condado de Inyo, en Independence, California, letrero sujeto con alfiler a una chaqueta estilo mandarín: «Esta CHAQUETA ESTILO MANDARÍN la llevaba a menudo la señora Minnie S. Brooks cuando daba conferencias sobre su COLECCIÓN DE JUEGOS DE TÉ».

> Pelirroja saliendo de un coche delante del hotel Wilshire de Beverly Hills, lleva estola de chinchilla y bolsas de Vuitton con etiquetas que dicen:
>
> SEÑORA DE LOU FOX
> HOTEL SAHARA
> LAS VEGAS

Bueno, tal vez no del todo marginal. De hecho, la señora Minnie S. Brooks y su CHAQUETA ESTILO MANDARÍN me llevan de vuelta a mi infancia, porque, aunque nunca conocí a la señora Brooks y no visité el condado de Inyo hasta que tuve treinta años, yo crecí en un mundo parecido, en casas atiborradas de reliquias indias y pedazos de mena de oro y ámbar gris y de los souvenirs que mi tía Mercy Farnsworth se traía de Oriente. Hay un largo trecho entre ese mundo y el de la señora de Lou Fox, que es donde todos vivimos ahora, y ¿acaso no merece la pena recordar eso? ¿Acaso la señora Minnie S. Brooks no me ayuda a recordar quién soy? ¿Y acaso la señora de Lou Fox no me ayuda a recordar quién no soy?

Pero a veces cuesta más discernir el sentido. ¿Qué tenía yo en la cabeza exactamente cuando apunté que al padre de un conocido le costaba 650 dólares mensuales iluminar la casa junto al Hudson en la que vivía antes del crack de la Bolsa? ¿Cómo planeaba yo utilizar la siguiente frase de Jimmy Hoffa: «Puede que tenga mis defectos, pero estar equivocado no es uno de ellos»? Y aunque me parece interesante saber dónde se cortan el pelo las chicas que viajan con el Sindicato cuando están en la Costa Oeste, ¿acaso alguna vez le sacaré provecho al dato? ¿No estaría mejor pasárselo sin más a John O'Hara? ¿Qué hace en mi cuaderno una receta de chucrut? ¿Qué clase de urraca toma apuntes en este cuaderno? «Nació la noche del hundimiento del *Titanic*.» Parece una frase bastante buena, y hasta me acuerdo de quién la dijo, pero ¿acaso no es una frase mejor en vivo de lo que podrá ser nunca en un relato de ficción?

Pero, por supuesto, ahí está la cosa: no en que yo vaya a usar nunca la frase, sino en hacerme recordar a la mujer que la dijo y la tarde en que la oí. Nos encontrábamos en su terraza de la playa y estábamos acabando el vino que quedaba de la comida, intentando tomar el poco sol que había, ese sol del invierno de California. La mujer cuyo marido había nacido la noche del hundimiento del *Titanic* quería poner su casa en alquiler y volverse con sus hijos, que vivían en París. Recuerdo que deseé haber tenido dinero para pagar aquel alquiler, que eran 1.000 dólares al mes.

–Algún día lo tendrás –dijo ella en tono indolente–. Todo llega algún día.

Allí, al sol en su terraza, resultaba fácil creer que todo llega algún día, pero después tuve una pequeña resaca de esas de tarde y atropellé a una serpiente negra de camino al supermercado y me entró un miedo inexplicable cuando oí que la empleada de la caja registradora le explicaba al hombre que estaba delante de mí en la cola por qué se estaba divorciando finalmente de su marido.

–No me ha dejado opción –repetía una y otra vez mientras pulsaba las teclas de la máquina registradora–. Tiene un bebé de siete meses con ella, no me ha dejado opción.

Me gustaría creer que el temor que sentí entonces fue por la especie humana, pero obviamente era por mí misma, porque por entonces yo quería un bebé y no lo tenía y también quería tener aquella casa que costaba mil dólares mensuales de alquiler y además tenía resaca.

Todo vuelve. Tal vez sea difícil entender qué valor tiene el rememorarse a uno mismo en ese estado de ánimo, pero yo sí que lo entiendo. Creo que siempre es aconsejable mantener una relación cordial con la persona que éramos en el pasado, da igual que nos resulte una compañía atractiva o no. De otra manera, esa persona aparece sin avisar y por sorpresa, se pone a aporrear la puerta de la mente a las cuatro de la madrugada de una mala noche y exige saber quién la abandonó, quién la traicionó y quién va a reparar el daño causado. Nos olvidamos demasiado deprisa de las cosas que nos creíamos incapaces de olvidar. Nos olvidamos de los amores y de las traiciones por igual, nos olvidamos de lo que susurramos y de lo que gritamos, nos olvidamos de quiénes éramos. Yo ya he perdido el contacto con un par de personas que yo era en el pasado; una de ellas, una chica de diecisiete años, no presenta gran amenaza, aunque me resultaría de cierto interés volver a saber qué se siente al estar sentada en el atracadero de un río bebiendo vodka con zumo de naranja y escuchando a Les Paul y Mary Ford y a sus ecos cantar «How High the Moon» en la radio del coche. (Fíjense que todavía conservo las escenas, pero ya no me percibo a mí entre los presentes y ni siquiera soy capaz de improvisar un diálogo.) La otra, la de veintitrés años, me inquieta más. Siempre causó muchos problemas, y sospecho que reaparecerá cuando menos la quiera ver, con sus faldas demasiado largas y su timidez casi insultante, siempre sintiéndose ofendida, siempre llena de recriminaciones y pequeños agravios y cuentos que no quiero volver a oír, a la vez entristeciéndome y enfureciéndome con su vulnerabilidad y su ignorancia, una aparición todavía más insistente por el mismo hecho de llevar tanto tiempo desterrada.

Es buena idea, por tanto, mantener ese contacto, y supongo que ese es el sentido mismo de los cuadernos. Y cuando se trata de mantener esas líneas de comunicación abiertas para nosotros mismos, siempre estamos solos: el cuaderno de ustedes nunca me podrá ayudar, ni a ustedes el mío. «¿Y qué hay de nuevo en el negocio del whisky?» ¿Qué podría significar eso para ustedes? Pues para mí significa una rubia con bañador Pucci sentada con un par de hombres gordos junto a la piscina del hotel Beverly Hills. Otro hombre se acerca y todos dedican un momento a mirarse en silencio.

–¿Y qué hay de nuevo en el negocio del whisky? –pregunta por fin uno de los gordos a modo de bienvenida, y la rubia se levanta, arquea un pie y lo sumerge en la piscina, sin dejar de mirar ni un momento la caseta donde Baby Pignatari está hablando por teléfono.

Y no hay más que eso, salvo por el hecho de que varios años más tarde vi a la rubia salir del Saks de la Quinta Avenida de Nueva York con su bronceado de California y un voluminoso abrigo de armiño. Bajo la ventolera que hacía aquel día la vi vieja e irremisiblemente cansada, y las pieles del abrigo de armiño ni siquiera estaban cortadas como se estaban cortando aquel año, ni tampoco como ella las habría querido, y ese es el sentido de la historia. Después de aquello me pasé una temporada sin querer mirarme al espejo, y cada vez que ojeaba el periódico solo veía las necrológicas, las víctimas del cáncer, los infartos prematuros y los suicidios, y dejé de coger la línea del metro de Lexington Avenue porque me di cuenta por primera vez de que todos los desconocidos a los que yo llevaba años viendo –el hombre del perro lazarillo, la solterona que todos los días leía los anuncios clasificados, la chica gorda que siempre se bajaba conmigo en Grand Central– parecían más viejos que en el pasado.

Todo vuelve. Hasta aquella receta de chucrut: hasta aquello me trae algo. Fue en Fire Island donde preparé aquel chucrut por primera vez, y estaba lloviendo, y bebimos mucho bourbon y nos comimos el chucrut y nos fuimos a la cama a las diez, y yo escuché la lluvia y el Atlántico y me sentí a salvo. Anoche volví a hacer el chucrut y no me hizo sentir a salvo en absoluto, pero eso, como suele decirse, es otra historia.

1966

SOBRE EL AMOR PROPIO

Una vez, en plena mala racha, escribí con letras enormes en una doble página de un cuaderno que la inocencia se termina cuando a uno le roban la ilusión de que se cae bien a sí mismo. Aunque ahora que han pasado los años me maravilla el hecho de que una mente enemistada consigo misma pudiera llevar a cabo un registro tan minucioso de hasta el último de sus temblores, todavía recuerdo con avergonzada claridad el sabor de aquellas cenizas en concreto. Fue una cuestión de falta de amor propio.

Me habían negado la entrada en la Phi Beta Kappa. No podría haber sido un fracaso más predecible ni menos ambiguo (simplemente, mis notas estaban por debajo de lo requerido), y sin embargo a mí me crispó los nervios. Yo siempre me había considerado a mí misma una especie de Raskólnikov académico, curiosamente exento de las relaciones de causa y efecto que afectaban a los demás. Aunque hasta la chica huraña de diecinueve años que yo era por entonces debió de darse cuenta de que la situación carecía de una verdadera magnitud trágica, el día en que no conseguí entrar en la Phi Beta Kappa sí que marcó el final de algo para mí, y es posible que ese algo se pueda describir como inocencia. Perdí la convicción de que todos los semáforos se me iban a poner en verde, esa agradable certidumbre de que las virtudes más bien pasivas que me habían granjeado la aprobación general durante mi infancia no solo me garantizaban de forma automática las llaves de la Phi Beta Kappa, sino también la felicidad, el honor y el amor de un hombre bueno; perdí cierta fe conmovedora en el poder totémico de las buenas maneras, del pelo limpio y de mis elevadas puntuaciones en la escala Stanford-Binet de inteligencia. Yo había adscrito mi amor propio a tan dudosos amuletos, y aquel día afronté el temor perplejo de quien se acaba de encontrar con un vampiro y no tiene ningún crucifijo a mano.

Aunque verse obligado a contemplarse a uno mismo es, en el mejor de los casos, un asunto incómodo, casi tanto como intentar cruzar una frontera con documentación prestada, ahora me parece que es la única condición necesaria para sentar las bases de un verdadero amor propio. A pesar de la mayoría de nuestros lugares comunes, el autoengaño sigue siendo el engaño más difícil de vencer. Los trucos que funcionan con los demás no sirven de nada en ese callejón trasero bien iluminado donde uno tiene las citas consigo mismo: aquí no funcionan las sonrisas seductoras, ni tampoco las pulcras listas de buenas intenciones. Uno se limita a barajar sus propias cartas marcadas de forma teatral pero en vano: el gesto amable hecho por las razones incorrectas, el triunfo aparente que no costó esfuerzo alguno, el acto aparentemente heroico que uno acabó realizando por vergüenza. Lo más desolador es que el amor propio no tiene nada que ver con la aprobación de los demás, a quienes, a fin de cuentas, no cuesta mucho engañar; y tampoco tiene nada que ver con la reputación, que, como le dijo Rhett Butler a Scarlett O'Hara, es algo que la gente con coraje no necesita.

Que te falte amor propio, en cambio, equivale a ser el espectador solitario e involuntario de un documental interminable que detalla tu propios fracasos, tanto los reales como los imaginarios, con escenas nuevas añadidas en cada pase. *Aquí está el cristal que rompiste en un ataque de rabia, aquí está el dolor en la cara de Fulano; fíjate ahora en la siguiente escena, la noche en que Mengano regresó de Houston, mira cómo la cagaste.* Vivir sin amor propio es pasarte la noche en vela, sin que te puedan ayudar ni la leche caliente ni el fenobarbital ni la mano que descansa sobre la colcha, contando tus pecados por acción y por omisión, las confianzas traicionadas, las promesas sutilmente rotas y los dones irrevocablemente desperdiciados por pereza o cobardía o dejadez. Por mucho que lo pospongamos, al final siempre acabamos acostados solos en esa cama notoriamente incómoda, la que nos hemos hecho nosotros mismos. El que durmamos o no en ella depende, por supuesto, de si tenemos amor propio o no.

Alegar que existe una gente harto improbable, una gente que *es incapaz de tener amor propio*, y que no tiene problema alguno para dormir, es no haber entendido nada, en la misma medida en que no ha entendido nada quien piensa que el amor propio está necesariamente relacionado con el hecho de llevar imperdibles en la ropa interior. Existe la extendida superstición de que el «amor propio» es una especie de encantamiento contra las serpientes, algo que mantiene a quienes lo poseen encerrados en un Edén inmaculado, lejos de las camas de los desconocidos, de las conversaciones ambivalentes y de los problemas en general. No es así en absoluto. No tiene nada que ver con el aspecto de las cosas, sino con una paz distinta, un tipo de reconciliación privada. Aunque el descuidado y suicida Julian English de *Cita en Samarra* y la descuidada e incurablemente deshonesta Jordan Baker de *El gran Gatsby* parecen candidatos igual de improbables para el amor propio, Jordan Baker lo tiene y Julian English no. Gracias a ese talento para adaptarse que a menudo se ve más en las mujeres que en los hombres, Jordan crea sus propias normas, pacta su propia paz y evita toda amenaza a esa paz: «Odio a la gente descuidada –le dice a Nick Carraway–. Para que haya un accidente hacen falta dos».

Igual que Jordan Baker, las personas con amor propio tienen el coraje de equivocarse. Conocen el precio de las cosas. Si deciden cometer adulterio, luego no se van corriendo, con un ataque de mala conciencia, a recibir la absolución del cónyuge traicionado; tampoco se quejan indebidamente de la injusticia ni de la vergüenza inmerecida de que los declaren corresponsables. En resumen, la gente con amor propio es gente dura, tiene algo así como agallas morales; hace gala de eso que antes se llamaba *carácter*, una cualidad que, aunque en abstracto se aprueba, a menudo pierde terreno en favor de otras virtudes negociables de forma más instantánea. La prueba de que está perdiendo prestigio es que hoy día solo se suele pensar en el carácter en relación con niños feos y con senadores de Estados Unidos que han sido derrotados, preferiblemente en primarias, cuando se han presentado a la reelección. Pese a todo, el carácter –la voluntad de aceptar la responsabilidad de la propia vida– es el lugar donde brota el amor propio.

El amor propio es algo que nuestros abuelos conocían perfectamente, da igual que lo tuvieran o no. Ya de jóvenes les habían inculcado cierta disciplina, la conciencia de que uno vive haciendo cosas que no tiene un especial deseo de hacer, dejando de lado los miedos y las dudas y sopesando las comodidades inmediatas en relación con otras comodidades mayores que hasta pueden ser intangibles. En el siglo XIX les parecía admirable, pero no extraordinario, que Gordon Bajá se pusiera un traje blanco limpio y defendiera Jartún contra los derviches; tampoco les parecía injusto que la forma de liberar tierras en California requiriera muertes y dificultades y suciedad. En un diario escrito en el invierno de 1846, una chica emigrante de doce años llamada Narcissa Cornwall anotaba fríamente: «Padre estaba ocupado leyendo y no se dio cuenta de que la casa se estaba llenando de indios desconocidos hasta que madre lo mencionó». Aun sin tener ni idea de lo que madre dijo, es imposible no dejarse impresionar por el incidente: el padre leyendo, los indios entrando en la casa, la madre eligiendo palabras que no suscitaran alarma y la niña registrando con diligencia el acontecimiento y anotando más adelante que aquellos indios en concreto no eran, «por suerte para nosotros», hostiles. Los indios no eran más que una parte de lo *donnée*.

Bajo una apariencia u otra, los indios siempre lo son. Nuevamente, la cuestión se reduce a reconocer que cualquier cosa digna de ser poseída tiene un precio. La gente con amor propio está dispuesta a aceptar el riesgo de que los indios vayan a ser hostiles, de que la empresa vaya a entrar en bancarrota, de que la relación pueda no resultar ser de esas en que *todos los días son una fiesta porque tú estás conmigo*. Están dispuestos a invertir algo de sí mismos; puede que decidan no jugar, pero cuando juegan saben lo que está en juego.

Esa clase de amor propio es una disciplina, un hábito mental que no se puede fingir, solo se puede desarrollar, adiestrar y obtener por medio de la persuasión. Una vez alguien me sugirió que, como antídoto al llanto, metiera la cabeza dentro de una bolsa de papel. Se da el caso de que dicho ejercicio tiene una razón fisiológica sólida, algo relacionado con el oxígeno, pero da igual, porque solo el efecto psicológico ya es incalculable; resulta extremadamente difícil seguir imaginándote que eres la Cathy de *Cumbres Borrascosas* cuando tienes la cabeza dentro de una bolsa de Food Fair. Lo mismo se puede decir de todos los demás pequeños actos de disciplina, intrascendentes en sí mismos; imaginen mantener cualquier clase de embelesamiento, conmiserativo o carnal, bajo una ducha fría.

Sin embargo, esos pequeños actos de disciplina solo son valiosos en la medida en que representan a otros mayores. Decir que Waterloo se ganó en los campos de juegos de Eton no equivale a decir que a Napoleón lo hubiera salvado un curso rápido de críquet; organizar cenas de gala en la selva no tendría ningún sentido si no fuera porque las velas que parpadean sobre las lianas evocan disciplinas más profundas y fuertes y unos valores inculcados mucho antes. Es una especie de ritual que nos ayuda a recordar quiénes somos y qué somos. Y a fin de recordarlo, hay que haberlo conocido.

Si tienes ese sentido del valor intrínseco de ti mismo que constituye el amor propio, se puede decir que potencialmente no te falta nada: ni la capacidad de discernir ni la de amar ni la de permanecer indiferente. Que te falte, en cambio, equivale a estar encerrado dentro de ti mismo y ser paradójicamente incapaz tanto de mostrar amor como indiferencia. Si no tenemos amor propio, por un lado estamos obligados a despreciar a quienes tienen tan pocos recursos como para confraternizar con nosotros y tan poca percepción como para no ver nuestras fatídicas debilidades. Por otro lado, nos encontramos peculiarmente sometidos a todo lo que vemos y extrañamente decididos a encajar –dado que la imagen que tenemos de nosotros mismos es insostenible– en las falsas nociones de nosotros que tienen los demás. Nos engañamos pensando que esta compulsión de agradar a los demás es un rasgo atractivo: el quid mismo de la empatía imaginativa, la prueba de nuestra voluntad de dar. *Por supuesto* que yo haré de Francesca cuando tú hagas de Paolo, y que haré de Helen Keller cuando cualquiera haga de Annie Sullivan: no hay expectativa equivocada ni rol demasiado ridículo. Y a merced de dichas nociones, no podemos hacer nada más que llenarnos de desprecio y representar papeles condenados al fracaso antes incluso de empezar, y cada fracaso generará un plus añadido de desesperación ante la necesidad de adivinar y satisfacer la siguiente demanda que se nos plantee.

Se trata de ese fenómeno que a veces se conoce como «alienación de uno mismo». Es sus fases más avanzadas, ya no contestamos al teléfono porque alguien podría querer algo de nosotros; la posibilidad de decirles que *no* sin ahogarnos a nosotros mismos en un mar de reproches resulta impensable en este juego. Cada encuentro exige demasiado, rompe los nervios y drena la voluntad, y el espectro de algo tan pequeño como una carta sin responder genera una culpa tan desproporcionada que ya resulta imposible responderla. Asignarles a las cartas sin responder su importancia real, liberarnos de las expectativas ajenas y devolvernos a nuestras propias manos: en ello consiste el enorme y singular poder del amor propio. Sin él, uno termina por descubrir la última vuelta de tuerca: que uno se ha escapado para encontrarse a sí mismo y ahora se encuentra la casa vacía.

1961

APUNTES DE UNA NATIVA

Es muy fácil estar sentado en el bar de, por ejemplo, La Scala de Beverly Hills o el Ernie's de San Francisco y compartir la ilusión generalizada de que California solo está a cinco horas en avión de Nueva York. La verdad es que son La Scala y el Ernie's los que solo están a cinco horas en avión de Nueva York. California está en otra parte.

Mucha gente del Este (o de «allá en el Este», como dicen en California, aunque no en La Scala ni en el Ernie's) no se cree esto. Han estado en Los Ángeles o en San Francisco, han cruzado en coche el tronco de una secuoya gigante y han visto el Pacífico glaseado por el sol de la tarde de Big Sur, y como es natural tienden a creer que han estado en California. Pero no han estado, y lo más probable es que nunca vayan a estar, porque se trata de un viaje más largo y en muchos sentidos más difícil de lo que ellos probablemente quieran emprender, uno de esos viajes en los que el destino parpadea quiméricamente en el horizonte, y hasta se aleja, cada vez más remoto. Pero se da el caso de que yo sí que conozco ese viaje porque soy de California, soy de una familia, o de un conglomerado de familias, que siempre ha vivido en el Valle de Sacramento.

Pueden ustedes argumentar que no existe ninguna familia que haya vivido en el Valle de Sacramento desde nada que se pueda comparar remotamente con «siempre». Sin embargo, es característico de los californianos hablar en tono grandilocuente del pasado como si este hubiera empezado, *tabula rasa*, y hubiera llegado simultáneamente a un final feliz el día en que los carromatos partieron para el Oeste. «Eureka» («Lo encontré»), tal como dice el lema del estado. Esta clase de perspectiva de la historia proyecta cierta melancolía sobre quienes participan de ella. Mi infancia, por ejemplo, estuvo impregnada de la convicción de que ya hacía mucho que habíamos dejado atrás nuestros mejores tiempos. De hecho, es de eso de lo que quiero hablarles: de cómo es ser de un sitio como Sacramento. Si consiguiera hacérselo entender a ustedes, podría lograr también que entendieran California y tal vez algo más, porque Sacramento *es* California, y California es un lugar donde la mentalidad del pelotazo y la sensación de pérdida chejoviana se reúnen formando una suspensión inestable; una suspensión donde la mente se ve inquietada por la sospecha soterrada pero imposible de erradicar de que mejor será que aquí sí funcionen las cosas, porque aquí, bajo ese cielo inmenso y descolorido, es donde se nos acaba el continente.

En 1847 Sacramento no era más que un fuerte de adobe, Sutter's Fort, perdido en medio de la pradera; aislado de San Francisco y del mar por la Cordillera Costera y del resto del continente por la Sierra Nevada, el Valle de Sacramento era por entonces un verdadero océano de hierba, una hierba tan alta que cualquiera que entrara allí a caballo la podía atar por encima de su silla. Un año más tarde se descubrió oro al pie de la Sierra y de pronto Sacramento se convirtió en pueblo, un pueblo del que cualquier cinéfilo podría trazar un mapa en sueños: un collage polvoriento de oficinas de ensayo de oro, fabricantes de carretas y cantinas. Llamémoslo la Fase Dos. Luego llegaron los colonos: los granjeros, la misma gente que llevaba doscientos años mudándose cada vez más al oeste, siguiendo el avance de la frontera, aquella peculiar ralea problemática que ya se había marchado de Virginia, de Kentucky y de Missouri; fueron ellos quienes convirtieron Sacramento en un pueblo granjero. Y como la tierra era fértil, Sacramento acabó convirtiéndose en un pueblo granjero rico, lo cual implicaba casas en el pueblo, vendedores de Cadillac y un club de campo. Sumido en aquella plácida modorra, Sacramento se dedicó a soñar hasta quizá 1950, cuando algo sucedió. Y lo que sucedió fue que el mundo de fuera se puso a invadirlo, deprisa y con decisión. Y en el momento de despertarse Sacramento perdió, para bien o para mal, su carácter, y eso es parte de lo que les quiero contar.

El cambio, sin embargo, no es lo primero que yo recuerdo. Lo primero que recuerdo es pasear a un bóxer que tenía mi hermano por los mismos campos llanos que nuestro tatarabuelo había encontrado vírgenes y había plantado; recuerdo nadar (aunque con nerviosismo, porque yo era una niña nerviosa y siempre me daban miedo las hoyas bajo el agua y las serpientes, y tal vez aquel fue el principio de mi error) en los mismos ríos en los que llevábamos un siglo nadando: el Sacramento, tan cargado de cieno que apenas podíamos vernos las manos a escasos centímetros por debajo de la superficie; el American, que discurría limpio y rápido gracias a las nieves fundidas de la Sierra hasta julio, cuando su curso se volvía lento y las serpientes de cascabel se ponían a tomar el sol sobre las rocas recién emergidas. El Sacramento, el American, a veces el Cosumnes y en ocasiones el Feather. Todos los días morían niños incautos en aquellos ríos; nosotros lo leíamos en el periódico, leíamos que habían calculado mal la fuerza de una corriente o bien habían metido el pie en una hoya allí donde el American confluía con el Sacramento, y que se había hecho venir a los Hermanos Berry del condado de Yolo para que dragaran el río, pero aun así no se habían encontrado los cuerpos.

–No eran de aquí –extrapolaba mi madre de los artículos de la prensa–. Sus padres *no tendrían* que haberles dejado bañarse en el río. Eran gente de Omaha que estaba de visita.

No era una mala lección, aunque no del todo fiable. En los ríos también morían niños a los que conocíamos.

Cuando terminaba el verano –cuando terminaba la Feria Estatal y el calor aflojaba, cuando quitaban de la calle H las últimas enramadas de lúpulo y la niebla de los tulares empezaba a elevarse de los terrenos bajos por las noches– regresábamos a memorizar los Productos de Nuestros Vecinos Latinoamericanos y a visitar los domingos a nuestras tías abuelas, a las docenas de tías abuelas que teníamos, domingo tras domingo y año tras año. Cuando me acuerdo ahora de aquellos inviernos, pienso en las hojas amarillas de los olmos que se apelotonaban en las alcantarillas de delante de la catedral provisional episcopaliana de la Trinidad, en la calle M. Hoy día incluso hay gente que a la calle M la llama la avenida del

Capitolio, y a la iglesia de la Trinidad le han añadido uno de esos insulsos edificios nuevos, pero tal vez los niños siguen aprendiendo allí las mismas cosas los domingos por la mañana:

> P: ¿En qué se parece Tierra Santa al Valle de Sacramento?
> R: En los tipos y la diversidad de sus productos agrícolas.

Y me acuerdo de las crecidas de los ríos, de escuchar la radio para oír hasta qué altura iban a subir las aguas y de preguntarme si los diques agrícolas iban a ser arrastrados y cuándo y hasta dónde. En aquella época no teníamos tantos embalses. Los canales de circunvalación se llenaban y los hombres se pasaban toda la noche amontonando sacos de arena. A veces un dique saltaba en plena noche en algún lugar río arriba; por la mañana se extendía el rumor de que los ingenieros del ejército lo habían dinamitado para reducir la presión sobre la ciudad.

Después de las lluvias llegaba la primavera, que duraba unos diez días aproximadamente; los campos empapados pasaban a lucir un verde reluciente y efímero (al cabo de dos o tres semanas estarían tan amarillos y resecos como el fuego) y las inmobiliarias remontaban. Era la época del año en que las abuelas iban a Carmel; era la época del año en que a las chicas que ni siquiera habían podido entrar en Stephens ni en Arizona ni Oregón, ya no digamos en Stanford o Berkeley, las mandaban a Honolulú, a bordo del *Lurline*. No recuerdo que ninguna fuera nunca a Nueva York, a excepción de una prima que fue allí de visita (no tengo ni idea de por qué) y me informó de que las vendedoras de zapatos de Lord & Taylor eran «intolerablemente maleducadas». Las cosas que sucedían en Nueva York y en Washington y en el extranjero no parecían afectar para nada a la mentalidad de Sacramento. Recuerdo que me llevaron a visitar a una mujer muy anciana, la viuda de un ranchero, que estaba rememorando (lo cual constituye el modo favorito de conversación en Sacramento) al hijo de unos conocidos de su época.

–Aquel chaval de los Johnston nunca hizo nada bueno –dijo.

Mi madre protestó con desgana: Alva Johnston, dijo, había ganado el Premio Pulitzer cuando trabajaba para el *New York Times*. Nuestra anfitriona nos miró con expresión impasible.

–Nunca hizo nada bueno en Sacramento –dijo.

La voz de aquella mujer era la verdadera voz de Sacramento, aunque por entonces yo no me di cuenta, una voz a la que no le quedaba mucho tiempo de vida, porque la guerra había terminado y el pelotazo ya había arrancado y ya se oía en el paisaje la voz de los ingenieros aeroespaciales. «¡LOS VETERANOS NO PAGAN ENTRADA! ¡VIVIENDAS DE LUJO CON HIPOTECAS BAJAS GARANTIZADAS POR LA FHA!»

Más tarde, cuando ya vivía en Nueva York, seguía regresando a Sacramento cuatro o cinco veces al año (cuanto más cómodo era el vuelo, más extrañamente triste me sentía yo, y es porque a la gente como yo la apesadumbra tremendamente el hecho de que en carromato tal vez no habríamos llegado), intentando demostrar que en realidad nunca había tenido intención de marcharme, porque al menos en un sentido California –la California de la que estamos hablando– se parece al Edén: en que se da por sentado que aquellos que se ausentan de sus bendiciones es porque han sido desterrados, exiliados por culpa de alguna perversidad de su corazón. ¿Acaso no es verdad que la Expedición Donner-Reed se comió a sus propios muertos para poder llegar a Sacramento?

Ya he dicho que el viaje de vuelta es difícil, sin duda: y lo es de una manera que magnifica las ambigüedades ordinarias de los viajes sentimentales. Volver a California no es como volver a Vermont, ni a Chicago; Vermont y Chicago son constantes relativas, en relación con las cuales uno puede medir sus propios cambios. Lo único que tiene de constante la California de mi infancia, en cambio, es el ritmo al que desaparece. Un ejemplo: el día de San Patricio de 1948 a mí me llevaron a ver a la legislatura «en acción», lo cual fue una experiencia lamentable: un puñado de asamblearios rubicundos con gorritos verdes se dedicaban a leer chistes de Pat y Mike para que constaran en acta. Todavía hoy me sigo imaginando así a los legisladores: con gorritos verdes, o bien sentados en la terraza del hotel Senator abanicándose y dejando que los entretuvieran los emisarios de Artie Samish. (Samish era el capitoste de grupos de presión que dijo: «Puede que Earl Warren sea gobernador del estado, pero el gobernador de la legislatura soy yo».) De hecho, en el hotel Senator ya no hay terraza –la convirtieron en una oficina de venta de billetes de avión, si quieren ustedes ponerle la puntilla–, y en cualquier caso la legislatura ya hace tiempo que abandonó el Senator para mudarse a los ostentosos moteles del norte de la ciudad, donde llamean las antorchas tiki y el vaho se eleva de las piscinas climatizadas en la fría noche del Valle.

Hoy día cuesta *encontrar* California; resulta inquietante preguntarse cuánto de ella fue pura imaginación o improvisación; produce melancolía darse cuenta de que gran parte de los recuerdos que circulan entre la gente no son ciertos, sino meros reflejos de recuerdos ajenos, historias que han circulado por las redes familiares. Por ejemplo, yo tengo un «recuerdo» indeleblemente nítido que refleja cómo la prohibición afectó a los plantadores de lúpulo de Sacramento: la hermana de un plantador conocido de mi familia llegó un día a su casa con un abrigo de armiño comprado en San Francisco y sus padres le dijeron que lo tenía que devolver, y ella se quedó sentada allí en el suelo del salón, con el abrigo en brazos y llorando. Aunque yo no nací hasta un año después de la Revocación, esa escena para mí es más «real» que muchas que he protagonizado yo misma.

Me acuerdo de un viaje a casa en que estuve sola en un avión nocturno y no paré de leer y releer unos versos de un poema de W. S. Merwin que me había encontrado en una revista, un poema que trataba de un hombre que llevaba mucho tiempo en otro país y sabía que tenía que volver a casa:

... Pero tiene que ser
pronto. Ya defiendo acaloradamente
ciertos defectos indefendibles nuestros,
y odio que me los recuerden; en mi mente
nuestro idioma ya se carga de una riqueza
que ninguna lengua común puede ofrecer, y nuestras montañas
no son como las de ningún otro lado, ni tampoco nuestros ríos.

Ya ven ustedes por dónde voy. Lo que yo quería era contarles la verdad, y en cambio me he puesto a hablarles de nuestros anchos ríos.

A estas alturas tendría que estar claro que la verdad sobre California es escurridiza y que hay que perseguirla con cautela. Ustedes pueden ir a Sacramento mañana y alguien (aunque nadie a quien yo conozca) puede llevarlos a la Aerojet-General, que, según dice la gente de Sacramento, «tiene algo que ver con cohetes». Para la Aerojet trabajan quince mil personas, la mayoría de ellas importadas; la mujer de un abogado de Sacramento me contó, a modo de prueba de que la ciudad se estaba abriendo al mundo, que ella creía haber conocido a uno de ellos, durante una recepción informal que había tenido lugar en diciembre de hacía dos años. («La verdad es que era un tipo majísimo –añadió en tono entusiasmado–. Creo que él y su mujer habían comprado la casa *de al lado* de la de Mary y Al, o algo parecido, y claro, era así como lo habían conocido.») De manera que pueden ustedes irse a Aerojet y plantarse en el enorme vestíbulo de ventas, donde todas las semanas un millar de vendedores de piezas intentan vender sus productos y uno puede mirar los paneles eléctricos que muestran a todo el personal de Aerojet, incluyendo sus proyectos y su ubicación en todo momento, y pueden preguntarse si he estado recientemente en Sacramento. «MINUTEMAN», «POLARIS», «TITAN», dicen las luces que se encienden, y todas las mesillas del café están cubiertas de horarios de líneas aéreas, todo muy moderno, muy al último minuto.

Pero yo podría llevarlos a ustedes a unos pueblos que hay a pocos kilómetros de allí donde los bancos todavía tienen nombres como «El Banco de Alex Brown», a unos pueblos donde conozco un hotel que todavía tiene suelo de baldosas octagonales en el comedor y palmeras polvorientas en macetas y ventiladores enormes en el techo; a unos pueblos donde todo –las empresas de semillas, la franquicia de la Harvester, el hotel, los grandes almacenes y la calle principal– tiene el mismo nombre, que es el nombre del tipo que construyó el pueblo. Hace unos cuantos domingos estuve en un pueblo así, un pueblo más pequeño todavía, en realidad, donde no había ni hotel ni franquicia de la Harvester y donde el banco se había quemado, un simple pueblecito fluvial. Eran las bodas de oro de unos parientes míos y estábamos a cuarenta y cuatro grados y los invitados de honor estaban sentados en sillas de respaldo recto delante de una gavilla de gladiolos en el Rebekah Hall. A un primo que me encontré allí le mencioné que había visitado la Aerojet-General y él me escuchó con escepticismo interesado. ¿Cuál es la verdadera California? Eso nos preguntamos todos.

Probemos a hacer unas cuantas afirmaciones irrefutables, sobre temas que no estén sujetos a interpretación. Aunque Sacramento es en muchos sentidos la menos típica de las ciudades de los valles, sí que es una ciudad de los valles, y hay que considerarla en ese contexto. Cuando en Los Ángeles dices «el Valle», la mayoría de la gente da por sentado que te refieres al Valle de San Fernando (de hecho, hay gente que da por sentado que te refieres a la Warner Brothers), pero no se confundan ustedes: no estamos hablando aquí del valle de los platós y de las casitas estilo rancho, sino del Valle de verdad, el Valle Central, los ciento veinticinco mil kilómetros cuadrados que son drenados por los ríos Sacramento y San Joaquín y más tarde regadas por una compleja red de ciénagas, empalmes, acequias y por los canales Delta-Mendota y Friant-Kern.

A unos ciento cincuenta kilómetros al norte de Los Ángeles, en cuanto bajas de las montañas Tehachapi hasta las afueras de Bakersfield, ya has salido del sur de California y estás en el Valle. «Te asomas a la carretera y la ves acercarse a ti en línea recta durante kilómetros y más kilómetros, con la línea negra del centro acercándose más y más a ti... y el calor se eleva en forma de calina de la pista blanca de tal manera que la línea negra es lo único que ves con claridad, acercándose a ti entre el chirrido de los neumáticos, y si no dejas de mirar fijamente esa línea y no respiras hondo varias veces y te das una buena palmada en el pescuezo, acabas hipnotizado.»

Robert Penn Warren escribió estas líneas sobre otra carretera, pero podría haberlas escrito perfectamente sobre la carretera del Valle, la Ruta 99, cuatrocientos cincuenta kilómetros desde Bakersfield hasta Sacramento, una carretera tan recta que cuando uno vuela siguiendo la ruta más directa desde Los Ángeles a Sacramento nunca pierde de vista la Ruta 99. Para un ojo inexperto, el paisaje por el que discurre no cambia ni un ápice. La mirada del Valle, en cambio, es capaz de discernir el punto en que la extensión de brotes de algodón da paso a la extensión de brotes de tomateras, o el sitio donde los enormes ranchos municipales –las tierras del condado de Kern, lo que queda de DiGiorgio– dan paso a las compañías privadas (en algún punto del horizonte, si el lugar es privado, se ve una casa y una arboleda de encinillos), pero dichas distinciones son irrelevantes cuando uno amplía la perspectiva. Durante el día entero, lo único que se mueve es el sol y los enormes aspersores Rainbird.

Yendo por la Ruta 99 entre Bakersfield y Sacramento, de vez en cuando uno se encuentra un pueblo: Delano, Tulare, Fresno, Madera, Merced, Modesto o Stockton. Algunas de esas poblaciones han crecido mucho, pero en el fondo son todas lo mismo: edificios de una, dos o tres plantas, dispuestos sin ton ni son, de tal manera que lo que parece ser una buena tienda de confección está al lado de una tienda W. T. Grant y el Bank of America queda delante de un cine mexicano. «DOS PELÍCULAS. BINGO BINGO BINGO.» Más allá del centro (que aquí se pronuncia «*down*town», con acento en la primera sílaba, con ese acento de la Oklahoma rural que ahora impregna el modo de hablar del Valle) se extienden las manzanas de viejas casas de madera, con la pintura descascarillada, las aceras agrietadas y ocasionalmente alguna ventana de ámbar emplomado que da a una cafetería Foster's Freeze o a un túnel de lavado ultrarrápido o a una oficina de seguros de State Farm; y todavía más allá se extienden los centros comerciales y kilómetros y kilómetros de casas adosadas, de colores pastel y con revestimiento exterior de secuoya, con las señales inconfundibles de la mala construcción que ya empiezan a verse en las casas que han sobrevivido a las primeras lluvias. A cualquier forastero que venga por la 99 a bordo de un coche con aire acondicionado (supongo que cualquier forastero que viniera por la 99 estaría en viaje de negocios, porque la Ruta 99 no lleva a los turistas hasta Big Sur ni San Simeón, no los lleva a la California que ellos quieren ver) estos pueblos le tienen que parecer tan planos, tan empobrecidos, que hasta la imaginación se le resecará. Sugieren veladas pasadas delante de gasolineras y pactos de suicidio sellados en autocines.

Pero recuerden:

P: ¿En qué se parece Tierra Santa al Valle de Sacramento?
R: En los tipos y la diversidad de sus productos agrícolas.

De hecho, la Ruta 99 atraviesa la región agrícola más rica y más intensamente cultivada del mundo entero, un gigantesco invernadero al aire libre con una cosecha tasada en mil millones de dólares. Es al recordar la riqueza del Valle cuando la planicie monocroma de sus pueblos adquiere una curiosa significación, y sugiere un hábito mental que refleja una indiferencia genuina hacia el forastero que pasa con su coche con aire acondicionado, una incapacidad para percibir su presencia misma, ya no digamos sus pensamientos o sus deseos. El sello distintivo de estos pueblos es un aislamiento implacable. Una vez conocí a una mujer en Dallas, una mujer de lo más encantador y atractivo, acostumbrada a la hospitalidad y la hipersensibilidad social de Texas, que me contó que durante los cuatro años de la guerra que su marido había pasado destacado en Modesto no la habían invitado ni una sola vez a entrar en casa de nadie. En Sacramento a nadie le resultaba chocante esta historia («Seguramente no tendría parientes allí», me dijo alguien a quien se la conté), porque los pueblos del Valle se entienden entre ellos y comparten un espíritu peculiar. Piensan igual y tienen el mismo aspecto. Yo puedo distinguir Modesto de Merced, pero es porque he estado allí de visita y he ido a bailes en ambos sitios; además, por encima de la calle principal de Modesto hay un letrero en forma de arco que dice:

AGUA: RIQUEZA
SATISFACCIÓN: SALUD

Y en Merced no hay ningún letrero como ese.

He dicho que Sacramento es el menos típico de los pueblos del Valle, y es cierto: pero solo porque es más grande y más diverso, solo porque tiene los ríos y la legislatura; su verdadero carácter sigue siendo el carácter del Valle, sus virtudes son las virtudes del Valle y su tristeza es la tristeza del Valle. En verano hace el mismo calor que en el resto del Valle, un calor tan fuerte que el aire reverbera y la hierba pierde su color y las persianas permanecen todo el día cerradas, un calor tan fuerte que agosto no parece un mes sino una enfermedad; y es igual de llano, tan llano que un rancho que tenía mi familia con una ligerísima elevación, tal vez de treinta centímetros, ha sido conocido durante ciento y pico de años y hasta el presente como «el rancho de la colina». (Este año se lo conoce como una parcelación en marcha, pero eso ya es otra parte de la historia.) Y por encima de todo, pese a sufrir injerencias del exterior, Sacramento conserva el aislamiento del Valle.

Para notar ese aislamiento, a los visitantes les basta con coger un ejemplar de uno de los dos periódicos, el *Union* por la mañana o el *Bee* por la tarde. El *Union* es republicano y está empobrecido y el *Bee* es demócrata y poderoso («¡EL VALLE DE LAS ABEJAS!», es como solían encabezar sus anuncios en la prensa del ramo los McClatchy, propietarios de los *Bee* de Fresno, Modesto y Sacramento. «AISLADO DE TODA INFLUENCIA DE OTROS MEDIOS»), pero los dos se parecen muchísimo, y el tono de sus principales objetos de interés editorial resulta igualmente extraño y maravilloso e instructivo. Al *Union*, en medio de un condado intensa y lealmente demócrata, le inquieta sobre todo la posibilidad de que la John Birch Society se haga con el lugar; el *Bee*, fiel a la voluntad de su fundador, emprende exaltadas cruzadas contra una serie de fantasmas que en sus páginas sigue denominando «los cárteles del poder». Sombras de Hiram Johnson, a quien el *Bee* ayudó a convertirse en gobernador electo en 1910. Sombras de Robert La Follette, a quien el *Bee* entregó el Valle en 1924. Los periódicos de Sacramento tienen algo que no termina de conectar con el modo en que Sacramento vive hoy día, algo pronunciadamente desencaminado. Los ingenieros aeroespaciales, por lo que parece, leen el *Chronicle* de San Francisco.

Los periódicos de Sacramento, sin embargo, se limitan a reflejar la peculiaridad de Sacramento, el destino del Valle, que consiste en estar petrificado por un pasado que ya no es relevante. Sacramento es una población que creció con la agricultura y que luego descubrió con estupor que la tierra tiene usos más provechosos. (La cámara de comercio suministra las cifras de las cosechas, pero no les presta ninguna atención; lo que importa es la sensación, el conocimiento de que allí donde antes crecían los verdes lúpulos ahora está la Larchmont Riviera, que lo que solía ser el rancho Whitney ahora es Sunset City, treinta y tres mil casas y un complejo de clubes de campo.) Es una ciudad en la que de pronto los elementos más importantes son la industria de la defensa y sus propietarios ausentes; una ciudad que nunca ha tenido más gente ni más dinero que hoy día pero que ha perdido su razón de ser. Una ciudad en la que muchos de sus ciudadanos de mayor peso sienten que se han vuelto funcionalmente obsoletos. Las viejas familias siguen viéndose solo entre ellas, pero ya no se ven tan a menudo como antes ni mucho menos; están cerrando filas, preparándose para la larga noche, vendiendo sus derechos de paso y viviendo de los beneficios correspondientes. Sus hijos siguen casándose entre ellos, siguen jugando al bridge y montando negocios inmobiliarios juntos. (En Sacramento no hay ninguna otra clase de negocio, no hay más realidad que la tierra; hasta yo, cuando ya estaba viviendo y trabajando en Nueva York, me sentí obligada a hacer un curso por correspondencia de Economía del Suelo Urbano por la Universidad de California.) Pero de madrugada, después de que se derritan los hielos, ahora siempre hay alguien, algún Julian English, que ya ha perdido la fe. Porque en las afueras de la ciudad están acuarteladas las legiones de ingenieros aeroespaciales, que hablan en su peculiar idioma condescendiente y cuidan sus dicondras y planean quedarse en la tierra prometida; una gente que está criando a una nueva generación de nativos de Sacramento y a la cual no le importa, de verdad no les importa, que no los inviten a hacerse miembros del Sutter Club. Eso hace que a uno le asalten las dudas, en plena madrugada, cuando los hielos se han derretido; eso insufla un soplo de aire en el útero y sugiere que el Sutter Club tal vez no sea, al fin y al cabo, el Pacific Union o el Bohemian; que Sacramento tal vez no sea *la ciudad*. Y es al acometerles esas dudas cuando las ciudades pequeñas pierden su carácter.

Quiero contarles una historia de Sacramento. A unos cuantos kilómetros de la ciudad hay una propiedad, de unas dos mil quinientas hectáreas, que originalmente perteneció a un ranchero que tenía una hija. La hija se fue al extranjero y se casó con un hombre con título, y cuando se trajo a aquel hombre a vivir al rancho, el padre de ella les construyó una casa gigantesca, con auditorios, invernadero, salón de baile, etcétera. Les hacía falta salón de baile para recibir visitas; recibían a gente del extranjero y a gente de San Francisco y montaban fiestas en la casa que duraban semanas y requerían trenes especiales. Ya hace mucho tiempo que murieron, claro, pero su hijo único, anciano y soltero, sigue viviendo allí. No vive en la casa, porque la casa ya no existe. A lo largo de los años se fue quemando, habitación tras habitación, ala tras ala. De aquella casa enorme solo quedan en pie las chimeneas, y su heredero vive a su sombra, vive solo en ese descampado calcinado, en una caravana que le sirve de casa.

Se trata de una historia que mi generación conoce, pero dudo que la siguiente, los hijos de los ingenieros aeroespaciales, la vaya a conocer. ¿Quién se la va a contar? Sus abuelas viven en Scarsdale, y jamás han conocido a ninguna tía abuela. Para ellos el «viejo» Sacramento será algo pintoresco, algo sobre lo que leerán en la revista *Sunset*. Lo más seguro es que piensen que la Remodelación siempre estuvo ahí, que el Embarcadero que flanquea el río, con sus divertidos lugares para comprar y sus pintorescas estaciones de bomberos convertidas en bares, conserva el verdadero ambiente del pasado de la ciudad. No tendrán manera de saber que en tiempos menos lucidos se llamaba Front Street (al fin y al cabo, la ciudad no fue fundada por los españoles) y era un lugar lleno de edificios en ruinas y misiones y frecuentado por recolectores itinerantes que se acercaban al pueblo para emborracharse los sábados por la noche: «MISIÓN DE LA VIDA VICTORIOSA», «JESUCRISTO SALVA», «CAMAS A 25 CENTAVOS LA NOCHE», «INFORMACIÓN SOBRE COSECHAS AQUÍ». Habrán perdido el verdadero pasado y habrán adquirido otro manufacturado, y no tendrán manera, ninguna manera, de saber por qué hay una caravana solitaria en medio de dos mil quinientas hectáreas de tierras en las afueras de la ciudad.

Pero tal vez sea presuntuoso por mi parte dar por sentado que se estarán perdiendo algo. Tal vez, vista de forma retrospectiva, esta no haya sido para nada una historia sobre Sacramento, sino sobre las cosas que perdemos y las promesas que rompemos a medida que envejecemos; tal vez haya estado interpretando sin darme cuenta a la Margaret del poema:

Margaret, ¿acaso lloras
la caída de las hojas en la arboleda dorada? (…)
Es la maldición para la que nacimos.
Es a Margaret a quien lloramos.

1965

CUADERNO DE LOS ÁNGELES

1

Esta tarde hay algo que produce incomodidad en el aire de Los Ángeles, cierta quietud antinatural, cierta sensación de tensión. Lo que eso quiere decir es que esta noche va a empezar a soplar el Santa Ana, un viento cálido procedente del nordeste que va a llegar aullando por los pasos de Cajon y San Gorgonio, levantando tormentas de arena por la Ruta 66, resecando las colinas y los nervios hasta llevarlos a su punto de inflamación. Nos pasaremos unos cuantos días viendo humo en los cañones y oyendo sirenas por la noche. Yo ni he oído ni he leído que se acerca el Santa Ana, pero lo sé, y casi todo el mundo a quien he visto hoy también lo sabe. Lo sabemos porque lo sentimos. El bebé está inquieto. La doncella está huraña. Yo reavivo una discusión ya moribunda con la compañía telefónica y al final corto por lo sano y me tumbo, rindiéndome a lo que sea que hay en el aire. Vivir con el Santa Ana es aceptar, de forma consciente o no, una visión profundamente mecanicista de la conducta humana.

Recuerdo que cuando me vine por primera vez a Los Ángeles y estaba viviendo en una playa solitaria, me contaron que cuando soplaba el mal viento los indios se tiraban al mar. Durante los periodos del Santa Ana el Pacífico adoptaba un lustre ominoso, y uno se despertaba en plena noche inquieto no solo por los pavos reales que chillaban en los olivos, sino por la extraña ausencia de oleaje. El calor era surrealista. El cielo tenía un tinte amarillo, con esa clase de luz que a veces se denomina «clima de terremoto». Mi única vecina se encerraba en su casa durante días sin salir para nada, y de noche tenían todas las luces apagadas y su marido merodeaba por la casa armado con un machete. Un día me decía que había oído a un intruso y al siguiente que había oído una serpiente de cascabel.

«En esa clase de noches —escribió una vez Raymond Chandler sobre el Santa Ana—, todas las fiestas con alcohol terminan en peleas. Las esposas más mosquitas muertas palpan el filo del cuchillo y escrutan los cuellos de sus maridos. Puede pasar cualquier cosa.» Así era aquel viento. Yo no sabía que el efecto que ejercía sobre todos nosotros tuviera ninguna base científica, pero resultó ser otro de esos casos en los que la ciencia ratifica nuestra sabiduría popular. El Santa Ana, que toma su nombre de uno de los cañones que atraviesa, es un viento *foehn*, igual que los *foehn* de Austria y de Suiza y que el *hamsin* de Israel. Existen bastantes vientos persistentemente malévolos, tal vez los más conocidos de los cuales sean el mistral de Francia y el siroco del Mediterráneo, pero los *foehn* tienen características distintivas: aparecen en las laderas de sotavento de las cordilleras y, aunque el aire empieza siendo una masa fría, se calienta al bajar por la montaña y se manifiesta finalmente como un viento seco y caliente. Allí donde sopla un viento *foehn*, los médicos siempre oyen historias de dolores de cabeza y náuseas y alergias, de «nerviosismo» y de «depresión». En Los Ángeles hay maestros que se niegan a dar clase cuando sopla el Santa Ana porque los niños se vuelven incontrolables. En Suiza, durante el *foehn* sube la tasa de suicidios, y en los tribunales de algunos cantones suizos el viento se considera una circunstancia atenuante de los crímenes. Se dice que los cirujanos tienen en cuenta el viento porque cuando sopla el *foehn* la sangre no se coagula de forma normal. Hace unos años un físico israelí descubrió que no solo durante esos vientos, sino también durante las diez o doce horas que los preceden, el aire transporta una proporción desacostumbradamente alta de iones positivos. Nadie parece saber exactamente por qué esto es así; hay quien habla de fricción y hay quien sugiere alteraciones solares. En cualquier caso, los iones positivos están ahí, y el efecto del exceso de iones positivos, para explicarlo de forma bien simple, es que la gente se siente más desgraciada. Se me ocurren pocas cosas más mecanicistas que esto.

La gente del Este tiene la costumbre de quejarse de que en el sur de California no hay «clima» en absoluto, de que los días y las estaciones se suceden sin cambio alguno, con una insulsez abrumadora. Esto es un error. De hecho, el clima de aquí se caracteriza por extremos poco frecuentes pero violentos: dos periodos de torrenciales lluvias subtropicales que se prolongan durante semanas, inundan las colinas y arrastran las parcelaciones hasta el mismo mar; y unos veinte días dispersos al año del Santa Ana, cuya incendiaria sequedad invariablemente trae fuegos. En cuanto se predice un Santa Ana, el servicio forestal manda hombres y equipo por aire desde el norte de California a los bosques del sur, y el Departamento de Bomberos de Los Ángeles cancela todas sus rutinas ordinarias que no sean la lucha contra los incendios. Fue el Santa Ana el que provocó que Malibú se quemara como se quemó en 1956, y Bel Air en 1961, y Santa Bárbara en 1964. En el invierno de 1966-1967 murieron once hombres combatiendo un incendio provocado por el Santa Ana que se había propagado por las montañas de San Gabriel.

El mero hecho de mirar las portadas de los periódicos de Los Ángeles durante un Santa Ana ya da una idea muy aproximada de lo que este provoca. El periodo más largo de viento Santa Ana de los años recientes fue en 1957, y no duró los tres o cuatro días de costumbre, sino catorce, desde el 21 de noviembre hasta el 4 de diciembre. El primer día ardieron diez mil hectáreas de las montañas de San Gabriel, con ráfagas que llegaron a los ciento cincuenta kilómetros por hora. En la ciudad, el viento alcanzó fuerza 12, que es fuerza de huracán, en la escala de Beaufort; se desplomaron torres de perforación petrolífera y se ordenó a la gente que no circulara por las calles del centro para que nadie resultara herido por los objetos voladores. El 22 de noviembre el incendio de las San Gabriel quedó fuera de control. El 24 de noviembre murieron seis personas en accidentes de automóvil, y al final de la semana el *Times* de Los Ángeles ya estaba llevando una estadística de muertos por accidentes de tráfico. El 26 de noviembre, un conocido abogado de Pasadena, deprimido por problemas de dinero, mató a tiros a su mujer y a sus dos hijos y después se suicidó. El 27 de noviembre una divorciada de veintidós años de South Gate fue asesinada y arrojada desde un coche en marcha. El 30 de noviembre el incendio de San Gabriel seguía fuera de control y en la ciudad el viento ya estaba soplando a ciento veinte kilómetros por hora. El 1 de diciembre cuatro personas murieron violentamente, y el día 3 el viento empezó a amainar.

A la gente que no ha vivido en Los Ángeles le cuesta entender el papel tan radical que el Santa Ana juega en la imaginación local. La ciudad en llamas es la imagen más profunda de sí misma que tiene Los Ángeles –Nathanael West lo percibió en *El día de la langosta*–, y durante los disturbios de Watts de 1965 lo que arraigó más en la imaginación colectiva fueron los incendios. Durante días enteros uno podía pasar con el coche por la Harbor Freeway y ver la ciudad en llamas, algo que siempre habíamos sabido que acabaría pasando. El clima de Los Ángeles es el clima de la catástrofe y del Apocalipsis, y de la misma manera en que los inviernos terriblemente largos y crudos de Nueva Inglaterra determinan la forma en que se vive allí, la violencia y la impredecibilidad del Santa Ana afectan a todo el estilo de vida de Los Ángeles, acentuando su falta de permanencia y de fiabilidad. El viento nos muestra lo cerca que estamos del abismo.

2

–Por eso te llamo, Ron –dice la voz telefónica que ha llamado al programa radiofónico nocturno–. Solo quiero decir que esa chavalita de *El sexo para la secretaria*, como se llame, está claro que no está aportando nada bueno a la moral de este país. Es patético. Las estadísticas lo *demuestran.*

–*El sexo en la oficina*, cariño –dice el pinchadiscos–. Así se titula. Y la autora es Helen Gurley Brown. ¿Qué es lo que demuestran las estadísticas?

–No las tengo aquí mismo, como es natural. Pero lo *demuestran.*

–Me interesaría oírlas. Sed constructivas, Aves Nocturnas.

–Muy bien, tomemos *una* estadística –dice la voz, ahora en tono truculento–. Vale, yo no he leído el libro, pero ¿qué es eso que ella recomienda de *salir a comer con hombres casados*?

Y así continúa la cosa, desde la medianoche hasta las cinco de la mañana, con las interrupciones de los discos y de las llamadas esporádicas que discuten sobre si las serpientes de cascabel saben nadar. Las ideas erróneas sobre las serpientes de cascabel son un leitmotiv de la imaginación insomne de Los Ángeles. Hacia las dos de la madrugada, llama para protestar un hombre que es «de por Tarzana».

–Las Aves Nocturnas que han llamado antes debían de confundirse con... esto... *El hombre del traje de franela gris* o algún otro libro así –dice–, porque Helen es una de las pocas autoras que intentan decirnos lo que está *pasando* realmente. El otro es Hefner, que también es controvertido, aunque trabaja en otra... esto... área.

Un anciano, después de atestiguar que él ha visto «personalmente» nadar a una serpiente de cascabel, en el canal Delta-Mendota, pide «moderación» sobre el caso de Helen Gurley Brown.

–No tenemos que agarrar el teléfono para llamar pornografía a las cosas sin leerlas –se queja, pronunciando la palabra «por-onografía»–. Yo digo que leamos el libro. Que le demos una oportunidad.

La provocadora original vuelve a llamar para decir que sí, que se va a comprar el libro.

–Y luego lo voy a quemar –añade.

–Una quemalibros, ¿eh? –dice el pinchadiscos con una risa cordial.

–Y me gustaría que siguieran quemando a las brujas –dice ella entre dientes.

3

Son las tres en punto de la tarde de un domingo y estamos a cuarenta grados y con un aire tan cargado de polución que las polvorientas palmeras se elevan envueltas de un inesperado y más bien atractivo halo de misterio. He estado jugando con el bebé en los aspersores y ahora me meto en el coche y voy al Ralph's Market que hay en la esquina de Sunset y Fuller vestida con un bikini viejo. No es precisamente la mejor indumentaria para ir al supermercado, pero en el Ralph's de la esquina de Sunset con

Fuller tampoco es una indumentaria inusual. Pese a todo, una mujer corpulenta vestida con un largo vestido floreado de algodón hace chocar su carrito de la compra con el mío en el mostrador de la carnicería.

–Menuda manera de ir vestida al súper –dice en voz alta pero estrangulada.

Todo el mundo mira para otro lado y yo examino un paquete de plástico de chuletas de cordero mientras ella repite el comentario. A continuación me sigue por toda la tienda, a la sección de comida infantil, a la de productos lácteos, a la de comida mexicana, haciendo chocar su carrito contra el mío siempre que puede. Su marido le tira de la manga. Mientras yo me alejo de la caja registradora, ella levanta la voz por última vez:

–Menuda manera de ir vestida al Ralph's –dice.

4

Una fiesta en una casa de Beverly Hills: una carpa rosa, dos orquestas, un par de directores comunistas franceses con chaquetas de esmoquin de Cardin, y chile y hamburguesas de Chasen's. En otra mesa está sentada sola la esposa de un actor inglés; no viene a California casi nunca, aunque su marido pasa mucho tiempo trabajando aquí. Un americano que la conoce un poco se acerca a su mesa.

–Es maravilloso verla aquí –le dice.

–¿Ah, sí? –dice ella.

–¿Cuánto rato lleva aquí?

–Demasiado.

Ella coge una copa llena de un camarero que pasa y le dedica una sonrisa a su marido, que está bailando.

El americano lo vuelve a intentar. Menciona a su marido.

–He oído que está maravilloso en esta película.

Ella mira al americano por primera vez. Cuando por fin habla, pronuncia todas las palabras con mucha claridad.

–También... es... marica –dice en tono cordial.

5

La historia oral de Los Ángeles se escribe en los piano-bares. Los pianistas siempre tocan «Moon River» y «Mountain Greenery». «There's a Small Hotel» y «This Is Not the First Time». La gente habla y se cuenta historias de sus primeras esposas y de sus últimos maridos. «No pierdas el sentido del humor», se dicen entre ellos, y «Esto es para morirse». Un empleado de la construcción habla con un guionista en paro que está celebrando a solas su décimo aniversario de bodas. El empleado de la construcción está haciendo un trabajo en Montecito.

–En Montecito –explica– tienen una milla cuadrada donde hay ciento treinta y cinco millonarios.

–Putrescencia –dice el guionista.

–¿Eso es lo único que tiene que decir al respecto?

–No me malinterprete, creo que Santa Bárbara es uno de los sitios más... caray, *el* sitio más hermoso del mundo, pero es un lugar hermoso que alberga cierta... *putrescencia*. Se limitan a vivir de sus putrescentes millones.

–Pues que me den putrescencia a mí.

–No, no –dice el guionista–. Simplemente pienso que los millonarios tienen una especie de carencia en su... en su elasticidad.

Un borracho pide «The Sweetheart of Sigma Chi». El pianista dice que no la conoce.

–¿Dónde aprendiste a tocar el piano? –le pregunta el borracho.

–Tengo dos títulos –dice el pianista–. Uno en educación musical.

Voy a una cabina y llamo a un amigo de Nueva York.

–¿Dónde estás? –me pregunta.

–En un piano-bar de Encino –le digo yo.

–¿Por qué? –me dice él.

–¿Por qué no? –le digo yo.

1965-1967

ADIÓS A TODO AQUELLO

¿Cómo de lejos está Babilonia?
A ciento veinte leguas nada más.
¿Puedo llegar a la luz de las velas?
Puedes llegar y puedes regresar.
Si te pones dos alas en las piernas
a la luz de las velas llegarás.

Es fácil ver los principios de las cosas y no tan fácil ver los finales. Por ejemplo, ahora me acuerdo, con una claridad que hace que se me encojan los nervios del cuello, de cuándo empezó Nueva York para mí, pero no puedo discernir con precisión el momento en que se terminó, nunca consigo saltarme las ambigüedades y los arranques en falso y las resoluciones traicionadas hasta llegar al punto exacto de la página en que la heroína ya no es tan optimista como lo fue en el pasado. Cuando vi por primera vez Nueva York yo tenía veinte años y era verano, y me bajé de un DC-7 en la vieja terminal provisional de Idlewild con un vestido nuevo que en Sacramento me había parecido muy elegante pero que ya no me lo parecía tanto, ni siquiera en la vieja terminal provisional de Idlewild, y el aire cálido olía a moho, y cierto instinto, programado por todas las películas que había visto y por todas las canciones que había cantado y por todos los relatos que había leído sobre Nueva York, me informó de que ya nada volvería a ser lo mismo. De hecho, nunca volvió a serlo. Un tiempo después sonó una canción en todas las máquinas de discos del Upper East Side que decía «pero dónde está la niña que yo fui», y si la noche estaba lo bastante avanzada yo también solía preguntármelo. Ahora sé que casi todo el mundo se pregunta algo parecido, tarde o temprano y sin importar qué es lo que esté haciendo esa persona, pero una de las bendiciones ambiguas de tener veinte años o veintiuno o hasta veintitrés es el convencimiento de que a nadie jamás le ha pasado nada parecido a lo que te pasa a ti, pese a todas las pruebas que apuntan a lo contrario.

Por supuesto que podría haber sido otra ciudad, de haber sido distintas las circunstancias y la época y de haber sido distinta yo; podría haber sido París o Chicago o hasta San Francisco, pero como es de mí de quien estoy hablando, pues hablo de Nueva York. Aquella primera noche abrí la ventanilla del autobús que me llevaba a la ciudad y busqué el *skyline* con la mirada, pero lo único que pude ver fueron los descampados de Queens y los letreros enormes que decían «POR ESTE CARRIL PARA EL MIDTOWN TUNNEL», y luego cayó un chaparrón estival (hasta eso me resultó notable y exótico, porque yo venía del Oeste, donde no hay chaparrones estivales), y los tres días siguientes me los pasé envuelta en mantas en una habitación de hotel con el aire acondicionado a temperatura de congelación y tratando de dejar atrás un fuerte resfriado y una fiebre alta. No se me ocurrió llamar a un médico, porque no conocía a ninguno, y aunque sí se me ocurrió llamar a recepción y pedirles que apagaran el aire acondicionado, no lo hice, porque no sabía cuánta propina tendría que darle a quien viniera. ¿Acaso se puede ser tan joven? Estoy aquí para contarles a ustedes que sí. Lo único que pude hacer durante aquellos tres días fue poner conferencias telefónicas para hablar con el chico con quien ya sabía que no iba a casarme en la primavera. Le dije que solo me iba a quedar seis meses en Nueva York y que desde mi ventana se veía el puente de Brooklyn. Pero resultó que el puente era el Triborough y que me quedé ocho años.

Visto con la distancia del tiempo, ahora me parece que aquella época en que yo todavía no conocía los nombres de todos los puentes fue más feliz que la que vendría después, pero tal vez eso lo irán viendo ustedes a medida que avancemos. En parte lo que quiero contarles es la experiencia de ser joven en Nueva York, y cómo seis meses se pueden convertir en ocho años con esa facilidad engañosa con que se produce un fundido en una película, porque es así como veo ahora aquellos años, como una larga secuencia de fundidos sentimentales y efectos especiales anticuados: el edificio Seagram funde con los copos de nieve, yo entro por una puerta giratoria con veinte años y salgo convertida en alguien mucho mayor, y en una calle distinta. Pero sobre todo les quiero explicar, y de paso tal vez explicármelo a mí misma, por qué ya no vivo en Nueva York. Se dice con frecuencia que Nueva York es una ciudad adecuada solo para la gente muy rica y la gente muy pobre. Menos a menudo se dice que Nueva York también es, por lo menos para los que venimos de otra parte, una ciudad adecuada solo para la gente muy joven.

Me acuerdo de una vez, un anochecer frío y luminoso de diciembre en Nueva York, en que le sugerí a un amigo que se quejaba de que llevaba demasiado tiempo en la ciudad que viniera conmigo a una fiesta donde le aseguré, con esa eficiencia luminosa de los veintitrés años, que habría «caras nuevas». Él se rió hasta el punto de literalmente asfixiarse, y yo me vi obligada a bajar la ventanilla del taxi y darle unos golpecitos en la espalda.

–Caras nuevas –me dijo por fin–. No quiero ni oír hablar de *caras nuevas*.

Parece ser que la última vez que había ido a una fiesta donde le habían prometido «caras nuevas» se había encontrado con quince personas en una sala y con que él ya se había acostado con cinco de las mujeres y les debía dinero a todos los hombres salvo a dos. Yo me reí con él, pero acababan de empezar a caer las primeras nieves y los enormes árboles de Navidad emitían destellos amarillos y blancos por toda la extensión de Park Avenue hasta donde me alcanzaba la vista, y yo llevaba un vestido nuevo, y pasaría mucho tiempo antes de que entendiera la moraleja particular de la historia.

Pasaría mucho tiempo porque, simplemente, yo estaba enamorada de Nueva York. Y no uso el término «enamorada» en un sentido coloquial, sino que quiero decir que estaba enamorada literalmente de la ciudad, de esa manera en que te enamoras de la primera persona que te toca y ya nunca vuelves a enamorarte de la misma manera. Me acuerdo de que iba por la calle Sesenta y dos un anochecer de aquella primera primavera, o bien de la segunda, porque durante una temporada fueron todas iguales. Yo llegaba tarde a una cita con alguien, pero me detuve en Lexington Avenue y me compré un melocotón y me paré en una esquina a comérmelo y supe que había salido del Oeste y que había alcanzado el espejismo. Paladeé el melocotón y sentí el aire suave que salía de una rejilla de ventilación del metro rozándome las piernas y olí a azucenas y a basura y a colonia cara y me di cuenta de que aquello iba a cobrarse su precio tarde o temprano, puesto que yo no pertenecía a aquel lugar ni venía de él; lo que pasa es que, cuando tienes veintidós o veintitrés años, te imaginas que en el futuro vas a tener un balance emocional alto y vas a poder pagar el precio que sea. Por entonces yo seguía creyendo en las posibilidades, todavía tenía esa sensación tan propia de Nueva York de que en cualquier momento va a pasar algo extraordinario, cualquier día y cualquier mes. Por entonces no ganaba más que sesenta y cinco o setenta dólares a la semana («Ponte en manos de Hattie Carnegie», me aconsejó sin ningún asomo de ironía una redactora jefe de la revista para la que trabajaba), tan poco dinero que había semanas en que me veía obligada a dejar a deber comida en la tienda gourmet del Bloomingdale's, algo que jamás mencionaba en las cartas que escribía a California. A mi padre no le decía nunca que me hacía falta dinero porque él me lo habría mandado, y entonces yo jamás sabría si era capaz de valerme por mí misma. Por entonces ganarme la vida me parecía un simple juego, lleno de normas arbitrarias pero bastante inflexibles. Y salvo durante cierta clase de tardes de invierno –a las seis y media entre la calle Setenta y la Ochenta, por ejemplo, cuando ya estaba oscuro y soplaba un viento feroz procedente del río, y yo iba andando muy deprisa para coger un autobús y veía el interior de las ventanas iluminadas de las casas de ladrillo rojo y a las cocineras trabajando en las cocinas muy limpias y me imaginaba a mujeres encendiendo velas en el piso de arriba y a criaturas preciosas siendo bañadas en el piso de todavía más arriba–, salvo en esa clase de noches, yo jamás me sentía pobre; tenía la sensación de que si me hacía falta dinero siempre podía conseguirlo. Podía escribir una columna para adolescentes con el seudónimo de «Debbi Lynn» que se distribuyera en distintos medios, o bien podía llevar oro de contrabando a la India, o bien podía convertirme en acompañante femenina de las de cien dólares, y nada importaría.

Nada era irrevocable; todo estaba a mi alcance. Detrás de cada esquina había algo curioso e interesante, algo que yo no había visto nunca ni había hecho ni había conocido. Podía ir a una fiesta y conocer a alguien que se hacía llamar «Señor Apelación Emocional» y dirigía el Instituto de la Apelación Emocional, o a Tina Onassis Blandford, o a un palurdo de Florida que por entonces era un habitual de lo que él llamaba «la Gran C», el circuito Southampton-El Morocco («Estoy bien conectado en la Gran C, cariño», me contó mientras comíamos berzas en la enorme terraza que le habían prestado), o bien a la viuda del rey del apio del mercado de Harlem, o a un vendedor de pianos de Bonne Terre, Missouri, o a alguien que ya había amasado y perdido dos fortunas en Midland, Texas. Podía hacerme promesas a mí misma y a otra gente y tendría todo el tiempo del mundo para cumplirlas. Podía quedarme toda la noche despierta y cometer equivocaciones y ninguna de ellas contaría.

Fíjense en que yo ocupaba una curiosa posición en Nueva York: jamás se me ocurrió que yo estuviera viviendo realmente allí. En mi imaginación nunca planeaba quedarme sino un par de meses más, solo hasta Navidad o Semana Santa o bien hasta que llegara el calor de mayo. Y por eso me sentía especialmente cómoda en compañía de gente del Sur. Parecía que ellos estaban en Nueva York igual que yo, o bien tomándose una excedencia indefinida del lugar de donde vinieran, sin ganas de pensar en el futuro, exiliados temporales que siempre sabíamos cuándo salían los aviones para Nueva Orleans, o Memphis, o Richmond, o, en mi caso, California. La Navidad, por ejemplo, era una época difícil. Otra gente podía tomárselo con calma, irse a esquiar a Stowe o al extranjero o a pasar el día a casa de su madre en Connecticut; los que estábamos convencidos de vivir en otro sitio, en cambio, nos pasábamos la Navidad entera haciendo reservas de vuelos y cancelándolas, esperando vuelos retrasados por el mal tiempo como si fueran el último avión que salió de Lisboa en 1940, y por fin reconfortándonos los unos a los otros, los que quedábamos, con las naranjas y los recuerdos y los rellenos de ostras ahumadas de la infancia, juntándonos mucho, como colonos en un país lejano.

Que es precisamente lo que éramos. No estoy segura de que nadie nacido en el Este pueda entender lo que significa Nueva York, la idea de Nueva York, para los que venimos del Oeste y del Sur. Para un niño del Este, sobre todo un niño que siempre ha tenido a un tío en Wall Street y que se ha pasado varios centenares de sábados primero en el F. A. O. Schwartz y probándose zapatos en el Best's y luego esperando debajo del reloj de Biltmore y bailando al son de Lester Lanin, Nueva York no es más que una ciudad, por mucho que sea *la* ciudad, un lugar donde es perfectamente posible que viva gente. Pero para los que veníamos de sitios donde nadie había oído hablar nunca de Lester Lanin y donde la estación Grand Central era un programa de radio de los sábados, donde Wall Street y la Quinta Avenida y Madison Avenue no eran lugares en absoluto sino meras abstracciones («Dinero» y «Alta Costura» y «Mercaderes de Ilusiones»), Nueva York no era una simple ciudad. Era una noción infinitamente romántica, el nexo misterioso de todo el amor y el dinero y el poder, la esencia reluciente y caduca del sueño mismo. Pensar en «vivir» allí era reducir lo milagroso a lo mundano; en Xanadú no se «vive».

De hecho, a mí me costaba horrores entender a aquellas mujeres jóvenes para las que Nueva York no era un simple Estoril efímero sino un sitio real, aquellas chicas que se compraban tostadoras y se instalaban armarios nuevos en sus apartamentos y se comprometían con un futuro razonable. Yo jamás me compré un solo mueble en Nueva York. Me pasé un año más o menos viviendo en apartamentos ajenos; después viví en la calle Noventa y tantos, en un apartamento amueblado por completo con cosas que había tenido almacenadas un amigo cuya mujer se había marchado de casa. Y cuando me fui del apartamento de la calle Noventa y tantos (en una época en que me estaba yendo de todo, en que todo se hundía) lo dejé todo allí, hasta mi ropa de invierno y el mapa del condado de Sacramento que había colgado en la pared del dormitorio para recordarme quién era yo, y me mudé a un monástico apartamento de una sola planta con cuatro habitaciones situado en la calle Setenta y cinco. «Monástico» tal vez sea una palabra engañosa, que implica cierta austeridad chic; hasta después de casarme y que mi marido trajera algún mueble, en aquellas cuatro habitaciones no había nada más que un barato colchón doble con somier, encargado por teléfono el mismo día en que decidí mudarme, y dos sillas de jardín metálicas que me había prestado un amigo que las importaba. (Ahora me doy cuenta de que todo el mundo que yo conocía en Nueva York tenía negocios suplementarios curiosos y condenados al fracaso. Importaban sillas de jardín que no se vendían muy bien en el Hammacher Schlemmer, o bien intentaban comercializar planchas para el pelo en Harlem, o bien escribían sin firmar artículos llenos de revelaciones sobre las bandas del crimen organizado de la ciudad para los suplementos dominicales. Creo que tal vez ninguno de nosotros se tomaba nada muy en serio, y que solo nos entregábamos de verdad con nuestras vidas privadas.)

Lo único que yo hice en aquel apartamento fue colgar cincuenta metros de teatral seda amarilla a modo de cortinas para el dormitorio, porque se me ocurrió que la luz dorada me haría sentirme mejor; el problema es que no me molesté en poner pesos a las cortinas, de manera que los largos paneles de seda dorada transparente se pasaron todo aquel verano volando por las ventanas y enredándose y empapándose bajo las tormentas vespertinas. Aquel fue el año, mi vigésimo octavo año, en que descubrí que no todas las promesas se iban a cumplir, que hay cosas que de hecho son irrevocables y que a fin de cuentas todo había contado: hasta la última evasión y postergación, hasta la última equivocación y la última palabra, todo.

De eso se trataba, ¿verdad? De promesas... Ahora, cuando me acuerdo de Nueva York, lo que me viene a la mente son destellos alucinatorios, tan plagados de detalles que a veces desearía que el recuerdo efectuara sobre ellos esa distorsión que se le atribuye habitualmente. Durante gran parte del tiempo que pasé en Nueva York usé un perfume que se llamaba Fleurs de Rocaille, y luego L'Air du Temps, y ahora el más vago rastro de cualquiera de los dos puede cortocircuitar mis conexiones mentales para el resto del día. Tampoco puedo oler el jabón de jazmín de Henri Bendel sin caer de vuelta al pasado, ni tampoco la mezcla concreta de especias que se usa para hervir cangrejos. Es por un local checo de la calle Ochenta y tantos donde compré una vez y que tenía barriles enteros de cangrejos hirviendo. Los olores, por supuesto, son notorios estímulos para la memoria, pero hay otras cosas que me afectan de la misma manera. Las sábanas a rayas azules y blancas. El vermut cassis. Algunos camisones descoloridos que eran nuevos en 1959 o 1960 y algunos pañuelos de chiffón que me compré hacia la misma época.

Supongo que muchos de los que fuimos jóvenes en Nueva York tenemos las mismas escenas grabadas en nuestras pantallas mentales. Recuerdo haber estado sentada en un montón de apartamentos con un ligero dolor de cabeza a las cinco de la mañana. Tenía un amigo que no podía dormir y que conocía a otra gente que tenía el mismo problema, y todos juntos nos dedicábamos a mirar cómo se iluminaba el cielo y a tomarnos una última copa sin hielo y luego nos íbamos a casa con la luz del amanecer, cuando las calles estaban limpias y vacías (¿acaso había llovido por la noche?, no lo sabíamos) y los pocos taxis que se paseaban por las calles todavía tenían los faros encendidos y no había más colores que el rojo y el verde de los semáforos. Los bares de la cadena White Rose abrían muy temprano por la mañana; recuerdo haber esperado una vez en uno de ellos para ver cómo un astronauta salía al espacio, y haber esperado tanto rato que en el momento en que por fin salía yo ya no estaba mirando la pantalla del televisor sino una cucaracha que corría por el suelo de baldosas. Me gustaba el lúgubre dosel de ramas que se extendía por encima de Washington Square al amanecer, y la planicie monocroma de la Segunda Avenida, con sus salidas de incendios y sus escaparates con rejillas peculiares y vacíos en perspectiva.

Resulta relativamente difícil pelearse a las seis y media o las siete de la mañana cuando no has dormido, lo cual tal vez explica en parte por qué nos pasábamos la noche despiertos, y a mí me parecía un momento agradable del día. En aquel apartamento de la calle Noventa y tantos las persianas siempre estaban cerradas y yo podía dormir unas horas antes de irme a trabajar. Por entonces yo podía trabajar habiendo dormido dos o tres horas y habiéndome bebido un termo de café del Chock Full O'Nuts. Me gustaba ir a trabajar, me gustaba el ritmo tranquilizador y satisfactorio de sacar una revista, me gustaba la progresión ordenada de cierres de cuatricromías y cierres de bicromías y cierres de blanco y negro y por fin El Producto, no una abstracción sino algo que se veía satinado sin esfuerzo y que se podía recoger en un quiosco y notar su peso en la mano. Me gustaban todas las minucias de las pruebas y las maquetas, me gustaba quedarme trabajando hasta tarde las noches en que la revista iba a imprenta, sentada y leyendo el *Variety* y esperando a que llamaran de la redacción. Desde mi despacho podía mirar hacia el otro lado de la ciudad y ver la información meteorológica del edificio Mutual of New York y los letreros luminosos alternos que decían «TIME» y «LIFE» por encima de Rockefeller Plaza; aquello me producía una satisfacción extraña, igual que caminar hacia el Uptown bajo la luz malva de las ocho de la tarde de principios de verano y mirarlo todo: las soperas Lowestoft de los escaparates de la calle Cincuenta y siete, la gente vestida de noche intentando coger taxis, los árboles que ya se estaban llenando de hojas, el aire que brillaba con luz tenue, todas las dulces promesas del dinero y el verano.

Pasaron unos años, pero yo no perdí aquella sensación de asombro que me producía Nueva York. Empecé a disfrutar de su soledad, de aquella sensación de que a nadie le hacía falta nunca saber dónde estaba yo ni lo que estaba haciendo. Me gustaba pasear desde el East River hasta el Hudson y de vuelta los días que hacía fresco y por el Village cuando hacía calor. Una amiga me dejaba la llave de su piso en el West Village cuando estaba fuera de la ciudad y a veces yo me mudaba allí, porque para entonces el teléfono ya empezaba a molestarme (el cancro ya había llegado a la rosa) y no había mucha gente que tuviera aquel número. Me acuerdo de un día en que alguien que sí tenía el número del West Village pasó a recogerme para almorzar por allí, y que los dos teníamos resaca, y que yo me corté el dedo abriéndole una lata de cerveza y me eché a llorar, y que fuimos andando a un restaurante español y bebimos Bloody Marys y gazpacho hasta que nos encontramos mejor. Por entonces a mí no me atormentaba la culpa por pasarme las tardes así, porque yo todavía disponía de todas las tardes del mundo.

E incluso a aquellas alturas a mí me seguía gustando ir a fiestas, a todas las fiestas, las fiestas chungas, las fiestas que montaban los sábados por la tarde las parejas recién casadas que vivían en Stuyvesant Town, las fiestas que montaban en el West Side los escritores inéditos o fracasados que servían vino tinto barato y hablaban de ir a Guadalajara, las fiestas en el Village donde todos los invitados trabajaban en agencias de publicidad y votaban a demócratas reformistas, las fiestas de la prensa en el Sardi's, las peores del mundo. A estas alturas ya habrán notado ustedes que yo no era de esas personas que se benefician de la experiencia ajena, y pasaría muchísimo tiempo antes de que dejara de creer en las caras nuevas y empezara a entender la lección de aquella historia, que era que resulta perfectamente posible pasar demasiado tiempo en la Feria.

No podría decirles cuándo empecé a entender esto. Lo único que sé es que a los veintiocho años la cosa ya iba muy mal. Todo lo que me decía la gente me daba la impresión de haberlo oído antes, y ya no podía ni escuchar. Ya era incapaz de sentarme en los barecitos de las inmediaciones de Grand Central y escuchar cómo alguien se quejaba de que su mujer era incapaz de tratar con el servicio doméstico mientras perdía otro tren para Connecticut. Ya no me interesaba enterarme de los anticipos que otra gente había recibido de sus editores, ni oír hablar de obras de teatro que estaban teniendo problemas con el segundo acto en Filadelfia, ni de gente que me caería de maravilla si yo me molestara en ir a conocerla. Había ciertas partes de la ciudad que me veía obligada a evitar. No soportaba la parte alta de Madison Avenue en las mañanas de entre semana (lo cual resultaba una aversión particularmente inoportuna, puesto que por entonces yo vivía a una docena de metros al este de Madison), y era porque veía a mujeres paseando yorkshire terriers y comprando en Gristede's, y me venían a la garganta arcadas veblenianas. No podía ir a Times Square por las tardes ni tampoco a la New York Public Library, bajo ninguna circunstancia. Un día era incapaz de entrar en el Schrafft's y al día siguiente me pasaba lo mismo con Bonwit Teller.

Hería los sentimientos de la gente que me importaba e insultaba a la que no me importaba. Me distancié de la única persona que tenía una intimidad especial conmigo. Lloré hasta que dejé de ser consciente de cuándo estaba llorando y de cuándo no, lloré en ascensores y en taxis y en lavanderías chinas, y cuando fui al médico, lo único que me dijo fue que parecía estar deprimida, y que tenía que ver a un «especialista». Me apuntó el nombre y la dirección de un psiquiatra, pero no fui a verle.

Lo que hice fue casarme, lo cual resultó ser una muy buena decisión pero bastante inoportuna, porque yo seguía siendo incapaz de caminar por la parte alta de Madison Avenue por la mañana y seguía sin poder hablar con la gente y seguía llorando en las lavanderías chinas. Hasta entonces jamás había entendido qué quería decir «desesperación», pero aquel año sí que lo entendí. Por supuesto, era incapaz de trabajar. Era incapaz hasta de comprometerme a comprar la cena, y me quedaba sentada en el apartamento de la calle Setenta y cinco y paralizada hasta que mi marido me llamaba desde su oficina y me decía con amabilidad que no hacía falta que comprara la cena, que podía reunirme con él en el Michael's Pub o en el Toots Shor's o en el Sardi's East. Y luego, una mañana de abril (nos habíamos casado en enero), me llamó y me dijo que quería salir una temporada de Nueva York, que se iba a tomar seis meses de excedencia, que podíamos irnos a alguna parte.

Hace tres años que me lo dijo, y llevamos desde entonces viviendo en Los Ángeles. A mucha de la gente que conocimos en Nueva York esto le parece una aberración de lo más curiosa, y de hecho nos lo dicen. No existe ninguna respuesta posible ni adecuada para eso, así que les damos respuestas estándar, de las que da todo el mundo. Les cuento que ahora nos costaría mucho conseguir el dinero necesario para vivir en Nueva York y que necesitamos mucho «espacio». Lo único que quiero decir es que yo era muy joven en Nueva York y que en algún momento el ritmo dorado se rompió, y que ya no soy tan joven. La última vez que estuve en Nueva York fue durante un frío mes de enero, y todo el mundo estaba enfermo y cansado. Mucha de la gente que conocía allí se había mudado a Dallas o bien se había ido a Antabuse o bien se había comprado una granja en New Hampshire. Nos quedamos diez días y por fin cogimos un vuelo de vuelta a Los Ángeles, y volviendo a casa aquella noche desde el aeropuerto pude ver la luna sobre el Pacífico y olí a jazmines por todos lados y los dos supimos que era absurdo conservar el apartamento que todavía teníamos en Nueva York. Había habido una época en que llamaba a Los Ángeles «la Costa», pero ahora me parecía una época muy lejana.

1967

EL ÁLBUM BLANCO

1

Nos contamos historias a nosotros mismos para poder vivir. La princesa está enjaulada en el consulado. El hombre de los caramelos se va a llevar a los niños al mar. La mujer desnuda que está en la cornisa de la ventana del piso dieciséis sufre acedía, o bien es una exhibicionista, y sería «interesante» saber cuál de las dos cosas es cierta. Nos contamos a nosotros mismos que no es lo mismo si la mujer desnuda está a punto de cometer pecado mortal, o bien si se dispone a realizar una protesta política, o bien si está a punto, en la perspectiva aristofánica, de ser devuelta a la fuerza a la condición humana por el bombero vestido de sacerdote que se entrevé en la ventana de detrás de ella, el mismo que está sonriendo a la cámara fotográfica. Buscamos el sermón en el suicidio y la lección moral o social en el asesinato de cinco personas. Interpretamos lo que vemos, elegimos la más practicable de las múltiples opciones. Vivimos completamente, sobre todo los escritores, bajo la imposición de una línea narrativa que une las imágenes dispares, de esas «ideas» con las que hemos aprendido a paralizar esa fantasmagoría movediza que es nuestra experiencia real.

O por lo menos lo hacemos durante una temporada. A continuación voy a hablar de una época en que empecé a poner en duda las premisas de todas las historias que me había contado alguna vez a mí misma, una afección bastante común pero que a mí me resultó preocupante. Supongo que dicho periodo empezó alrededor de 1966 y duró hasta 1971. Durante esos cinco años aparenté ser, en principio, un miembro razonablemente competente de una u otra comunidad, alguien que firmaba contratos y tarjetas de Air Travel, una ciudadana: un par de veces al mes escribía para alguna revista, publiqué un par de libros, trabajé en varias películas; participé en la paranoia de la época, crié a una niña pequeña y me dediqué a hacer de anfitriona de las cantidades enormes de personas que pasaban por mi casa; hice cortinas de cuadritos para las habitaciones de invitados, me acordé de preguntarles a los agentes si reducir puntos sería *pari passu* con el estudio de financiación, puse lentejas en remojo el sábado por la noche para cocinar sopa de lentejas el domingo, hice pagos trimestrales a la seguridad social federal y renové a tiempo el carnet de conducir, sin fallar en el examen escrito nada más que la pregunta sobre la responsabilidad financiera de los conductores de California. Fue una época de mi vida en que se me «nombraba» con frecuencia. Me nombraron madrina de niños. Me nombraron conferenciante y miembro de simposios, participante en coloquios y en charlas. Incluso me nombraron, en 1968, «Mujer del Año», junto con la señora de Ronald Reagan, la nadadora olímpica Debbie Meyer y otras diez mujeres californianas que parecían estar en contacto con la gente y hacer buenas obras. Yo no hacía buenas obras, pero sí que intentaba estar en contacto. Era responsable. Reconocía mi nombre cuando lo veía. De vez en cuando incluso contestaba las cartas que me dirigía la gente, no exactamente cuando las recibía sino más adelante, sobre todo si las cartas venían de desconocidos. Las respuestas siempre empezaban: «Durante estos últimos dieciocho meses en que he estado ausente del país...».

Se trataba de una impostura bastante correcta, para ser improvisada. El único problema era que toda mi educación, todo lo que me habían contado los demás o me había contado a mí misma, insistía en que la producción no debía improvisarse nunca: se suponía que yo debía seguir un guión, el problema era que lo había perdido. Se suponía que yo tenía que oír la voz del apuntador, pero lo único que sabía era lo que veía: imágenes fugaces que formaban una secuencia variable, imágenes que no «significaban» nada más allá de su disposición transitoria, no una película sino una experiencia propia de sala de montaje. En lo que probablemente era la mitad de mi vida, yo todavía quería creer en la narración y en la inteligibilidad de la narración, pero la conciencia de que uno podía cambiar el sentido a cada corte implicaba empezar a percibir la experiencia como algo más eléctrico que ético.

Durante esa época pasé los periodos habituales en mí en Los Ángeles, Nueva York y Sacramento. También pasé lo que a mucha gente que me conocía le parecía un lapso excéntricamente prolongado de tiempo en Honolulú, cuyo peculiar aspecto me hacía sentir la ilusión de que en cualquier momento yo podía pedirle al servicio de habitaciones una teoría revisionista de mi propia historia, aderezada con una orquídea Vanda. Presencié el funeral de Robert Kennedy desde una terraza del hotel Royal Hawaiian de Honolulú, y también los primeros informes sobre la matanza de My Lai. En la playa del Royal Hawaiian releí todo George Orwell, y también leí, en los periódicos que llegaron un día a última hora del continente, la historia de Betty Lansdown Bouquet, una mujer de veintiséis años con el pelo rubio descolorido que había abandonado a su hija de cinco años para que muriera en la mediana de la carretera interestatal a unos siete kilómetros al sur de la última salida de Bakersfield. La niña, a quien tuvieron que arrancarle los dedos de la verja de alambre cuando, doce horas más tarde, fue rescatada por la patrulla de carreteras de California, informó de que se había pasado «mucho rato» corriendo detrás del coche donde iban su madre, su padrastro, su hermano y su hermana. Algunas de aquellas historias no encajaban en ninguna narración que yo conociera.

Otra imagen fugaz:

En junio de este año la paciente experimentó un ataque de vértigo y náuseas y la sensación de que iba a desmayarse. El examen médico completo no ofreció ningún resultado positivo, así que se le recetó Elavil, de 20 mg, tres veces al día (...). Se interpreta que su test de Rorschach describe una personalidad en proceso de deterioro con numerosas señales de hundimiento de las defensas y una incapacidad en aumento del ego para hacer de intermediario con el mundo real y para soportar el nivel habitual de estrés (...). En términos emocionales, la paciente se ha alienado casi por completo

> del mundo de los demás seres humanos. Su vida de fantasía parece haber sido ocupada casi del todo por preocupaciones libidinales primitivas y regresivas, muchas de las cuales están distorsionadas y resultan grotescas (...). En un sentido puramente técnico, los controles afectivos básicos parecen intactos, pero está igualmente claro que en el momento presente lo que está manteniéndolos de forma débil e insegura es una serie de mecanismos de defensa que incluyen la intelectualización, los mecanismos obsesivo-compulsivos, la proyección, la reacción-formación y la somatización, todos los cuales parecen ahora incapaces de controlar o contener un proceso psicótico subyacente y por tanto se encuentran en fase de colapso. El contenido de las respuestas de la paciente es tremendamente poco convencional y a menudo grotesco, lleno de preocupaciones sexuales y anatómicas, y en ocasiones su contacto básico con la realidad está obvia y gravemente dañado. En cuanto a la cualidad y el nivel de sofisticación, las respuestas de la paciente son características de los individuos con una inteligencia media-alta o superior, pero ahora mismo ella está funcionando intelectualmente de manera dañada y a un nivel que apenas alcanza la media. Las producciones temáticas que hace la paciente del Test de Apercibimiento Temático enfatizan su visión fundamentalmente pesimista, fatalista y depresiva del mundo. Parece tener la profunda convicción de que todo esfuerzo humano está condenado al fracaso, un convencimiento que parece hundirla todavía más en un retraimiento dependiente y pasivo. Desde su punto de vista, vive en un mundo de gente movida por motivaciones extrañas, conflictivas, mal entendidas y por encima de todo engañosas, que los llevan de forma inevitable al conflicto y al fracaso...

La paciente a la que se refiere este informe psiquiátrico soy yo. Las pruebas que se mencionan –el test de Rorschach, el de Apercibimiento Temático, el Test de Finalización de Frases y el Inventario Multifásico de Personalidad de Minnesota– me fueron administradas de forma privada, en la clínica psiquiátrica externa del Saint John's Hospital de Santa Mónica, en el verano de 1968, poco después de sufrir el «ataque de vértigo y náuseas» que se menciona en la primera frase y poco antes de que el *Los Angeles Times* me nombrara «Mujer del Año». Visto con la perspectiva del tiempo, lo único que yo tengo que comentar al respecto es que un ataque de vértigo y náuseas no me parece una reacción nada descabellada al verano de 1968.

2

Durante los años de los que estoy hablando, viví en una casa enorme en una parte de Hollywood que antes había sido cara y que ahora uno de mis conocidos describía como un «vecindario lleno de asesinatos sin sentido». Se trataba de una casa alquilada en Franklin Avenue, con la pintura de dentro y de fuera descascarillada, las tuberías rotas, los marcos de las ventanas medio deshechos y la pista de tenis sin apisonar desde 1933, pero tenía muchas habitaciones y los techos eran muy altos y durante los cinco años que viví en ella incluso la inercia considerablemente siniestra del vecindario tendió a sugerirme que debía quedarme en aquella casa de forma indefinida.

De hecho no pude, porque los propietarios solo estaban esperando a que se produjera un cambio en la calificación de la zona para demoler la casa y construir en su lugar un edificio de apartamentos, y era precisamente aquella expectación ante una destrucción inminente pero no del todo inmediata lo que le confería al vecindario su carácter peculiar. La casa de enfrente había sido construida para una de las hermanas Talmadge, había albergado el consulado japonés en 1941 y ahora, aunque tenía las ventanas entabladas, estaba ocupada por una serie de adultos no emparentados entre sí que parecían constituir alguna clase de grupo de terapia. La casa de al lado era propiedad de Synanon. Recuerdo haberme fijado en una casa que estaba a la vuelta de la esquina y que tenía un letrero de «Se alquila»: había albergado el consulado de Canadá, tenía veintiocho habitaciones grandes y dos armarios refrigerados para pieles, y se podía alquilar, haciendo honor al espíritu del vecindario, solo por contratos renovables de un mes, sin amueblar. Como el deseo de alquilar una casa sin amueblar de veintiocho habitaciones durante un mes o dos es ciertamente un deseo especial, el vecindario estaba poblado principalmente por bandas de rock and roll, grupos de terapia, mujeres muy ancianas en sillas de ruedas empujadas por la calle por enfermeras con uniformes sucios, y también por mi marido, mi hija y yo.

P: ¿Y qué pasó, si es que pasó algo?
R: Él me dijo que pensaba que yo podía ser una estrella, ya sabe, como un Burt Lancaster joven, ya sabe, un rollo así.
P: ¿Y mencionó algún nombre en concreto?
R: Sí, señor.
P: ¿Y qué nombres mencionó?
R: Pues mencionó muchos. Dijo Burt Lancaster. Dijo Clint Eastwood. Dijo Fess Parker. Mencionó muchos nombres...
P: ¿Hablaron ustedes después de comer?
R: Mientras comíamos y después de comer. El señor Novarro nos predijo el futuro con unos naipes y nos leyó la palma de la mano.
P: ¿Y le dijo a usted que iba a tener muy buena suerte, o mala suerte, o qué pasó?
R: No se le daba bien leer la palma de la mano.

Este es un extracto de los testimonios de Paul Robert Ferguson y de Thomas Scott Ferguson, hermanos, de veintidós y diecisiete años respectivamente, durante el juicio al que se les sometió por el asesinato de Ramon Novarro, de sesenta y nueve años, en su casa de Laurel Canyon, no muy lejos de mi casa de Hollywood, la noche del 30 de octubre de 1968. Yo seguí su juicio con bastante atención, recortando las noticias de los periódicos y después pidiéndole prestada una transcripción a uno de los abogados de la defensa. El más joven de los hermanos, «Tommy Scott» Ferguson, cuya novia testificó que había dejado de estar enamorada de él «unas dos semanas después del jurado de acusación», dijo que no había sido consciente de que el señor Novarro hubiera sido actor de cine mudo hasta que en algún momento de la noche del asesinato alguien le enseñó una foto de su anfitrión caracterizado de Ben-Hur. El hermano mayor, Paul Ferguson, que había empezado a trabajar a los doce años en espectáculos itinerantes y a los veintidós declaraba haber vivido «deprisa» y haber tenido «una buena vida», le ofreció al jurado, cuando alguien se lo pidió, su definición personal de chapero: «Un chapero es alguien que sabe hablar, no solo con los hombres sino también con las mujeres. Que sabe cocinar. Hacer compañía. Lavar el coche. Un chapero es muchas cosas. En esta ciudad hay mucha gente que se siente sola, colega». Durante el juicio, cada uno de los hermanos acusó al otro del asesinato. Los dos fueron a la cárcel. Yo leí varias veces la transcripción, intentando conferirle a la historia un sentido que no sugiriera que yo vivía, tal como había dicho mi informe psiquiátrico, «en un mundo de gente movida por motivaciones extrañas, conflictivas, mal entendidas y por encima de todo engañosas»; jamás conocí a los hermanos Ferguson.

Sí que conocí a uno de los actores principales de otro de los juicios por asesinato que se celebraron en el condado de Los Ángeles durante aquellos años: Linda Kasabian, la testigo estrella de la acusación en lo que se conoció habitualmente como el Juicio Manson. Un día le pregunté a Linda qué pensaba de la serie aparentemente casual de acontecimientos que la habían llevado primero al Rancho Spahn y después a la Penitenciaría para Mujeres Sybil Brand bajo la acusación, después desestimada, de haber asesinado a Sharon Tate Polanski, Abigail Folger, Jay Sebring, Voytek Frykowski, Steven Parent y Rosemary y Leno LaBianca.

–Todo fue para enseñarme algo –dijo Linda.

Linda no creía que el azar estuviera despojado de una razón de ser. Linda se regía por lo que yo más adelante reconocería como la teoría de los dados, y lo mismo hacía yo durante los años de los que estoy hablando.

Tal vez estaré dando una idea del espíritu de aquellos si les cuento que me pasé años visitando a mi suegra sin poder apartar la mirada de un poema que ella tenía enmarcado, una de aquellas cosas tipo «Dios bendiga esta casa», y colgado en un pasillo de su casa de West Hartford, Connecticut.

Dios bendiga los rincones de esta casa.
Y sea bendito el dintel
y el hogar y la mesa
y hasta el último trapo y mantel

y bendito sea también el cristal, que deja entrar la luz,
y la puerta que deja entrar al visitante del norte o del sur.

Estos versos me producían escalofríos, de tanto que parecían esa clase de detalle «irónico» en el que se fijan los periodistas la mañana en que se encuentran los cuerpos de una matanza. En mi vecindario de California no bendecíamos la puerta que dejaba entrar «al visitante del norte o del sur». Paul y Tommy Scott Ferguson fueron los visitantes que dejó entrar la puerta de Ramon Novarro en Laurel Canyon. Charles Manson fue el visitante que dejó entrar la puerta de Rosemary y Leno LaBianca en Los Feliz. Había visitantes que llamaban a la puerta y se inventaban cualquier razón para entrar: por ejemplo, hacer una llamada al servicio de asistencia en carretera, en relación con un coche que no se veía por ninguna parte. Otros se limitaban a abrir la puerta y entrar, y uno se los encontraba en el recibidor. Recuerdo haberle preguntado a uno de aquellos visitantes qué quería. Nos miramos durante un momento que se me hizo larguísimo y a continuación él vio a mi marido en el rellano de la escalera. «Chicken Delight», dijo por fin, pero nosotros no habíamos encargado comida del Chicken Delight y él tampoco la llevaba encima. Me apunté la matrícula de su camioneta. Ahora me da la impresión de que aquellos años me los pasé apuntando números de matrícula de camionetas, camionetas que rodeaban la manzana, camionetas aparcadas al otro lado de la calle y camionetas paradas con el motor en marcha en el cruce. Luego aquellos números de matrícula los guardaba en un cajón del tocador donde los pudiera encontrar la policía si llegaba el momento.

Y jamás dudé de que llegaría el momento, por lo menos en aquellos rincones inaccesibles de la memoria donde yo cada vez parecía estar pasando más tiempo. Aquellos años estuvieron plagados de encuentros desprovistos de lógica alguna que no fuese la de los sueños. En el caserón de Franklin Avenue parecía entrar y salir gente sin parar que no tenía relación alguna con lo que yo estaba haciendo. Yo sabía dónde se guardaban las sábanas y las toallas, pero no siempre sabía quién había durmiendo en todas las camas. Tenía las llaves pero no la clave. Recuerdo que un domingo de Pascua me tomé un Compazine de 25 mg y preparé una comida enorme y elaborada para un montón de gente, muchos de los cuales seguían en la casa el lunes. Recuerdo que me pasé todo el día caminando descalza por los desgastados suelos de madera noble de aquella casa y recuerdo que sonó en el tocadiscos «Do You Wanna Dance». «Do You Wanna Dance» y «Visions of Johanna» y una canción titulada «Midnight Confessions». Recuerdo que una canguro me dijo que veía la muerte en mi aura. Recuerdo que mientras le pagaba lo que le debía estuve charlando con ella sobre las razones a las que podía obedecer aquello, luego abrí todas las puertas acristaladas y me fui a dormir a la sala de estar.

Durante aquellos años resultaba difícil sorprenderme. Resultaba difícil hasta conseguir mi atención. Yo estaba absorbida por mi intelectualización, mis mecanismos obsesivo-compulsivos, mi proyección, mi formación-reacción, mi somatización, y por la transcripción del juicio a los hermanos Ferguson. Un músico al que yo había conocido unos años atrás me llamó desde un Ramada Inn de Tuscaloosa para contarme cómo me podía salvar gracias a la cienciología. Yo solo lo había visto una vez en la vida y habíamos hablado como mucho media hora sobre arroz integral y listas de éxitos, y ahora él me estaba llamando desde Alabama para hablarme de émetros y de convertirme en Aprobada. También me telefoneó un desconocido desde Montreal que parecía querer alistarme en una operación de venta de narcóticos.

–¿Es seguro hablar por este teléfono? –me preguntó varias veces–. ¿No nos estará escuchando el Gran Hermano?

Yo le dije que lo dudaba, aunque cada vez lo dudaba menos.

–Porque de lo que estamos hablando, básicamente, es de aplicar la filosofía zen al dinero y los negocios, ¿lo pillas? Y si yo te digo que vamos a financiar el submundo, y si menciono cantidades importantes de dinero, tú ya sabes de qué te estoy hablando porque tú controlas lo que está pasando, ¿verdad?

Tal vez no me estuviera hablando de narcóticos. Tal vez me estuviera hablando de ganar dinero vendiendo rifles M-1: yo ya había dejado de buscarles la lógica a aquellas llamadas. Una mujer con quien yo había ido a la escuela en Sacramento y a quien había visto por última vez en 1952 se presentó en mi casa de Hollywood en 1968 convertida en detective privada afincada en

West Covina, una de las pocas mujeres detectives privadas con licencia de California.

–Nos llaman las Sabuesas –me dijo, desplegando como quien no quiere la cosa pero de forma obvia el correo del día que había sobre la mesilla del recibidor–. Tengo muchos amigos íntimos en la fuerza policial –me dijo a continuación–. Tal vez quieras conocerlos.

Prometimos mantenernos en contacto, pero no volvimos a vernos: un encuentro nada atípico en aquella época. Los años sesenta se acabaron antes de que a mí se me ocurriera que aquella visita podía haber tenido alguna intención fuera de lo puramente social.

3

Eran las seis o las siete de un atardecer de primavera de 1968 y yo estaba sentada en el frío suelo de vinilo de un estudio de grabación de Sunset Boulevard, mirando cómo una banda llamada los Doors grababa una pista rítmica. En general, las preocupaciones de las bandas de rock and roll solo conseguían llamarme mínimamente la atención (yo ya había oído decir que el ácido era una fase de transición y también había oído hablar del Maharishi y hasta del Amor Universal, y al cabo de un tiempo ya todo me sonaba a cielos de mermelada), pero los Doors eran distintos, los Doors sí que me interesaban. Los Doors no parecían estar convencidos de que el amor era la hermandad y el Kama Sutra. La música de los Doors insistía en que el amor era el sexo y el sexo era la muerte y en que en ella estaba la salvación. los Doors eran los Norman Mailer de los Cuarenta Principales, los misioneros del sexo apocalíptico. *Break on through* [«Rompe la barrera»], exhortaban sus letras, y *Light my fire* [«Enciende mi fuego»], y:

Venga, nena, vamos a dar una vuelta
por la orilla del océano,
vamos a acercarnos mucho,
vamos a juntarnos mucho,
nena, vamos a ahogarnos esta noche,
vamos a hundirnos y hundirnos.

En aquel atardecer de 1968 se encontraban reunidos en una difícil simbiosis para grabar su tercer álbum, y en el estudio hacía frío y las luces eran demasiado fuertes y había masas de cables y bancos enteros de esos ominosos circuitos electrónicos parpadeantes con los cuales los músicos conviven con tanta facilidad. Estaban presentes tres de los cuatro miembros de los Doors. Había un bajista prestado de una banda llamada Clear Light. Estaban el productor y el técnico de sonido y el director de gira y un par de chicas y un husky siberiano llamado Nikki, que tenía un ojo gris y el otro dorado. Había bolsas de papel medio llenas de huevos duros e hígados de pollo y hamburguesas con queso y botellas vacías de zumo de manzana y vino rosado de California. Había todo lo necesario y estaba todo el mundo necesario para que los Doors terminaran su álbum con la excepción del cuarto Door, el cantante, Jim Morrison, un licenciado de veinticuatro años de la UCLA que llevaba pantalones de vinilo negro sin ropa interior y que tendía a sugerir que existía un espectro de posibilidades más allá del pacto de suicidio. Era Morrison quien había descrito a los Doors como «políticos eróticos». Era Morrison quien había definido los intereses del grupo como «cualquier cosa relacionada con la revuelta, el desorden, el caos y las actividades que no parecen tener significado alguno». Era Morrison a quien habían detenido en diciembre de 1967 en Miami por ofrecer un espectáculo «indecente». Era Morrison quien escribía la mayoría de las letras de los Doors, cuyo peculiar carácter consistía en reflejar o bien una paranoia ambigua o bien una insistencia bastante poco ambigua en el binomio amor-muerte entendido como colocón supremo. Y era Morrison quien estaba desaparecido. Eran Ray Manzarek y Robby Krieger y John Densmore quienes les conferían su sonido a los Doors, y tal vez fueran Manzarek y Krieger y Densmore también quienes hacían que diecisiete de los veinte entrevistados en *American Bandstand* prefirieran a los Doors por encima de otras bandas, pero era Morrison quien se subía al escenario con sus pantalones de vinilo negro sin ropa interior y proyectaba la idea, y era Morrison a quien todos estaban esperando ahora.

–Eh, escuchad –dijo el técnico de sonido–. Estaba oyendo una emisora de la FM de camino aquí y han pinchado tres canciones de los Doors, primero han puesto «Back Door Man», luego «Love Me Two Times» y luego «Light My Fire».

–Lo he oído –mascullló Densmore–. Lo he oído.

–¿Y qué problema hay con que alguien pinche tres canciones vuestras?

–Que ese tipo le dedica el programa a su familia.

–¿Ah, sí? ¿A su familia?

–A su familia. Una cutrez.

Ray Manzarek estaba encorvado sobre un teclado Gibson.

–¿Creéis que *Morrison* va a volver? –preguntó sin dirigirse a nadie en concreto.

Nadie contestó.

–Entonces, ¿podemos grabar unas *voces*? –dijo Manzarek.

El productor estaba trabajando con la cinta de la pista rítmica que acababan de grabar.

–Eso espero –dijo sin levantar la vista.

–Sí –dijo Manzarek–. Yo también.

A mí se me había dormido una pierna, pero no me levanté. Una serie de tensiones no específicas parecían tener catatónicos a todos los ocupantes de la sala. El productor volvió a poner la pista rítmica. El técnico dijo que quería hacer sus ejercicios de respiración profunda. Manzarek se comió un huevo duro.

–Tennyson hizo un mantra con su nombre –le dijo al técnico–. Ahora no sé si dijo «Tennyson Tennyson Tennyson» o «Alfred Alfred Alfred» o «Alfred Lord Tennyson», pero vamos, que lo hizo. Tal vez solo dijo «Lord Lord Lord».

–Mola –dijo el bajista de Clear Light.

Era un entusiasta lleno de cordialidad, no se parecía en espíritu a los Doors para nada.

–Me pregunto qué dijo Blake –murmuró Manzarek–. Lástima que *Morrison* no esté. *Morrison* lo sabría.

Pasó una eternidad. Morrison llegó. Llevaba puestos sus pantalones de vinilo negro y se sentó en un sofá de cuero delante de los cuatro enormes altavoces apagados y cerró los ojos. Lo más curioso de la llegada de Morrison fue que nadie se dio por enterado de ella. Robby Krieger siguió trabajando en un pasaje de guitarra. John Densmore estaba afinando su batería. Manzarek estaba sentado al panel de los controles y se dedicaba a retorcer un sacacorchos y a dejar que una chica le diera un masaje en los hombros. La chica no miró a Morrison para nada, y eso que lo tenía justo delante. Pasó una hora más o menos y todavía nadie había hablado con Morrison. Por fin Morrison se dirigió a Manzarek. Habló casi en voz baja, como si estuviera luchando por pronunciar las palabras pese a una grave afasia.

–West Covina está a una hora –dijo–. Estaba pensando que a lo mejor nos podíamos quedar a pasar la noche allí después de tocar.

Manzarek dejó el sacacorchos.

–¿Por qué? –dijo.

–En lugar de volver.

Manzarek se encogió de hombros.

–Teníamos planeado volver.

–Bueno, he estado pensando que podríamos ensayar allí.

Manzarek no dijo nada.

–Podríamos hacer un ensayo, hay un Holiday Inn justo al lado.

–Podríamos –dijo Manzarek–. O bien podríamos ensayar el domingo, en la ciudad.

–Supongo. –Morrison hizo una pausa–. ¿Y el local estará listo para ensayar el domingo?

Manzarek se lo quedó mirando un momento largo.

–No –dijo por fin.

Conté los botones que había en la consola electrónica. Eran setenta y seis. No estaba segura de a favor de quién se había resuelto la conversación, o bien si no se había resuelto en absoluto. Robby Krieger toqueteó su guitarra y dijo que le hacía falta un pedal de distorsión. El productor le sugirió que les pidiera uno prestado a los Buffalo Springfield, que estaban grabando en el estudio de al lado. Krieger se encogió de hombros. Morrison se volvió a sentar en el sofá de cuero y reclinó la espalda en el respaldo. Encendió una cerilla. Examinó un momento la llama y luego, muy despacio y con mucha parsimonia, se la llevó a la bragueta de los pantalones negros de vinilo. Manzarek se lo quedó mirando. La chica que le estaba masajeando los hombros a Manzarek no miraba a nadie. Daba la sensación de que nadie iba a salir nunca de aquella sala. Pasarían semanas antes de que los Doors terminaran de grabar aquel álbum. Yo no me quedé hasta el final.

4

Alguien trajo una vez a Janis Joplin a una fiesta que dábamos en la casa de Franklin Avenue: ella venía de un concierto y quería un coñac con Benedictine servido en un vaso de agua. La gente del mundo de la música nunca quería copas normales. Siempre querían sake, o cócteles de champán, o tequila solo. Pasar tiempo con la gente del mundo de la música resultaba confuso, y requería una técnica más fluida y en última instancia más pasiva de la que yo jamás pude desarrollar. En primer lugar, el tiempo nunca importaba: podíamos cenar a las nueve igual que podíamos cenar a las once, y si no, pues se encargaba comida más tarde. Íbamos hasta la USC para ver el Living Theater siempre y cuando la limusina no llegara en el momento preciso en que alguien acabara de prepararse una copa o un cigarrillo o hubiera quedado para conocer a Ultra Violet en el Montecito Inn. En cualquier caso, David Hockney iba a venir. En cualquier caso, Ultra Violet no estaba en el Montecito. En cualquier caso, podíamos ir a la USC a ver al Living Theater aquella noche o bien podíamos ir otra noche, en Nueva York o en Praga. Primero queríamos sushi para veinte, almejas al vapor, verduras vindaloo y muchas copas de ron con gardenias para ponerlas en el pelo. Primero queríamos una mesa para doce, o catorce como mucho, aunque era posible que vinieran seis personas más, o tal vez once más: nunca iban a venir solo una o dos personas más, porque la gente del mundo de la música no se desplazaba en grupos de «uno» o de «dos». Mientras iban de camino al hospital para tener a su hija Chynna, John y Michelle Phillips hicieron que la limusina se desviara hasta Hollywood para recoger a una amiga, Anne Marshall. Este incidente, que a menudo he bordado mentalmente para que incluya un segundo desvío imaginario para coger gardenias en el Luau, describe exactamente lo que es para mí la industria musical.

5

Sobre las cinco en punto de la mañana del 28 de octubre de 1967, en ese distrito desolado que queda entre la bahía de San Francisco y el estuario de Oakland y que la policía llama la Zona 101A, un agente llamado John Frey, Jr. paró e interrogó a un militante negro de veinticinco años llamado Huey P. Newton. Una hora más tarde, Huey Newton se encontraba detenido en el hospital Kaiser de Oakland, adonde había ido para que lo trataran de urgencias por una herida de bala en el vientre, y unas semanas más tarde el gran jurado del condado de Alameda lo acusaba de asesinar a John Frey, de herir a otro agente y de secuestrar a un testigo.

En la primavera de 1968, mientras Huey Newton estaba pendiente de juicio, fui a verlo a la cárcel del condado de Alameda. Supongo que fui porque me interesaba la alquimia de los problemas sociales, y a aquellas alturas Huey Newton se había convertido en un problema social. Para entender cómo había sucedido esto, primero tenías que entender a Huey Newton y saber quién era. Venía de una familia de Oakland y había asistido durante una temporada al Merritt College. En octubre de 1966 él y un amigo llamado Bobby Seale fundaron lo que ellos llamaron el Partido de los Panteras Negras. El nombre lo cogieron prestado de un emblema que usaba el Partido para la Libertad del condado de Lowndes, Alabama, y ya desde el principio se definieron como un grupo político revolucionario. La policía de Oakland conocía a los Panteras y tenía una lista con los veintipico coches que usaban. No les estoy diciendo que Huey Newton matara a John Frey ni tampoco que no lo matara, porque en un contexto de política revolucionaria como aquel, la culpa o la inocencia de Huey Newton resultaba irrelevante. Solo les quiero contar cómo había acabado Huey Newton en la cárcel del condado de Alameda y por qué se estaban celebrando mítines en su nombre y se organizaban manifestaciones cada vez que comparecía en los juzgados. «SOLTEMOS A HUEY», decían las chapas (a cincuenta centavos cada una), y en la escalera de los juzgados, entre los Panteras con sus boinas y sus gafas de sol, se elevaban los cantos dispersos:

Coge tu M-
31.
Vamos a jugar
bien y mucho.
BUM BUM. BUM BUM.

–A la lucha, hermanos –añadía una mujer con tono de estar diciendo un «amén» cordial–. Pum-pum.

Mentiras mentiras
me dan asco.
La medicina
para el hombre blanco
es BUM BUM. BUM BUM.

En el pasillo de la planta baja de los juzgados del condado de Alameda me encontré una aglomeración de abogados, corresponsales de la CBC, cámaras y gente que quería «visitar a Huey».

–A Eldridge no le importa que suba –le dijo uno de estos últimos a uno de los abogados.

–Si a Eldridge no le importa, a mí tampoco –dijo el abogado–. Siempre y cuando tengas acreditación de prensa.

–Tengo una acreditación un poco turbia.

–Pues no puedo dejarte subir. *Eldridge* también tiene una acreditación turbia. Y con una ya me basta. Tengo una buena relación profesional con la gente de ahí arriba y no quiero estropearla. –El abogado se dirigió a un cámara–. ¿Ya estáis filmando?

Aquel día en concreto a mí me permitieron subir, junto con un tipo del *Los Angeles Times* y un locutor de radio. Los tres firmamos en el registro policial y nos sentamos a una mesa de pino llena de rayaduras a esperar a Huey Newton. «Lo único que va a hacer que suelten a Huey Newton –había dicho Rap Brown hacía poco en un mitin de los Panteras celebrado en el Oakland Auditorium–, es la pólvora.» «Huey Newton ha dado su vida por nosotros», había dicho Stokely Carmichael la misma noche. Pero, por supuesto, Huey Newton todavía no había dado su vida ni mucho menos, simplemente estaba en la cárcel del condado de Alameda pendiente de juicio, y yo me preguntaba si la dirección que estaban tomando aquellos mítines no lo estaría poniendo nervioso, si acaso no le hacía sospechar que en muchos sentidos le resultaba más útil a la revolución estando entre barrotes que en las calles. Cuando por fin entró, me pareció un joven extremadamente agradable, encantador y directo, y no me dio la impresión de que hubiera tenido intención alguna de convertirse en un mártir político. Nos dedicó una sonrisa a todos y esperó a que su abogado, Charles Garry, encendiera una grabadora, y entretanto se dedicó a charlar en voz baja con Eldridge Cleaver, que por entonces era el ministro de Información de los Panteras Negras. (Huey Newton seguía siendo ministro de Defensa.) Eldridge Cleaver llevaba jersey negro y un pendiente dorado, hablaba con un acento sureño y voz casi inaudible y tenía permitido ver a Huey Newton gracias a aquella «acreditación turbia» suya, que era un pase de prensa de *Ramparts*. En realidad su propósito era conseguir «declaraciones» de Huey Newton, «mensajes» para llevar al exterior; recibir algo así como profecías para interpretarlas luego como hiciera falta.

–Necesitamos una declaración, Huey, sobre el programa de diez puntos –dijo Eldridge Cleaver–, de manera que yo te hago una pregunta, ¿vale?, y tú la contestas.

–¿Cómo está Bobby? –preguntó Huey Newton.

–Pues tiene una vista judicial por sus faltas...

–Yo pensaba que era un delito mayor.

–Bueno, el delito mayor es aparte, pero también tiene un par de faltas...

En cuanto Charles Garry hubo encendido la grabadora, Huey Newton dejó de charlar y se puso a sermonear, casi sin pausa. Hablaba juntando las palabras entre ellas de tantas veces como las había dicho, refiriéndose al «sistema capitalista-materialista americano» y la «supuesta empresa libre» y la «lucha por la liberación de la gente negra de todo el mundo». De vez en cuando Eldridge Cleaver le hacía una señal a Huey Newton y le decía cosas del tipo:

–Hay mucha gente interesada en el Mandato Ejecutivo Número Tres que has emitido para el Partido de los Panteras Negras, Huey. ¿Nos lo puedes comentar?

Y Huey Newton lo comentaba.

–Sí. El Mandato Número Tres es una demanda que hace el Partido de los Panteras Negras en nombre de la comunidad negra. Dentro del Mandato reprendemos a la fuerza policial racista…

Yo me moría de ganas de que nos hablara de sí mismo, confiaba en que alguien pudiera traspasar la muralla de retórica, pero él parecía ser uno de esos autodidactas para quienes todo lo que sea concreto y personal constituye un campo de minas que debe ser evitado incluso a expensas de la coherencia misma, y para quienes la seguridad reside en la generalización. El tipo del periódico y el de la radio lo intentaron:

P: Háblanos de ti, Huey, de cómo era tu vida antes de los Panteras.

R: Antes de estar en el Partido de los Panteras Negras, mi vida se parecía mucho a la de la mayoría de la gente negra de este país.

P: En fin, tu familia, algún incidente que recuerdes, las influencias que te marcaron…

R: Me marcó vivir en América.

P: Bueno, sí, pero más concretamente…

R: Esto me recuerda una cita de James Baldwin: «Ser negro y consciente en América implica vivir en un estado constante de rabia».

«Ser negro y consciente en América implica vivir en un estado constante de rabia», escribió Eldridge Cleaver con letras grandes en un cuaderno, y luego añadió: «Huey P. Newton citando a James Baldwin». Yo me imaginé la frase estampada sobre la tarima de los oradores en un mitin, o bien impresa en el membrete de un comité improvisado que todavía no existía. De hecho, casi todo lo que decía Huey Newton tenía esa aura que tienen las «citas» o los «pronunciamientos», listos para usar cuando surge la necesidad. Yo había oído declaraciones de Huey P. Newton sobre el racismo («El Partido de los Panteras Negras está en contra del racismo»), declaraciones de Huey P. Newton sobre el nacionalismo cultural («El Partido de los Panteras Negras cree que la única cultura que vale la pena defender es la cultura revolucionaria»), declaraciones de Huey P. Newton sobre el radicalismo blanco, sobre la ocupación policial de los guetos y sobre lo europeo versus lo africano. «El europeo empezó a enfermar cuando negó su naturaleza sexual», dijo Huey Newton, pero en ese momento Charles Garry lo interrumpió para reconducirlo a los principios fundamentales:

–Pero ¿no es verdad, Huey –dijo–, que el racismo empezó por razones *económicas*?

La extraña interlocución pareció cobrar vida propia. En aquel cuartito hacía calor y la luz fluorescente me hacía daño en los ojos y sigo sin saber en qué medida entendía Huey Newton la naturaleza del rol que le habían adjudicado. Se daba el caso de que yo siempre había apreciado la lógica de la posición de los Panteras, basada como estaba en la afirmación de que el poder político empezaba en el cañón de un arma (y un memorando antiguo de Huey P. Newton incluso especificaba exactamente qué armas: «pistolas del ejército de calibre 45; carabinas; escopetas Magnum del calibre 12 con cañones de 18 pulgadas, preferiblemente de la marca High Standard; subfusiles M-16; pistolas Magnum 357; y pistolas P-38), y también podía apreciar la belleza particular de que Huey Newton fuera un «problema social». En la política revolucionaria todo el mundo era sacrificable, pero yo dudaba que la sofisticación política de Huey Newton llegara al punto de hacer que se viera a sí mismo de aquella manera: costaba menos entender el valor de un caso como el de Scottsboro si no eras uno de los acusados.

–¿Hay algo más que le quieran preguntar a Huey? –inquirió Charles Garry.

Parecía que no. El abogado manipuló su grabadora.

–Tengo una petición, Huey –dijo–. De un estudiante de secundaria que hace de periodista en el boletín de su instituto y quiere una declaración tuya y me va a llamar esta noche para pedírmela. ¿Te importa darme un mensaje para él?

Huey Newton contempló el micrófono. Por un momento pareció que no se acordaba de qué se estaba hablando allí, pero de pronto se iluminó.

–Me gustaría señalar –dijo, con una voz que aumentaba de volumen a medida que los engranajes de su memoria se detenían en «secundaria», «estudiante», «juventud» y «mensaje a los jóvenes»– que América se está convirtiendo en un país muy joven...

> Oí un gemido y un lamento, y me acerqué y vi... vi a un tipo negro. Le habían disparado en el vientre pero en aquel momento no parecía estar sufriendo un dolor terrible, de manera que dije que a ver, y le pregunté si era un Kaiser, si estaba afiliado a la Kaiser, y él me dijo: «Sí, sí, vaya a buscar a un médico, ¿no ve que estoy sangrando? Me han disparado. Vaya a buscar a alguien, vamos». Y yo le pregunté si tenía su carnet de la Kaiser y él se enfadó y me dijo: «Vamos, tráigame a un médico, que me han disparado». Yo le dije: «Ya lo veo, pero no sufre usted ningún dolor terrible»... De manera que le dije que teníamos que comprobar que estuviera afiliado ... Y eso le hizo enfadarse más y me soltó unas cuantas palabrotas y luego me dijo: «Vaya a buscar a un médico ahora mismo, me han disparado y estoy sangrando». Y se quitó la chaqueta y la camisa y lo tiró todo encima del mostrador y me dijo: «¿No ve toda esta sangre?». «Sí que la veo», le dije yo, pero tampoco había mucha, así que le dije: «Bueno, antes de que lo vea un médico tiene que firmar usted el formulario de admisión». Y él me dijo: «No pienso firmar nada». Y yo le dije: «Pues no lo puede ver un médico a menos que firme el formulario de admisión». Y él me contestó: «Yo no tengo por qué firmar nada», y unas cuantas lindezas más...

Esto es un extracto del testimonio que ofreció ante el jurado de acusación del condado de Alameda Corrine Leonard, la enfermera que estaba a cargo de la sala de urgencias del hospital de la Fundación Kaiser el 28 de octubre de 1967 a las cinco de la madrugada. El «tipo negro» en cuestión, por supuesto, era Huey Newton, herido aquella madrugada durante el tiroteo que había acabado con la vida de John Frey. Durante una temporada larga guardé una copia de aquel testimonio sujeta con chinchetas a la pared de mi oficina, y tuve la teoría de que aquel testimonio ilustraba un choque de culturas y constituía un ejemplo clásico de individuo históricamente marginal que se enfrentaba al orden establecido en su nivel más mezquino e impenetrable. Sin embargo, la teoría se hizo añicos cuando me enteré de que Huey Newton sí que estaba afiliado al Plan Sanitario de la Fundación Kaiser, es decir, que, en palabras de la enfermera Leonard, «era un Kaiser».

6

Una mañana de 1968 fui a ver a Eldridge Cleaver al apartamento de San Francisco que por entonces compartía con su mujer, Kathleen. Para que te dejaran entrar en aquel apartamento primero tenías que llamar al timbre y esperar en medio de Oak Street, en un sitio que se pudiera ver con claridad desde el apartamento de los Cleaver. Después de aquel escrutinio, al visitante lo dejaban entrar, o no. A mí sí que me dejaron, de manera que subí la escalera para encontrarme a Kathleen Cleaver friendo unas salchichas y a Eldridge Cleaver escuchando un disco de John Coltrane en la sala de estar y a mucha más gente por todo el apartamento, gente por todas partes, gente de pie en la entrada de las habitaciones y gente paseándose por el margen del campo visual de otra gente y gente haciendo y recibiendo llamadas telefónicas. «¿Cuándo puedes ponerte con eso?», oí decir a lo lejos, y «No me puedes sobornar con una cena, colega, esas cenas del *Guardian* son todo gente de la Vieja Izquierda, parecen un velatorio». La mayoría de aquella otra gente eran miembros del Partido de los Panteras Negras, pero uno de los que estaban en la sala de estar era el agente de la condicional de Eldridge Cleaver. Me parece que me quedé allí una hora más o menos. Y que los tres –Eldridge Cleaver, su agente de la condicional y yo– hablamos sobre todo de las perspectivas comerciales de su libro *Soul on Ice*, que daba la casualidad de que se publicaba aquel mismo día. Hablamos del anticipo (cinco mil dólares). Hablamos de la tirada de la primera edición (diez mil ejemplares). Hablamos del presupuesto publicitario y de las librerías en que iba a haber o no ejemplares disponibles. No era una conversación nada infrecuente entre escritores, con la única salvedad de que uno de los escritores que había allí tenía presente a su agente de la condicional y la otra había tenido que esperar en medio de Oak Street y antes de entrar había sido visualmente cacheada.

7

PARA EL EQUIPAJE Y LLEVAR PUESTO:
2 faldas
2 camisetas o leotardos
1 jersey
2 pares de zapatos
medias
sujetador
camisón, batín, pantuflas
cigarrillos
bourbon
bolsa con:
- *champú*
- *cepillo y pasta de dientes*
- *jabón Basis*
- *maquinilla, desodorante*
- *aspirinas, medicinas, Tampax*
- *crema facial, polvos, loción infantil*

PARA LLEVAR EN MANO:
chal de mohair
máquina de escribir
2 cuadernos pautados y bolígrafos
fichero
llaves de casa

Esta es una lista que yo tenía pegada con cinta adhesiva al interior de la puerta de mi armario en Hollywood durante aquellos años en que estuve haciendo de reportera de forma más o menos regular. La lista me permitía hacer el equipaje sin tener que pensar y sin importar qué clase de artículo fuera a escribir. Fíjense en el deliberado anonimato de la indumentaria: con falda, leotardos y *medias* podía fingir que pertenecía a cualquiera de ambos lados de la cultura. Fíjense en el chal de mohair para los vuelos interurbanos (donde no hay mantas) y para las habitaciones de hotel donde no se podía apagar el aire acondicionado. Fíjense en el bourbon para esas mismas habitaciones de motel. Fíjense en la máquina de escribir para el aeropuerto de camino a casa: la idea era devolver el coche a Hertz, facturar el equipaje, encontrar un banco vacío y ponerme a pasar a máquina las notas del día.

Tendría que aclarar que esta es una lista confeccionada por alguien que ansiaba el control, que anhelaba el ímpetu, alguien decidido a desempeñar su papel como si poseyera el guión, como si oyera al apuntador, como si conociera la narración. En esta lista hay una omisión significativa, un artículo que me hacía falta pero que no tuve nunca: reloj de pulsera. No me hacía falta reloj de día, cuando podía encender la radio del coche o preguntarle la hora a cualquiera, sino de noche, en el motel. Me pasaba a menudo que me veía obligada a ir pidiéndole la hora al recepcionista cada media hora más o menos, hasta que por fin, por pura vergüenza de volver a preguntar, terminaba llamando a Los Ángeles y pidiéndosela a mi marido. En otras palabras, tenía faldas, camisetas, leotardos, un jersey, zapatos, medias, sujetador, camisón, batín, pantuflas, cigarrillos, bourbon, champú, cepillo y pasta de dientes, jabón Basis, maquinilla, desodorante, aspirinas, medicinas, Tampax, crema facial, polvos, loción infantil, chal de mohair, máquina de escribir, cuadernos pautados, bolígrafos, fichero y llaves de casa, pero no sabía qué hora era. Esto podría ser una parábola, bien de mi vida como reportera durante aquella época o bien de la época misma.

8

Una mañana lluviosa de noviembre de 1968, iba al volante de un coche de Budget Rent-A-Car entre Sacramento y San Francisco, con la radio muy alta. En aquella ocasión no la tenía muy alta para averiguar qué hora era, sino para borrar siete palabras de mi mente, siete palabras que no significaban nada para mí pero que aquel año parecieron marcar el inicio de la ansiedad o el pánico. Las palabras, un verso del poema «En una estación de metro» de Ezra Pound, eran: «Pétalos en una rama húmeda y negra». En la radio sonaban «Wichita Lineman» y «I Heard It on the Grapevine». «Pétalos en una rama húmeda y negra.» En algún punto entre la autopista de Yolo y Vallejo se me ocurrió que durante aquella mañana en concreto el pánico se iba a manifestar en forma de incapacidad para cruzar el puente de Carquinas al volante de aquel Budget Rent-A-Car. «The Wichita Lineman was still on the job.» Cerré los ojos y crucé el puente de Carquinas, porque tenía citas, porque estaba trabajando, porque había prometido ver cómo hacían la revolución en el San Francisco State College y también porque en Vallejo no había ningún sitio donde devolver un Budget Rent-A-Car y porque nada de lo que yo tenía en la cabeza figuraba en el guión que yo recordaba.

9

Aquella mañana en concreto en el San Francisco State College el viento arrojaba cortinas de lluvia fría sobre los parterres embarrados y contra las ventanas iluminadas de las aulas vacías. En los últimos días se habían iniciado incendios e invadido clases y finalmente se había producido un enfrentamiento con la Unidad Táctica de la Policía de San Francisco, y en las semanas siguientes el campus se iba a convertir en lo que muchos de sus ocupantes se sintieron satisfechos de llamar «un campo de batalla». La policía y el espray de pimienta y los arrestos a mediodía se convertirían en la rutina diaria del campus, y todas las noches los combatientes repasarían la jornada por televisión: el avance de las oleadas de estudiantes, la conmoción en el borde del plano, la aparición de las porras de los antidisturbios, el instante de bamboleo de la cámara que servía para sugerir el riesgo con que se estaba obteniendo la filmación; luego se pasaba por corte al mapa meteorológico. Todo había empezado con el «escándalo» de rigor, la suspensión de un instructor de veintidós años que resultó que también era el ministro de Educación del Partido de los Panteras Negras, pero aquel escándalo, como pasa con la mayoría, pronto había dejado de ser la cuestión incluso en las mentes de los participantes más tontos. El desorden era una cuestión en sí misma.

Yo nunca había pisado un campus en pleno desorden, hasta me había perdido los disturbios de Berkeley y Columbia, y supongo que ahora había ido al San Francisco State esperando algo distinto a lo que me encontré. En cierto sentido nada trivial, el escenario era incorrecto. La arquitectura misma de las universidades estatales de California tiende a refutar toda idea de radicalismo y a reflejar en cambio una visión modesta y esperanzada de una burocracia progresista y benévola, y mientras yo caminaba por el campus aquel día y en días posteriores, todo el dilema del San Francisco State –la politización gradual, los «escándalos» aquí y allá, las «Quince Demandas» de rigor, el continuo nerviosismo de la policía y de la ciudadanía indignada– me fue pareciendo cada vez más fuera de lugar, un ejemplo de *enfants terribles* y Consejo de Administración colaborando inconscientemente en una fantasía nostálgica (la revolución en el campus) y representándola puntualmente para las noticias de las seis en punto. «El comité de popraganda (*sic*) política se reunirá en la Sala Secuoya», decía una nota garabateada una mañana en la puerta de la cafetería; solo alguien que necesitaba urgentemente sentirse alarmado podía responder con la fuerza a una guerrilla que no solo anunciaba sus reuniones en el boletín de noticias del enemigo, sino que no parecía estar segura de la ortografía, y por tanto del significado, de las palabras que usaba. «Hitler Hayakawa» era el apodo con que una parte del profesorado había empezado a llamar a S.I. Hayakawa, el especialista en semántica que se había convertido en tercer presidente de la universidad en lo que iba de año y que había provocado un descontento considerable al intentar mantener abierto el campus. «Eichmann», le había gritado Kay Boyle en un mitin. Con pinceladas muy gruesas, esta era la escena que se estaba pintando en otoño de 1968 en el campus de colores pastel del San Francisco State College.

El problema era que jamás pareció que allí estuviera pasando nada grave. Aquel primer día los titulares eran ominosos, la universidad había estado cerrada de forma «indefinida» y tanto Ronald Reagan como Jesse Unruh amenazaban con represalias. Pese a todo, el clima que se respiraba dentro del edificio de administración era el de una comedia musical sobre la vida universitaria.

–*Imposible* que tengamos abierto mañana –informaban las secretarias a la gente que llamaba–. Vete a esquiar, pásatelo bien.

Imponentes militantes negros se pasaban por allí para charlar con los decanos; imponentes radicales blancos intercambiaban cotilleos en los pasillos. «Nada de entrevistas, nada de prensa», anunció un líder de la huelga estudiantil que entró por casualidad en el despacho de un decano donde yo estaba sentada; un momento más tarde se mostró resentido porque nadie le había dicho que en el campus había un equipo de filmación del Informe Huntley-Brinkley.

–Todavía podemos enchufarnos a eso –le dijo el decano en tono tranquilizador.

Todo el mundo parecía unido por una camaradería casi festiva, una jerga compartida, un sentido común de importancia histórica; el futuro ya no era arduo e indefinido, sino inmediato y programático, inflamado por las perspectivas de los problemas que había que «resolver» y los planes que había que «implantar». Todo el mundo se mostraba de acuerdo en que los enfrentamientos podían traer «cambios muy saludables» y en que tal vez hacía falta que se produjera un cierre «para conseguir algo». El estado de ánimo, igual que la arquitectura, era el funcionalismo de 1948, un auténtico modelo de optimismo pragmático.

Tal vez Evelyn Waugh lo podría haber representado a la perfección: a Waugh se le daban bien las escenas de gente absorta en juegos extraños. Aquí en el San Francisco State College solo a los militantes negros se les podía atribuir cierta seriedad: por lo menos eran ellos quienes elegían el juego, quienes dictaban las normas y aprovechaban lo que podían de lo que a todos los demás les parecía una simple evasión de la rutina, de la ansiedad institucional, del tedio del calendario académico. Entretanto los administradores podían hablar de sus programas. Entretanto los radicales blancos podían verse a ellos mismos, sin jugarse nada en absoluto, como una guerrilla urbana. A todo el mundo le estaba saliendo bien, aquel juego del San Francisco State, y yo no vi con tanta claridad sus peculiares virtudes hasta una tarde en que me senté en una reunión de cincuenta o sesenta miembros de la SDS. Habían convocado una rueda de prensa para ese mismo día, y ahora estaban discutiendo «qué formato debía tener la rueda de prensa».

–Vamos a tener que dictar nosotros los términos –avisó alguien–. Porque nos van a hacer preguntas muy capciosas, nos van a coser a preguntas.

–Hagamos que nos manden las preguntas por escrito –sugirió otra persona–. A la Black Student Union eso le sale muy bien, luego simplemente no contestan nada que no quieran contestar.

–Eso es, no hay que caer en su trampa.

–Algo que tenemos que subrayar en esta rueda de prensa es *quién es dueño de los medios de comunicación.*

–¿No crees que todo el mundo sabe que los periódicos representan los intereses corporativos? –intervino en tono de duda uno de ellos con tendencia al realismo.

–Yo no creo que *sea algo sabido.*

Dos horas y varias docenas de votaciones a mano alzada más tarde, el grupo había elegido a cuatro miembros para que le contaran a la prensa quién era dueño de los medios de comunicación, luego había decidido aparecer en masa en una rueda de prensa de oposición y por fin había debatido varias consignas para la manifestación del día siguiente.

–A ver, primero tenemos «Hearst miente más que habla», luego «Basta de distorsión en la prensa»... esta es la que ha generado cierta controversia política...

Y antes de disolverse, habían escuchado a un estudiante que había venido en coche a pasar el día desde el College of San Mateo, una universidad de primer ciclo que estaba en la península al sur de San Francisco.

–Hoy he venido aquí con unos estudiantes del Tercer Mundo para deciros que estamos con vosotros y que confiamos que vosotros estéis con nosotros cuando intentemos montar una huelga la semana que viene, porque estamos completamente decididos, llevamos los cascos de moto encima todo el tiempo, no podemos pensar, no podemos ir a clase.

Se había detenido. Era un chico de aspecto amable y su tarea lo tenía inflamado. Yo me imaginé la tierna melancolía de la vida en San Mateo, que es uno de los condados con mayor riqueza per cápita de los Estados Unidos de América, y me planteé si el Wichita Lineman y los pétalos en la rama húmeda y negra representaban la falta de metas de la burguesía, y también pensé en la ilusión de una meta que se conseguía dando una rueda de prensa, y en que el único problema que tenían las ruedas de prensa era que la prensa te hacía preguntas.

–He venido a deciros que en el College of San Mateo estamos viviendo como *revolucionarios* –les dijo el chico.

10

Pusimos en el tocadiscos «Lay Lady Lay» y después «Suzanne». Bajamos a Melrose Avenue para ver a los Flying Burritos. Por encima de la terraza de la casa de Franklin Avenue había un emparrado de jazmines, y al anochecer se colaba el olor a jazmines por todas las puertas y ventanas abiertas. Hice bullabesa para la gente que no comía carne. Yo me imaginaba que mi vida era simple y dulce, y a veces lo era, pero en la ciudad también estaban pasando cosas raras. Circulaban rumores. Circulaban historias. Todo era indecible pero nada era inimaginable. Aquel flirteo místico con la idea del «pecado» –aquella sensación de que era posible ir «demasiado lejos» y de que mucha gente lo estaba haciendo– nos acompañó en gran medida en Los Ángeles durante 1968 y 1969. En la comunidad se estaba formando un vórtice de tensión demente y seductora. Los temblores se estaban afianzando. Recuerdo una época en que los perros ladraban todas las noches y la luna siempre estaba llena. El 9 de agosto de 1969 yo estaba sentada en la parte menos profunda de la piscina de mi cuñada en Beverly Hills cuando a ella la llamó una amiga que se acababa de enterar de los asesinatos en la casa de Sharon Tate Polanski en Cielo Drive. Durante la hora siguiente el teléfono sonó muchas veces. Aquellas primeras informaciones resultaron embrolladas y contradictorias. Una persona de las que llamaban hablaba de capuchas y la siguiente de cadenas. Había veinte muertos, no, doce, diez, dieciocho. La gente imaginaba misas negras y lo atribuía a malos viajes de ácido. Recuerdo con mucha claridad todas las informaciones erróneas de aquel día, y también recuerdo otra cosa, y ojalá no la recordara: *recuerdo que nadie estaba sorprendido*.

11

El día en que conocí a Linda Kasabian en verano de 1970 ella iba peinada con raya en medio, estaba sin maquillar, llevaba colonia Blue Grass de Elizabeth Arden y ese uniforme azul sin planchar que les dan a las reclusas de la Penitenciaría para Mujeres Sybil Brand de Los Ángeles. Estaba encerrada en la Sybil Brand para su propia protección, esperando a que le llegara el momento de testificar por los asesinatos de Sharon Tate Polanski, Abigail Folger, Jay Sebring, Voytelk Frykowski, Steven Parent y Rosemary y Leno LaBianca, y en presencia de su abogado, Gary Fleischman, me pasé una serie de tardes hablando allí con ella. De aquellas tardes recuerdo sobre todo la aprensión que sentía al entrar en la cárcel, al abandonar aunque fuera durante una hora las infinitas posibilidades que de pronto yo percibía en el crepúsculo estival. Recuerdo haber ido al centro por la Hollywood Freeway a bordo del Cadillac descapotable de Gary Fleischman, con la capota bajada. Recuerdo haber mirado a un conejo que pastaba en la hierba de al lado de la cancela mientras Gary Fleischman firmaba en el registro de la cárcel. Cada una de la media docena de puertas que se cerraban con llave detrás de nosotros mientras entrábamos en la Sybil Brand era una pequeña muerte, y después de la entrevista yo emergía como Perséfone del submundo, llena de euforia. En cuanto llegaba a casa me tomaba dos copas, me preparaba una hamburguesa y me la comía vorazmente.

«Lo pillo», decía siempre Gary Fleischman. Una noche en que estábamos volviendo a Hollywood desde la Sybil Grand a bordo de aquel Cadillac descapotable con la capota bajada me exhortó a que le dijera la población de la India. Yo le dije que no sabía cuál era la población de la India. «A ver si lo acierta», me animó. Yo le dije una cifra, absurdamente baja, y él se mostró asqueado. Le había hecho la misma pregunta a su sobrina («que es universitaria»), luego a Linda y por fin a mí, y ninguna le había sabido contestar bien. Aquello parecía confirmar alguna idea que él tenía de las mujeres, de lo esencialmente imposible que era educarlas y del hecho de que en el fondo eran todas iguales. Gary Fleischman pertenecía a un tipo de hombre que yo casi nunca tenía ocasión de encontrarme, un realista cómico con sombrero de copa baja, alguien que viajaba por negocios a las fronteras lejanas de la época, alguien que se movía cómodamente por los juzgados y por la Sybil Brand y que no perdía el buen humor, ni siquiera las ganas de hacer broma, ante el misterio sobrecogedor e impenetrable que se escondía en el centro de lo que él llamaba «el caso». De hecho, él y yo jamás hablábamos de «el caso», y nos referíamos a sus acontecimientos centrales únicamente como «Cielo Drive» y «LaBianca». En cambio, sí que hablábamos de los pasatiempos de infancia y las decepciones de Linda, de sus romances en el instituto y de su preocupación por sus hijos. Aquella peculiar yuxtaposición de lo dicho y lo indecible resultaba extraña e inquietante, e hizo que mi cuaderno se convirtiera en una letanía de pequeñas ironías tan obvias que solo podrían interesarle a los apasionados del absurdo. Un ejemplo: Linda soñaba con abrir una combinación de restaurante con boutique y tienda de mascotas.

12

Ciertos desórdenes orgánicos del sistema nervioso central se caracterizan por remisiones periódicas, en las que los nervios afectados parecen recuperarse por completo. Parece ser que sucede lo siguiente: a medida que el revestimiento de un nervio se inflama y se convierte en tejido duro de cicatriz, bloqueando así el paso de los impulsos neurales, el sistema nervioso se dedica a cambiar gradualmente su configuración y a encontrar otros nervios no afectados que transmitan los mismos mensajes. Durante los años en que me pareció necesario revisar la configuración de mi mente descubrí que ya no me interesaba si la mujer de la cornisa saltaba o no, ni tampoco el porqué. Solo me interesaba la imagen mental que yo tenía de ella: su pelo incandescente bajo los reflectores y los dedos de sus pies descalzos doblados hacia dentro sobre la cornisa de piedra.

Bajo esta luz toda narración resultaba sentimental. Bajo esta luz todas las conexiones eran igualmente significativas e igualmente carentes de sentido. Prueben con estas: la mañana del asesinato de John Kennedy yo estaba comprando, en el Ransohoff's de San Francisco, un vestido corto de seda para mi boda. Unos cuantos años después aquel vestido quedó para tirar cuando Roman Polanski le derramó encima accidentalmente una copa de vino tinto durante una cena en Bel-Air. A aquella cena también asistió en calidad de invitada Sharon Tate, aunque ella y Roman Polanski todavía no estaban casados. El 27 de julio de 1970 fui a la tienda Magnin-Hi de la tercera planta del I. Magnin de Beverly Hills y elegí, por encargo de Linda Kasabian, el vestido con que ella iniciaría su testimonio sobre los asesinatos de la casa de Sharon Tate Polanski en Cielo Drive. «Una talla nueve pequeña –me había dicho–. Mini pero no extremadamente mini. A ser posible de terciopelo. De color dorado o verde esmeralda. O bien: un vestido estilo campesina mexicana, con falda amplia o bordados.» Aquella mañana necesitaba un vestido porque el fiscal del distrito, Vincent Bugliosi, había mostrado reservas hacia el vestido que ella tenía planeado llevar, un vestido suelto largo y blanco de tela artesanal. «El largo es para la noche», le había aconsejado a Linda. El largo era para la noche y el blanco era para las novias. En su boda, celebrada en 1965, Linda Kasabian había llevado un conjunto de brocado blanco. Pasó el tiempo, las cosas cambiaron. Todo era para enseñarnos algo. A las 11.20 de aquella mañana de julio de 1970 le entregué el vestido con que ella tenía que testificar a Gary Fleischman, que estaba esperando delante de su oficina de Rodeo Drive en Beverly Hills. Llevaba puesto su sombrero de media copa y estaba esperando en compañía del segundo marido de Linda, Bob Kasabian, y un amigo de ambos, Charlie Melton, ambos vestidos con túnicas blancas y largas. El largo era para Bob y Charlie y el vestido de la caja de I. Magnin era para Linda. Los tres cogieron la caja de I. Magnin, entraron en el Cadillac descapotable de Gary Fleischman con su capota bajada y se alejaron bajo el sol con rumbo a la autopista que llevaba al centro, despidiéndose de mí con un gesto de la mano. Estoy convencida de que esta es una cadena de correspondencias completamente desprovista de sentido, pero en aquella resonante mañana de verano tenía tanto sentido como cualquier otra cosa.

13

Recuerdo una conversación que tuve en 1970 con el director de un motel situado cerca de Pendleton, Oregón, en el que me estaba alojando. Yo había estado escribiendo un artículo para la revista *Life* sobre el almacenamiento de gas nervioso VX y GB en un arsenal que tenía el ejército en el condado de Umatilla y ahora acababa de terminarlo y estaba intentando irme del hotel. Mientras hacía las gestiones pertinentes, el director, que era mormón, me hizo la siguiente pregunta: «Si no puede creer usted que va a ir al cielo con su cuerpo y tratándose de tú con el resto de su familia, ¿qué sentido tiene morirse?». Por aquella época yo estaba convencida de que mis controles afectivos básicos ya estaban dañados, pero ahora les ofrezco esto a modo de pregunta más contundente de lo que podría parecer a primera vista, una especie de koan de la época.

14

Una vez me rompí una costilla, y durante aquellos meses en que me dolía darme la vuelta en la cama o levantar los brazos en la piscina, tuve una primera y repentina revelación de lo que era ser viejo. Después la olvidé. En algún momento de los años de los que estoy hablando aquí, después de una serie de trastornos visuales periódicos, tres encefalogramas, dos series completas de radiografías craneales y de cuello, un test de tolerancia a la glucosa de cinco horas, dos electromielografías, una batería de pruebas clínicas y consultas con dos oftalmólogos, un internista y tres neurólogos, me dijeron que en realidad el trastorno que yo tenía no se encontraba en mis ojos, sino en mi sistema nervioso central. Era posible que fuera a experimentar síntomas de daños neurales durante toda mi vida, o era posible que no. Aquellos síntomas, que podían aparecer o no, podían afectarme a los ojos o no. Podían afectarme a los brazos o las piernas o no, podían causarme una minusvalía o no. Los efectos podían paliarse con inyecciones de cortisona o no. Era imposible prever nada. La enfermedad tenía un nombre, uno de esos nombres que suelen asociarse con las maratones televisivas, pero el nombre no significaba nada y al neurólogo no le gustaba usarlo. El nombre era esclerosis múltiple, pero el nombre no significaba nada. Se trataba de un diagnóstico por exclusión, y no significaba nada.

Por aquella época tuve una repentina revelación ya no de cómo era ser viejo, sino de cómo era abrir la puerta al visitante del norte o del sur y descubrir que el visitante tenía un cuchillo. Durante una breve conversación en la oficina del neurólogo en Beverly Hills, lo improbable se había convertido en lo probable, en la norma: las cosas que solo les pasaban a los demás en realidad me podían pasar a mí. Me podía caer encima un rayo, podía atreverme a comerme un melocotón y envenenarme con el cianuro del hueso. El dato asombroso era el siguiente: mi cuerpo estaba desarrollando un equivalente fisiológico exacto a lo que me había estado pasando mentalmente.

–Lleve una vida sencilla –me aconsejó el neurólogo–. Aunque eso tampoco cambia nada, que nosotros sepamos.

En otra palabras, se trataba de otra historia sin narración.

15

Mucha gente que conozco en Los Ángeles cree que los sesenta se terminaron de golpe el 9 de agosto de 1969, en el momento exacto en que la noticia de los asesinatos de Cielo Drive se propagó como un incendio por toda la comunidad, y en este sentido tienen razón. Aquel día estalló por fin la tensión. La paranoia se cumplió. En otro sentido, para mí los sesenta no se acabaron realmente hasta enero de 1971, cuando me marché de la casa de Franklin Avenue y me mudé a una casa junto al mar. Aquella casa junto al mar también había jugado un papel muy activo en los sesenta, y durante los meses posteriores a que tomáramos posesión de ella me estuve encontrando souvenirs de aquella época de su historia: un documento de cienciología debajo del forro de un cajón, un ejemplar de *Forastero en tierra extraña* al fondo de un estante del armario. Pero al cabo de poco hicimos obras y, entre las sierras eléctricas y el viento del mar, el lugar quedó exorcizado.

Desde entonces he sabido muy poco de los movimientos de la gente que me pareció emblemática de aquellos años. Por supuesto, sé que Eldridge Cleaver se fue a Argelia y volvió convertido en empresario. Sé que Jim Morrison murió en París. Sé que Linda Kasabian huyó en busca de escenarios bucólicos a New Hampshire, donde la visité una vez. Ella también me visitó a mí en Nueva York, y llevamos a nuestros hijos en el ferry de Staten Island a ver la Estatua de la Libertad. También sé que en 1975 Paul Ferguson, mientras cumplía cadena perpetua por el asesinato de Ramon Novarro, ganó el primer premio de un concurso de narrativa del PEN y anunció que tenía planes de «seguir escribiendo». Dijo que la escritura le había ayudado a «reflexionar sobre la experiencia y entender qué significaba». Pienso muy a menudo en la casa enorme de Hollywood, en «Confesiones a medianoche», en Ramon Novarro y en el hecho de que Roman Polanski y yo somos padrinos de la misma criatura, pero la escritura todavía no me ha ayudado a entender qué quiere decir nada de todo aquello.

1968-1978

AGUA BENDITA

Los que vivimos en zonas áridas del mundo sentimos una reverencia por el agua que en otros lugares puede parecer excesiva. El agua que mañana yo haré salir de mi grifo en Malibú está hoy cruzando el desierto de Mojave procedente del río Colorado, y a mí me gusta imaginar dónde debe de estar exactamente en estos momentos. El agua que voy a beber esta noche en un restaurante de Hollywood está ahora mismo bien entrado el acueducto de Los Ángeles, procedente del río Owens, y también me imagino dónde debe de estar exactamente: sobre todo me gusta imaginármela mientras cae en cascada por los escalones de cuarenta y cinco grados que airean el agua del Owens después de que esta haya circulado sin aire por las tuberías y los sifones de las montañas. Resulta que la reverencia en particular que yo siento por el agua siempre ha adoptado la forma de una meditación constante sobre el lugar donde se encuentra el agua, de un interés obsesivo ya no por la política del agua sino por el sistema mismo de canalización, por los desplazamientos del agua por acueductos y sifones y bombas y cámaras de presión y cámaras de distensión y presas y desagües, por esa fontanería a gran escala. Conozco datos de proyectos de canalización que no veré jamás. Sé la dificultad que tuvo la Kaiser para cerrar las dos últimas compuertas de desagüe del embalse de Guri en Venezuela. Sigo de cerca la evaporación interior de la presa de Asuán en Egipto. Me puedo ir a dormir imaginando cómo el agua cae desde trescientos metros de altura sobre las turbinas de Churchill Falls, en Labrador. Si no consigo visualizar el proyecto de Churchill Falls, regreso a otros proyectos de canalización que me queden más a mano: el canal de descarga del Colorado en Hoover o la cámara de compensación de las montañas Tehachapi, que recibe aguas del acueducto de California bombeadas a más altura de la que jamás se ha bombeado el agua; y por fin reviso mentalmente una mañana de cuando yo tenía diecisiete años, en que nos atrapó, yendo a bordo de un bote salvavidas del ejército, la construcción de la Presa de Distensión Nimbus del río American, cerca de Sacramento. Recuerdo que en el momento en que sucedió yo estaba intentando abrir una lata de anchoas con alcaparras. Recuerdo que el bote empezó a girar sobre sí mismo mientras se precipitaba por la estrecha rampa por la que el río había sido temporalmente desviado. Recuerdo que me sentí delirantemente feliz.

Supongo que fue en parte el recuerdo de aquel delirio lo que me llevó a visitar, una mañana de verano, el Centro de Control de Operaciones que tiene en Sacramento el Plan de Aguas Estatales de California. La verdad es que por California se mueve tanta agua, y en ello intervienen tantas agencias distintas, que solo los que la mueven saben de quién es el agua que está en cada sitio en un día determinado, pero para hacerse una idea general basta con saber que una parte la mueve Los Ángeles, otra parte la mueve San Francisco, otra la mueve el Plan del Valle Central de la Oficina de Reciclaje de Aguas y la mayoría del resto la mueve el Plan de Aguas Estatales de California: este último mueve una cantidad enorme, mueve más cantidad de agua y a una distancia nunca vistas. El plan recoge agua en las torres de granito de la Sierra Nevada, almacena casi cuatro billones de litros dentro del embalse de Oroville y todas las mañanas, en su sede central situada en Sacramento, decide cuánta agua quiere mover al día siguiente. Esta decisión matinal se lleva a cabo basándose en un criterio de oferta y demanda, lo cual en teoría es simple pero en la práctica resulta bastante más complicado. En teoría, cada una de las cinco divisiones de campo del plan –las divisiones de Oroville, Delta, San Luis, San Joaquín y la del Sur– hace una llamada a la central antes de las nueve de la mañana y les dice a los repartidores cuánta agua necesitan sus contratistas locales, que a su vez basan sus estimaciones matinales en los pedidos de los agricultores y otros usuarios importantes. Se traza un horario. Luego las compuertas se van abriendo y cerrando de acuerdo con ese horario. El agua discurre hacia el sur y se va repartiendo.

En la práctica esto requiere una coordinación y una precisión prodigiosas, así como el trabajo aplicado de varias mentes humanas y de una computadora Univac 418. En la práctica puede ser necesario reunir flujos enormes de agua para producir energía eléctrica, o bien para disolver las subidas de salinidad del Delta del Sacramento-San Joaquín, que es el punto ecológicamente más sensible del sistema. En la práctica un chaparrón repentino puede cancelar la necesidad de un reparto de agua cuando ese reparto ya se encuentra de camino. En la práctica lo que se está repartiendo es un volumen gigantesco de agua, no botellas de leche ni ovillos de lana, y hacen falta dos días enteros para desplazar ese reparto por el Oroville hasta el Delta, que es el gran centro de almacenamiento del agua de California y que lleva años plagado de sensores electrónicos y equipamiento telemétrico y hombres cuyo trabajo es bloquear canales y desviar corrientes y sacar peces de las bombas por medio de palas. Hacen falta unos seis días más para mover esa misma agua por el acueducto de California desde el Delta hasta las Tehachapi y luego hacerla cruzar las montañas para que llegue al sur de California. «Cruzar las montañas» es lo que dicen en el Centro de Control de Operaciones del Plan de Aguas cuando quieren indicar que están bombeando agua del acueducto desde el fondo del Valle de San Joaquín hasta lo alto de las montañas de Tehachapi y luego hasta el otro lado. «Tirar para abajo» es lo que dicen cuando quieren indicar que están bajando el nivel del agua en algún punto del sistema. Pueden hacer que el agua cruce las montañas por control remoto desde una sala de Sacramento donde está la Univac con su tablero enorme y sus luces parpadeantes. Y pueden tirar para abajo un embalse del Valle de San Joaquín por control remoto desde una sala de Sacramento que tiene las puertas cerradas con llave y alarmas acústicas e impresoras que no paran de vomitar datos de unos sensores que hay dentro de las mismas aguas. Desde esa sala de Sacramento el sistema entero tiene el aspecto de un perfecto juguete hidráulico de tres mil millones de dólares, y en cierta manera lo es. «EMPECEMOS A VACIAR EL QUAIL A LAS DOCE EN PUNTO», era el mensaje que apareció en el registro electrónico de comunicaciones a las 10.51 del día en que yo visité el Centro de Control de Operaciones. El «Quail» es un embalse del condado de Los Ángeles que tiene una capacidad bruta de 6.193.002.000 litros. «Vale», era la respuesta que constaba en el registro. En aquel preciso momento supe que había dejado pasar la única vocación por la que sentía una afinidad instintiva: quería ser yo quien vaciara el Quail.

No conozco a mucha gente que me siga la conversación cuando me da por hablar de canalización de aguas, ni siquiera cuando le hago hincapié a la gente en que dicha canalización afecta a su vida, de forma indirecta, todos los días. Eso de la forma «indirecta» no basta para impresionar a la mayoría de la gente que conozco. Esta mañana, sin embargo, varias personas a las que conozco se han visto afectadas no de forma indirecta, sino directa, por la forma en que se mueve el agua. Estaban en Nuevo México filmando una película, una secuencia que requería un río lo bastante profundo como para hundir en él un camión, de esos que tienen cabina y remolque y cincuenta o sesenta ruedas. Y ha resultado que este año no había ningún río cerca de la localización de Nuevo México que llevara tanta agua. De manera que el equipo de producción se ha desplazado hoy hasta Needles, California, donde el río Colorado suele tener, dependiendo de los repartos del agua del embalse de Davis, entre seis y ocho metros de profundidad. Ahora bien, presten mucha atención a esto: ayer tuvimos una extraña tormenta tropical en el sur de California, con treinta y tres centímetros cúbicos de lluvia en un mes normalmente seco, y como esa lluvia inundó los campos y suministró más irrigación de la que ningún agricultor necesitaba durante varios días, para hoy no se ha pedido ni una gota de agua al embalse de Davis.

Y si no se pide, no se reparte.

Oferta y demanda.

En consecuencia, hoy el Colorado solo llevaba dos metros de agua a la altura de Needles, y el deseo de Sam Peckinpah de tener seis metros de agua para hundir en ella un camión no era la clase de demanda que la gente del embalse de Davis estuviera dispuesta a aceptar. La producción se ha cancelado hasta después del fin de semana. El rodaje se reanudará el martes, siempre y cuando algún agricultor encargue agua y las agencias que controlan el Colorado la dejen ir. Entretanto, a un ejército de electricistas, ayudantes de electricistas, operarios de cámara, ayudantes de dirección, supervisores de guión, conductores de coches para escenas de acción y tal vez incluso a Sam Peckinpah les toca esperar a que pase el fin de semana en Needles, donde a menudo se alcanzan los cuarenta y cuatro grados a las cinco de la tarde y no es fácil conseguir cenar después de las ocho. Se trata de una parábola de California, pero una parábola verídica.

Siempre he querido tener piscina y nunca lo he conseguido. Cuando, hace más o menos un año, se hizo público que California estaba sufriendo una grave sequía, mucha gente de las partes ricas en agua del país pareció alegrarse secretamente e hizo alusión frecuente al hecho de que los californianos se habían visto obligados a enladrillar sus piscinas. De hecho, en cuanto una piscina se ha llenado y el filtro ha iniciado su proceso de limpiar el agua y hacerla circular, prácticamente no necesita agua, pero siempre ha sido interesante la carga simbólica de las piscinas. Las piscinas se suelen malinterpretar como símbolos de prosperidad, real o fingida, y de una especie de atención hedonista al cuerpo. En realidad, para muchos de los que vivimos en el Oeste las piscinas no son símbolos de prosperidad sino de orden, de control sobre lo incontrolable. Las piscinas son agua, disponible y útil, y en ese sentido resultan infinitamente reconfortantes para la mirada del Oeste.

Resulta fácil olvidarse de que la única fuerza natural sobre la que aquí tenemos algún control es el agua, e incluso de eso no hace tanto. En mi recuerdo, los veranos de California se caracterizaban por ese carraspeo de las tuberías que indicaba que el pozo se había secado, y los inviernos por la vigilancia nocturna de los ríos que estaban a punto de experimentar una crecida, por los sacos de arena, por el dinamitar los diques y las inundaciones de las plantas bajas. Todavía hoy sigue sin ser un lugar que invite demasiado a la colonización masiva. Mientras escribo estas líneas, un incendio lleva dos semanas ardiendo fuera de control en las colinas de detrás de la costa de Big Sur. Las inundaciones relámpago de anoche borraron del mapa todas las carreteras principales del condado de Imperial. Esta mañana he visto una grieta minúscula en un azulejo de la sala de estar, causada por el terremoto de la semana pasada, un temblor de 4,4 que yo ni siquiera noté. En la parte de California donde vivo ahora, la aridez es el rasgo más destacado del clima, y este año no me alegra precisamente ver que los cactus silvestres se están propagando hasta el mar. Este invierno habrá días en los que la humedad caerá hasta el diez, el siete, el cuatro por ciento. Las plantas rodadoras chocarán contra mi casa y el ruido de las serpientes de cascabel se verá replicado cien veces al día por las buganvillas secas que el viento arrastre hasta mi puerta. Esa idea de que la vida es fácil en California es una ilusión, y quienes se la creen es porque solo han vivido aquí de forma muy transitoria. Yo soy tan consciente como cualquier otro del valor considerablemente trascendental que tiene un río que fluye en libertad y sin diques, un río que discurre en libertad sobre su lecho de granito, pero también he vivido con ese río cuando estaba de crecida y he tenido que vivir sin ducharme cuando ese río se secaba.

«El Oeste empieza –escribió Bernard DeVoto– allí donde la media de las precipitaciones anuales se sitúa por debajo de los trescientos centímetros cúbicos.» Puede que esta sea la mejor definición del Oeste que he leído nunca, y también explica en gran medida la pasión que tengo por ver el agua bajo control, aunque mucha gente que conozco insiste en buscarle implicaciones psicoanalíticas a dicha pasión. De hecho, y de forma puramente amateur, he explorado las más obvias de esas implicaciones y no he encontrado en ellas nada interesante. Hay cierta realidad externa que permanece y que se resiste a las interpretaciones. El Oeste empieza allí donde la media de las precipitaciones anuales se sitúa por debajo de los trescientos centímetros cúbicos. El agua es importante para la gente que no la tiene, y lo mismo se puede decir del control. Hace unos quince años recorté un poema de Karl Shapiro de una revista y me lo puse en la pared de la cocina. A día de hoy todavía lo tengo en la pared de mi sexta cocina, y ya se deshace un poco cada vez que lo toco, pero lo sigo conservando por la última estrofa, que para mí tiene el mismo poder que una oración.

Llueve en California, una lluvia franca
que lava las naranjas en sus ramas,
llena los jardines de agua hasta arriba,
lustra los azulejos y las verdes olivas,
bruñe las oscuras hojas de las camelias
y convierte los valles en largas acequias.

La mañana en que fui a visitar el Centro de Control de Operaciones del Plan de Aguas Estatales de California en Sacramento no pude dejar de acordarme de aquel poema. Si a las 10.51 de aquella mañana me dieron ganas de vaciar el Quail, por la tarde ya quería mucho más. Quería abrir y cerrar la compuerta de entrada de la Cámara de Presión de Clifton Court. Quería generar electricidad en el embalse de San Luis. Quería elegir una cisterna cualquiera del acueducto y bajarle el nivel y luego volvérselo a subir, contemplando el salto hidráulico. Quería hacer que el agua cruzara las montañas y quería cerrar todo el suministro del acueducto al Centro de Reciclaje del Canal Transversal para ver cuánto tiempo tardaba en llamar para quejarse alguien del Centro de Reciclaje. Me quedé todo el rato que pude observando el funcionamiento del sistema en el enorme tablero, con sus puntos de control iluminados. Por uno de los teletipos que yo tenía detrás estaba llegando el informe de salinidad del Delta. Por otro llegaba el informe de las mareas del Delta. El tablero de terremotos, que había sido desensibilizado para que su alarma sonara (un pip-pip para el sur de California y un tono agudo para el norte) solo con aquellos terremotos que alcanzaran por lo menos el 3 en la escala Richter, estaba en silencio. Yo ya no tenía nada más que hacer en aquella sala y sin embargo quería quedarme a pasar el día. Quería ser la persona que aquel día lustrara las olivas, llenara los jardines hasta arriba y convirtiera los valles en largas acequias. Y todavía quiero.

1977

APUNTES PARA UNA POLÍTICA DE LOS SUEÑOS

1

El reverendo Robert J. Theobold, pastor de lo que hasta el 12 de octubre de 1968 fue la iglesia apostólica de la Biblia Amiga de Port Hueneme, California, tiene veintiocho años, nació y se crió en San José y es un californiano nativo cuyo recuerdo solo alcanza hasta los años del boom; en otras palabras, un joven que hasta el 12 de octubre de 1968 vivía en el centro neurálgico de la sociedad más elaboradamente tecnológica y orientada a los medios de Estados Unidos, y por extensión del mundo. Su aspecto y en cierta medida su historia personal son imposibles de distinguir de los de una legión de operarios informáticos y técnicos de aviación. Y, sin embargo, se trata de un joven a quien no le ha llegado ni uno solo de esos mensajes constantes con que una sociedad tecnológica se bombardea a sí misma, puesto que a los dieciséis años fue salvado, recibió al Espíritu Santo en una iglesia pentecostal. Ahora el hermano Theobold, que es como lo llaman los ochenta y pico miembros de su congregación, recibe mensajes solo del Señor, «impresiones contundentes» que le ordenaron, por ejemplo, que se fuera de San José y fundara una iglesia en Port Hueneme, o, más recientemente, que el 12 de octubre de 1968 se llevara a su congregación de Port Hueneme a Murfreesboro, Tennessee, para evitar que los destruyera un terremoto.

–Nos marchamos el día doce, pero yo no he recibido ningún mensaje que diga que la cosa vaya a pasar antes de finales de 1968 –me contó el hermano Theobold una mañana, semanas antes de que él y su congregación amontonaran sus posesiones dentro de sus autocaravanas y sus coches y abandonaran California para irse a Tennessee. Aquella mañana él estaba a cargo de los niños, y su hijo de dos años iba por ahí bebiendo de un biberón de plástico mientras el hermano Theobold hablaba conmigo y manoseaba las páginas de una Biblia de cuero repujado–. Oí que un pastor decía que estaba claro que iba a suceder antes de finales de 1970, pero por lo que a mí respecta, el Señor me ha mostrado que va a pasar seguro, pero no me ha mostrado cuándo.

Le mencioné al hermano Theobold que la mayoría de los sismólogos estaban prediciendo un inminente terremoto fuerte en la falla de San Andrés, pero él no mostró demasiado interés: la percepción que tenía el hermano Theobold del Apocalipsis no partía de la realidad empírica ni tampoco dependía de ella. En cierta manera, la mentalidad pentecostal se revela con mayor claridad en cosas como la profecía del terremoto del hermano Theobold. Ni él ni los demás miembros de su congregación con los que hablé se habían preocupado nunca por las noticias de la prensa que decían que se avecinaba un terremoto.

–Claro que habíamos *oído* hablar de los terremotos –me dijo una mujer de voz suave llamada hermana Mosley–. Porque la Biblia menciona que habrá cada vez más a medida que se acerque el fin de los tiempos.

Tampoco hacía ninguna falta pensárselo dos veces antes de levantar el campamento y montar un convoy para irse a un pueblecito que casi ninguno de ellos había visto nunca. Yo le pregunté varias veces al hermano Theobold por qué había elegido Murfreesboro, pero él siempre me contestaba lo mismo: que había «recibido una llamada telefónica de un hombre de allí», o bien que «Dios le había ordenado a aquel hombre concreto que lo llamara aquel día concreto». No parece que el hombre en cuestión le hiciera petición alguna al hermano Theobold para que se llevara a su rebaño a Tennessee, pero al hermano Theobold no le había cabido ninguna duda de que aquella era exactamente la intención de Dios.

–Desde el punto de vista natural no me apetecía nada irme a Murfreesboro –me dijo–. Nos acabábamos de comprar esta casa, es la más bonita que hemos tenido nunca. Pero se lo comenté al Señor y el Señor me dijo: «Ponla en venta». ¿Le apetece un Dr. Pepper?

Era como si estuviéramos hablando en idiomas distintos, el hermano Theobold y yo. Era como si yo conociera todas sus palabras pero no su gramática, de manera que no paraba de interrogarlo sobre cuestiones que a él le parecían ineludiblemente claras. Parecía ser una de esas personas, muchas de las cuales acaban en grupos religiosos pentecostales, que se desplazan por el Oeste y por el Sur y por los estados fronterizos sin parar, talando los árboles de alguna espesura interior, secretos hombres de frontera que se pasean por los nodos mismos del fabuloso latido electrónico que es la vida en Estados Unidos y sin embargo solo reciben información a través de las tenues cadenas de los rumores, las habladurías y el goteo irregular. En las convenciones sociales por las que nos regimos hoy día no existe una categoría para la gente como el hermano Theobold y su congregación, la mayoría de cuyos miembros son jóvenes, blancos y supuestamente tienen educación. No son ni los propietarios ni los desposeídos. Participan en las preocupaciones del país solo a través de un cristal opaco. Les enseñan a sus hijas que no se maquillen y que se cubran las rodillas, y creen en la curación divina y en ser poseídos por el Espíritu Santo. Otra gente se marcha de los pueblos como Murfreesboro, y sin embargo ellos llegan. Resulta asombroso hasta qué punto se mantienen libres de sentido común y de la capacidad de llevar a cabo razonamientos rutinarios; la primera vez que el hermano Theobold visitó Murfreesboro se quedó pasmado al enterarse de que los juzgados del pueblo llevaban en pie desde la guerra de Secesión. «En *el mismo edificio*», repitió dos veces, y luego me sacó una foto que había hecho a modo de corroboración. En la espesura interior a nadie lo mancha la civilización, y no es ninguna coincidencia que las iglesias pentecostales tengan mayor fuerza en los lugares donde la civilización occidental ha arraigado de forma más superficial. En Los Ángeles hay el doble de iglesias pentecostales que de episcopalianas.

2

La escena está casi al final de *Los Ángeles del Infierno* (1966) de Roger Corman, que fue la primera película sensacionalista de moteros y en muchos sentidos sigue siendo el clásico del género. Y va como sigue: los Ángeles, liderados por Peter Fonda, están a punto de enterrar a uno de los suyos. Ya han destrozado la capilla, le han dado una paliza al predicador y lo han amordazado y han hecho un velatorio, durante el cual han violado a la chica del muerto sobre el altar y han convertido al cadáver mismo, colocado en un banco con indumentaria de motero, gafas de sol y un cigarrillo de marihuana en los labios, en objeto de necrofilia. Ahora están de pie junto a la tumba y, como no sabe qué hacer para señalar el momento, Peter Fonda se encoge de hombros.

—Nada que decir —dice.

Lo que tenemos aquí es un momento obligatorio en toda película de moteros, el momento en que el héroe forajido afronta el destino del hombre: se lo cuento a ustedes solo para indicar el peculiar tono de estas películas. Muchas de ellas resultan extraordinariamente hermosas gracias al instinto con que retratan el aspecto verdadero del Oeste americano, con sus banderolas descoloridas que ondean encima de las gasolineras abandonadas y las calles desvaídas de los pueblos del desierto. Son las películas que en el ramo se conocen como «de sesión doble», y hay muy pocos adultos que hayan visto una. La mayoría se ruedan con menos de doscientos mil dólares. Es muy raro que lleguen a algún cine de Nueva York. Y, sin embargo, ya hace años que las películas de moteros constituyen una especie de literatura popular subterránea para los adolescentes, han encontrado un público y han fabricado un mito que expresa con precisión cada resentimiento incipiente de ese mismo público, cada anhelo de ese júbilo extremo que es la muerte. Morir con violencia es «honorable», es un subidón. Seguir vivo, tal como señala Peter Fonda en *Los Ángeles del Infierno*, no es más que seguir pagando el alquiler. Una buena película de moteros es un test de Rorschach perfecto de su público.

Yo he llegado a ver hasta nueve de esas películas, la primera casi por accidente y todas las demás provista de un cuaderno. Vi *Hell's Angels on Wheels* y *Hell's Angels '69*. Vi *Run Angel Run* y *Las dos pandillas* y *The Losers*. Vi *Los Ángeles del Infierno*, vi *Violent Angels*, vi *The Savage Seven* y también *The Cycle Savages*. Ni siquiera estaba segura de por qué seguía yendo a verlas. Si ves una película de moteros ya las has visto todas, de tan meticulosamente que se respetan los rituales de sacar a los moteros del pueblo y ponerlos en la carretera, de «echar una carrera», de aterrorizar a los «ciudadanos» inocentes, hacer fintas con la policía de carreteras y, finalmente, encontrar la muerte en un estallido, a menudo un estallido bastante literal, de fatalismo romántico. Siempre hay ese instante en que el líder de los forajidos se revela como héroe existencial. Siempre hay esa secuencia «perversa» en que los moteros aporrean alguna barrera del sonido psíquica, degradan a la viuda, violan a la virgen, profanan la rosa y la cruz por igual, cruzan al otro lado y cuando están allí se encuentran con «nada que decir». La brutalidad de las imágenes empaña las miradas. La indiferencia insensata que manifiestan todos los personajes en un mundo de palizas rutinarias y donde se mata como si nada adopta una lógica que es mejor no explorar.

Supongo que yo seguía yendo a ver esas películas porque en la pantalla veía unas noticias que no encontraba en el *New York Times*. Empecé a pensar que estaba viendo ideogramas del futuro. Ver una película de moteros es entender por fin en qué medida tolerar las pequeñas molestias ya no es un rasgo que se admire mucho en América, y en qué medida no tener umbral de frustración ya no se ve como un rasgo psicopático sin como algo «correcto». A un motero lo acosan en el trabajo por la esvástica que lleva en la chaqueta, de manera que coge una llave inglesa, amenaza al capataz y más tarde explica que lo que ha pasado es que el capataz «se le ha puesto tonto». Un motero atropella a un anciano en la carretera: el anciano «se había metido por en medio» y su muerte posterior se interpreta como «seguir tocando las narices». Una enfermera entra por casualidad en una habitación de hospital donde un motero le da una paliza hasta dejarla inconsciente y luego la viola; el hecho de que ella después acuda a la policía se representa como un acto de traición, un acto que únicamente es prueba de su histeria femenina, su afán de venganza y su privación de sexo. Cualquier chica que «actúe como una boba» se merece la que le viene encima, y la que le viene encima es una paliza y que la expulsen del grupo. Todo lo que no sea que te sirvan de inmediato en un restaurante constituye una provocación o «tocamiento de narices» intolerable: hay que destrozar el local, dejar al propietario medio muerto y violar en grupo a la camarera. Luego arrancar las Harley y largarse.

Si quieren imaginarse para qué clase de público se diseñan estas emociones, tal vez les haga falta sentarse también ustedes en una serie de autocines, o bien haber ido a la escuela con chavales que se especializaron en carpintería y acabaron trabajando en gasolineras y después las han atracado. Las películas de moteros están hechas para todos esos chavales de imprecisa estirpe rural que crecen de forma absurda en el Oeste y el Sudoeste, chavales cuyas vidas enteras son un oscuro resentimiento contra el mundo que están convencidos de que no es de ellos. Esos chavales están cada vez más en todas partes, y su estilo es el de toda una generación.

3

Palms, California, es una parte de Los Ángeles que mucha gente cruza con el coche para ir de la 20th Century-Fox a la Metro-Goldwyn-Mayer y viceversa. Se trata de una zona que a quienes la cruzan les suele pasar desapercibida, una pradera invisible de casitas estucadas de una y dos plantas, y si yo se la menciono ahora a ustedes es solo porque es en Palms donde vive una joven llamada Dallas Beardsley. Dallas Beardsley se ha pasado sus veintidós años de vida en este recodo invisible de Los Ángeles, viviendo con su madre en sitios como Palms, Inglewood o Westchester: asistió a la Airport Junior High School, que está cerca del aeropuerto internacional de Los Ángeles, y luego a la Westchester High School, donde no salió con ningún chico pero sí que hizo la prueba para ser animadora. Recuerda que el hecho de que no la escogieran fue su «decepción más grande». Después decidió hacerse actriz, y una mañana de 1968 compró la página cinco del *Daily Variety* para poner un anuncio donde decía entre otras cosas: «No hay nadie como yo en el mundo. Voy a ser una estrella de cine».

Querer ser una estrella de cine parecía una ambición anacrónica; en 1968 se suponía que las chicas no tenían que querer aquello. Se suponía que solo tenían que querer perfeccionar su karma, dar y recibir eso que se llamaban buenas vibraciones y renunciar a la ambición personal porque no era más que un juego del ego. Se suponía que tenían que saber que querer cosas solía generar dolor, y que querer ser estrella de cine en concreto te llevaba al pabellón de neuropsiquiatría del hospital de la UCLA. Esas eran nuestras convenciones. Y, sin embargo, allí estaba Dallas Beardsley, contándole al mundo lo que quería por cincuenta dólares de entrada y treinta y cinco dólares al mes, según contrato de ocho meses con *Variety*. «Voy a ser una estrella de cine.»

Así que llamé a Dallas y una calurosa tarde fuimos con el coche por las colinas de Hollywood y nos dedicamos a charlar. Dallas tenía el pelo largo y rubio, llevaba un vestido de verano, le preocupaba una carrera que tenía en la media y no vaciló ni un segundo cuando le pregunté qué quería decir ser una estrella de cine.

–Quiere decir que te conozcan en todo el mundo –me dijo–. Y llevarle a mi familia un montonazo de regalos el día de Navidad, ya sabe, camiones enteros de regalos, y dejarlos junto al árbol. Y quiere decir felicidad, y vivir junto al mar en una casa enorme. –Hizo una pausa–. Pero la cuestión es ser *conocido*. Para mí es muy importante ser *conocida*. –Aquella mañana había visto a un agente, y estaba contenta porque el agente le había dicho que su decisión de no representarla no era «nada personal»–. Los agentes importantes son amables –me contó–. Te contestan las cartas, te devuelven las llamadas. Los desagradables son los pequeños. Pero yo lo entiendo, de verdad.

Dallas está convencida de que todo el mundo, hasta los agentes, «en el fondo es buena gente», y que «cuando te hacen daño es porque alguien se lo ha hecho a ellos, y además es posible que Dios quiera que sientas dolor, para que luego te pueda pasar algo hermoso». Dallas asistía a la iglesia de la Unidad de Culver City, cuya idea básica era que todo siempre va a mejor, y se describía a ella misma como «bastante religiosa» y «con tendencias políticas menos liberales que la mayoría de los actores».

Su dedicación al futuro era completamente pura. Los empleos que tenía para mantenerse –había hecho trabajos temporales para la agencia Kelly y también de camarera– no interferían con sus ambiciones. No iba a fiestas ni salía con hombres.

–Trabajo hasta las seis y media, luego tengo clase de baile y después ensayo en el taller. ¿Cuándo iba a tener tiempo? Además, esas cosas no me interesan.

Aquel día, mientras volvía en coche a casa por las soñolientas calles secundarias de Hollywood, tuve la clara sensación de que todo el mundo que conocía padecía una fiebre que todavía no se había contagiado a la ciudad invisible. En la ciudad invisible, las chicas se seguían quedando decepcionadas de que no las escogieran como animadoras. En la ciudad invisible las chicas seguían siendo descubiertas en el Schwab's y después conocían a sus grandes amores en el Mocambo o en el Troc, seguían soñando con casas enormes junto al mar y con camiones cargados de regalos junto al árbol de Navidad; y seguían rezando para ser conocidas.

4

Otra parte de la ciudad invisible.

–Hablando por mí misma –dijo la joven–, en los siete meses que han pasado desde que estoy en el programa, todo ha ido muy bien. Yo jugaba solo en Gardena, y solo a lowball. Jugaba de noche, después de acostar a los niños, y, claro, nunca llegaba a casa antes de las cinco de la mañana, y mi problema era que entonces no podía dormir, me ponía a repasar mentalmente hasta la última mano de cartas, así que al día siguiente estaba, ya sabéis, cansada, irritable. Con los niños.

Hablaba con un tono que sugería que había aprendido a hablar en público estudiando anuncios de analgésicos, pero no estaba exactamente vendiendo un producto. Estaba haciendo una «confesión» en una reunión de Jugadores Anónimos: eran las nueve de una noche de invierno en la sede de un centro cívico de Gardena, California. Gardena es la capital del póquer tapado del condado de Los Ángeles (no se juega al póquer abierto, no se sirve alcohol y los clubes cierran entre las cinco y las nueve de la mañana y todo el día de Navidad), y la cercanía de los clubes de póquer flotaba sobre la reunión presente como una sustancia parafísica, casi tan palpable como la bandera americana, los retratos de Washington y Lincoln y la mesa que había puesto el Comité de Refrigerios. La acción estaba allí mismo, a la vuelta de la esquina, y en aquella habitación recalentada había cuarenta personas –moviéndose nerviosamente en sus sillas plegables y parpadeando por culpa del humo de los cigarrillos– que la ansiaban.

–Es la primera vez que vengo a esta reunión de Gardena –dijo uno de ellos–, y es por una razón muy simple, que es que cada vez que paso por Gardena, aunque sea yendo por la autopista, me entran sudores fríos, pero esta noche he venido porque cada noche que voy a una reunión es una noche en que no hago una apuesta, y con la ayuda de Dios y la vuestra, hoy cumplo 1.223 noches.

Y otro:

–Salí de casa para ir a una reunión en Canoga Park, pero di media vuelta en la autopista, eso fue el miércoles, y terminé en Gardena y ahora vuelvo a estar al borde del divorcio.

Y un tercero:

–No perdí ninguna fortuna, pero sí que perdí todo el dinero que podía conseguir; empecé en el cuerpo de marines, en Vietnam conocí a muchos pardillos a los que timar, estaba ganando dinero fácil y se puede decir que fue ese periodo de mi vida el que... eh... llevó a mi caída.

Este último era un joven que contaba que le había ido más o menos bien en sus estudios de dibujo mecánico en el instituto de enseñanza secundaria Van Nuys. Llevaba un pronunciado tupé estilo rockabilly año 1951. Igual que Dallas Beardsley, tenía veintidós años. Díganme cómo se llama el representante electo de la ciudad invisible.

1968-1970

GEORGIA O'KEEFFE

«Ni el sitio donde nací ni la forma en que he vivido importan para nada», nos contó Georgia O'Keeffe en el libro de pinturas y textos que publicó al cumplir noventa años. Parecía estar aconsejándonos que nos olvidáramos de la hermosa cara que aparece en las fotografías de Stieglitz. Parecía que estaba desdeñando ese romanticismo más bien condescendiente que para entonces ya era inseparable de su persona, ese romanticismo de la belleza extrema y la edad avanzada y el aislamiento deliberado. «Lo que tendría que interesar es lo que he hecho con los lugares donde he estado.» Me acuerdo de una tarde de agosto en Chicago en 1973 en que me llevé a mi hija, que por entonces tenía siete años, a ver lo que había hecho Georgia O'Keeffe con el sitio donde había estado. Aquel día nos encontramos uno de los enormes lienzos de *Cielo sobre las nubes* de O'Keeffe suspendido por encima de la escalera de atrás del Chicago Art Institute, dominando lo que parecían ser varios pisos de vacío luminoso, y mi hija lo contempló todo de un solo vistazo, a continuación echó a correr hasta el rellano de la escalera y volvió a mirar:

–¿Quién lo ha dibujado? –me dijo en voz baja al cabo de un momento.

Yo se lo dije.

–Tengo que hablar con ella –me dijo por fin.

Aquel día en Chicago, mi hija estaba llevando a cabo una suposición inconsciente pero bastante básica sobre las personas y su obra. Estaba dando por sentado que la gloria que veía en la obra era el reflejo de la gloria de su creador, que la pintura era el pintor, del mismo modo que el poema es el poeta, y que cada elección que llevamos a cabo a solas –cada palabra que elegimos o rechazamos, cada pincelada plasmada o no plasmada– revela el carácter de uno. *El estilo es el carácter.* Aquella tarde a mí me dio la impresión de que yo nunca había visto aplicar ese principio de forma tan instintiva, y recuerdo haberme sentido complacida no solo porque mi hija reaccionara al estilo en tanto que carácter, sino por el hecho de que el estilo en concreto al que reaccionara fuera el de Georgia O'Keeffe: una mujer dura que había impuesto sus dieciocho metros cuadrados de nubes sobre Chicago.

En nuestro siglo la «dureza» no ha sido una cualidad muy admirada en las mujeres, de la misma manera en que tampoco lo ha sido de forma oficial en los hombres durante los últimos veinte años. Cuando la dureza emerge en la gente muy mayor solemos interpretarla como «mal humor» o excentricidad, cierta condición de cascarrabias que se les puede permitir en la distancia. A juzgar por su obra, y por cómo habla de ella, Georgia O'Keeffe no es ni cascarrabias ni excéntrica. Es simplemente dura, alguien que no se anda con tonterías, una mujer libre de ideas preconcebidas y abierta a lo que ve. Se trata de una mujer que siendo muy joven ya era capaz de desdeñar a la mayoría de sus contemporáneos por considerarlos «unos soñadores», y que más tarde destacaría a uno que le caía bien diciendo que era «un pintor muy malo». (Y a continuación añadiría, al parecer con la intención de suavizar el golpe: «Supongo que en realidad no era un pintor ni era nada. No tenía coraje, y estoy convencida de que para crear un mundo propio en cualquiera de las artes hace falta coraje».) Se trata de una mujer que en 1939 ya era capaz de responder a sus admiradores que no estaban entendiendo nada, que si les gustaban sus famosas flores era únicamente por razones sentimentales. «Cuando pinto una colina roja –comentaba en tono desapegado en el catálogo de una exposición de aquel mismo año–, decís que es una lástima que no pinte flores siempre. Las flores casi siempre conmueven a la gente. Las colinas rojas, en cambio, no conmueven a todo el mundo.» Se trata de una mujer capaz de describir la génesis de una de sus pinturas mejor conocidas –*Cráneo de vaca: rojo, blanco y azul*, propiedad del Metropolitan– como un desplante completamente deliberado y sarcástico. «Pensé en los hombres de ciudad a los que yo había estado viendo en el Este –escribió–. Se pasaban todo el tiempo hablando de escribir la Gran Novela Americana, la Gran Obra Teatral Americana, el Gran Poema Americano… De manera que yo estaba pintando mi cráneo de vaca sobre fondo azul y pensé para mí misma: "Voy a hacer que sea una pintura americana. A ellos no les entusiasmará que simplemente tenga dos rayas rojas a los lados, que hacen el rojo, el blanco y el azul, pero por lo menos se fijarán".»

Los hombres de ciudad. Los hombres. Ellos. Las palabras no paraban de aflorar mientras aquella mujer asombrosamente agresiva nos contaba lo que había tenido en mente al pintar sus asombrosamente agresivos cuadros. Eran aquellos hombres de ciudad a quienes ella acusaba de sentimentalizar sus flores: «Hice que os tomarais vuestro tiempo para mirar lo que yo veía, y cuando por fin os detuvisteis para fijaros en mi flor le pegasteis todo lo que vosotros asociáis con las flores, como si yo pensara y viera lo mismo que vosotros pensáis y veis; y no es verdad». *Y no es verdad.* Imaginen que están oyendo ustedes esas palabras y que lo que oyen en realidad es: *No me piséis.* A «los hombres» les parecía imposible pintar Nueva York, de manera que Georgia O'Keeffe pintó Nueva York. A «los hombres» no les gustaban mucho sus colores vivos, de manera que ella los hizo todavía más vivos. Los hombres tiraban para Europa, de manera que ella se fue primero a Texas y después a Nuevo México. Los hombres hablaban de Cézanne, se dedicaban a hacer «comentarios largos y alambicados sobre la "plasticidad" de sus formas y colores», y entre ellos se tomaban demasiado en serio sus comentarios largos y alambicados, en opinión de aquella angelical serpiente de cascabel que tenían en medio. «Yo puedo pintar uno de esos cuadros de colores deprimentes igual que los hombres», recuerda haber pensado en 1922 aquella mujer que siempre consideró que estaba en el margen, y lo hizo: pintó una cabaña «en tonos apagados y sombríos, con el árbol junto a la puerta». A aquel acto de rencor lo tituló *La casucha*, y lo colgó en su siguiente exposición. «Pareció que los hombres lo aprobaban –nos informó cincuenta y cuatro años más tarde, sin perder un ápice de su desprecio–. Pareció que pensaban que a lo mejor yo estaba empezando a pintar. Fue el único cuadro que pinté en tonos apagados y colores deprimentes.»

Hay mujeres que luchan y hay otras que no. Igual que tantas otras guerrilleras que han tenido éxito en la contienda entre los sexos, Georgia O'Keeffe parece haber estado ya desde joven dotada de una noción inmutable de quién era ella y de un entendimiento bastante claro del hecho de que le iban a exigir que lo demostrara. En la superficie se había criado de forma convencional. Había sido una niña de la pradera de Wisconsin que jugaba con muñecas de porcelana y pintaba acuarelas de cielos nublados, porque la luz del sol era demasiado difícil de pintar, y que junto con sus hermanos y hermanas escuchaba todas las noches cómo su madre contaba historias del Salvaje Oeste, de Texas, de Kit Carson y de Billy el Niño. Les contaba a los adultos que de mayor quería ser artista y le daba vergüenza que le preguntaran qué clase de artista quería ser: no tenía ni idea de qué «clase». No tenía ni idea de qué hacían los artistas. Nunca había visto un solo cuadro que le interesara, solo una Doncella de Atenas que había dibujada a pluma en uno de los libros de su madre, algunas ilustraciones de la Madre Ganso estampadas sobre tela, la cubierta de un cuaderno que mostraba a una niña con rosas de color rosa, y la pintura de árabes a caballo que colgaba en la sala de estar de su abuela. A los trece años, estando en un convento de dominicas, le mortificó que una monja le corrigiera un dibujo suyo. En el Instituto Episcopaliano Chapman de Virginia pintaba azucenas y se escabullía a solas para ir caminando hasta donde pudiera ver el contorno de las montañas Blue Ridge en el horizonte. En el Art Institute de Chicago se escandalizó de que hubiera modelos de carne y hueso y quiso abandonar las lecciones de anatomía. En la Arts Students League de Nueva York uno de sus compañeros de clase le comentó que, como él iba a llegar a ser un gran pintor y en cambio ella iba a terminar de maestra en una escuela para chicas, ninguna obra que ella pintara sería tan importante como hacer de modelo para él. Otro se puso a pintar por encima del cuadro de ella para demostrarle cómo pintaban árboles los impresionistas. Ella no había oído nunca cómo pintaban árboles los impresionistas y tampoco le interesaba demasiado.

A los veinticuatro años dejó atrás todas aquellas opiniones y se fue por primera vez a vivir a Texas, donde no había árboles que pintar ni tampoco nadie que le dijera cómo tenía que pintarlos. En Texas solo había aquel horizonte que ella anhelaba. En Texas tuvo con ella durante una temporada a su hermana Claudia, y al atardecer las dos se alejaban del pueblo y caminaban hacia el horizonte y miraban cómo salía el lucero de la tarde. «Me fascinaba aquel lucero de la tarde –escribió ella–. Por alguna razón me resultaba muy emocionante. Mi hermana tenía una pistola, y mientras caminábamos ella se dedicaba a lanzar botellas al aire y a intentar alcanzarlas de un disparo antes de que volvieran a caer al suelo. Yo no tenía nada que hacer más que caminar hacia la nada y adentrarme en la amplia extensión del crepúsculo donde estaba la estrella. De aquella estrella hice diez acuarelas.» En cierta manera suscita tanto interés Claudia, la hermana pistolera, como Georgia, la pintora con su estrella, lo que pasa es que solo la pintora nos dejó este luminoso registro. De aquella estrella hizo diez acuarelas.

1976

HOLLYWOOD

«Pueden ustedes infravalorar Hollywood como lo hice yo –le cuenta Cecilia Brady al lector en *El último magnate*–, o bien lo pueden menospreciar con ese desdén que reservamos para lo que no entendemos. También es posible entender Hollywood, pero solo vagamente y a rachas. No hay ni media docena de hombres que hayan sido capaces de retener toda la ecuación de imágenes en la mente.» En la medida en que *El último magnate* «trata» de Hollywood, no trata de Monroe Stahr sino de Cecilia Brady, tal como apreciará de forma inmediata cualquiera que entienda, aunque sea vagamente o a rachas, la ecuación de imágenes: la gente como Monroe Stahr va y viene, pero la gente como Cecilia Brady son la segunda generación, los supervivientes, los herederos de una comunidad tan intrincada, rígida y engañosa en sus costumbres como no se ha visto otra en este continente. En pleno invierno, en los caserones que esos supervivientes tienen junto a Benedict Canyon, la madera de encinillo y eucalipto arde durante el día entero, las puertas acristaladas están abiertas de par en par al sol subtropical y las salas están llenas de orquídeas mariposa y orquídeas barco, de alfombras bordadas en cañamazo y del aroma exquisito de las velas Rigaud. Los invitados a la cena toquetean con sus tenedores de plata de ley dorada el pescado a la parrilla y la lechuga francesa a la vinagreta, deciden no tomar postre y finalmente pasan a la sala de proyecciones, donde se aposentan para ver *El rompecorazones* llevando un poco de agua con gas en vaso de cristal Baccarat.

Después de la película, las mujeres, una gran parte de las cuales tiene pinta de haber ascendido por medio de shocks crónicos a un estado de chifladura esquiva, discuten durante la media hora ritual los desplazamientos transpolares de sus conocidos y la paz espiritual que generan las clases de ejercicios, las clases de ballet y el uso de servilletas de papel en la playa. Entre los acontecimientos de este invierno que valoran positivamente se encuentran el *Virginia Woolf* de Quentin Bell, los acróbatas chinos, las visitas recientes a Los Ángeles de Bianca Jagger y la apertura en Beverly Hills de una sucursal del Bonwit Teller. Los hombres hablan de cine, de ingresos brutos, de contratos y de lo que la prensa ha dicho de los actores.

–Afrontémoslo –oí que decía alguien la otra noche, refiriéndose a un director cuya última película se acababa de estrenar hacía un par de días y no estaba recaudando mucho dinero–: era taquillero hasta la semana pasada.

Las veladas terminan antes de la medianoche. Las parejas se marchan en pareja. De existir infelicidad conyugal, nadie la mencionará hasta que a una de las partes implicadas la vean almorzando con un abogado. De existir enfermedad, nadie la admitirá hasta que el paciente entre en coma terminal. La discreción es sinónimo de «buen gusto», y también es buena para los negocios, puesto que en el negocio de Hollywood ya existen los suficientes imponderables sin necesidad de entregarles los dados a unos jugadores demasiado distraídos para concentrarse en la acción. Se trata de una comunidad cuyos notables excesos excluyen todo lo que tenga que ver con la carne o el espíritu: el adulterio heterosexual se tolera peor que los matrimonios homosexuales respetablemente asentados o que los enlaces bien llevados entre mujeres de mediana edad. «Una bonita relación lésbica es lo más normal del mundo –recuerdo que insistió Otto Preminger cuando mi marido y yo le cuestionamos el hecho de que la heroína de la película de Preminger que estábamos escribiendo hubiera de tener una–. Es muy fácil de arreglar y no amenaza el matrimonio.»

El flirteo entre hombres y mujeres, igual que las copas de después de la cena, sigue siendo mayormente un lujo que solo se pueden permitir los actores de carácter venidos de Nueva York, los guionistas ocasionales, los reseñistas que están siendo cortejados por gente de la industria y otra gente que no entiende la *mise* de la *scène* local. En las casas de los herederos, preservar la comunidad es primordial, en el nombre de la Paramount, la Universal, la Columbia, la Fox, la Metro y la Warner. Es en este tropismo hacia la supervivencia donde Hollywood presenta a veces la apariencia de ser la última sociedad estable que queda.

Una tarde de no hace mucho tiempo, en unos estudios donde mi marido estaba trabajando, el director de una película se desplomó en pleno rodaje víctima de un paro cardíaco. A las seis en punto, el estado del director estaba siendo discutido en la sauna de los ejecutivos.

–He llamado al hospital –dijo el jefe de producción de los estudios–. He hablado con su mujer.

–Oíd lo que ha hecho Dick –dijo en tono imperioso otro de los hombres que estaban en la sauna–. Qué bonito detalle ha tenido Dick.

La anécdota ilustra muchos elementos de la realidad social de Hollywood, aunque muy pocos de los individuos foráneos a la industria del cine a quienes se la he contado la han entendido. Para empezar, en ella aparecen unos «estudios», y mucha gente de fuera del ramo tiene la idea errónea de que los «estudios» ya no tienen nada que ver con cómo se hacen las películas en los tiempos modernos. Han oído la expresión «producción independiente» y se han imaginado que la expresión significa lo que significan sus palabras. Han oído hablar de «desbandadas» y de «platós vacíos», y de sondeos que tocan a difuntos sin parar por la industria del cine.

De hecho, la economía bizantina pero muy eficiente del negocio hace que esa retórica sea todavía más absurda de lo que parece: son los estudios los que siguen poniendo casi todo el dinero. A cambio de financiar y distribuir la típica película «independiente», los estudios no solo se llevan la porción más grande (casi la mitad) de cualquier beneficio que obtenga la película, sino, lo que es más importante, se llevan el cien por cien de lo que obtenga la película hasta un punto que se denomina «umbral de rentabilidad», o punto de equilibrio, una cifra arbitraria que se suele colocar en 2,7 o 2,8 veces el coste real, o «negativo», de la película.

Y más importante todavía, ese «punto de equilibrio» jamás representa el punto en que el estudio alcanza el equilibrio entre las pérdidas y las ganancias con su película: ese punto tiene lugar, salvo sobre el papel, mucho antes, puesto que los estudios ya han recibido entre un 10 y un 25 por ciento del presupuesto de la película en concepto de gastos indirectos, y también han recibido un dinero adicional en concepto de alquiler y otros honorarios por servicios prestados a la productora, y después de que la película se estrene, siguen recibiendo una cantidad que llega casi a un tercio de los ingresos de la película en concepto de tarifa de «distribución». En otras palabras, existen unos ingresos considerables ocultos dentro del mismo riesgo, y a menudo se dice que la película ideal desde el punto de vista de los estudios es aquella película que no llega por un solo dólar al punto de equilibrio. Se han diseñado contabilidades más perfectas para la supervivencia, pero casi todas en Chicago y Las Vegas.

Pese a todo, sigue siendo habitual entre la gente que escribe sobre Hollywood eludir la realidad económica a fin de adoptar metáforas más pegadizas, casi siempre tomadas de la paleontología, *vide* John Simon: «No pienso repetir aquí algo que todo el mundo sabe, que es que la industria empezó a morir porque era demasiado grande, desdentada y anticuada, igual que aquellos dinosaurios de hace unas cuantas eras geológicas...». El vocabulario de la extinción está tan extendido (Simon se olvidó de la alusión obligatoria a los fosos de alquitrán de La Brea) que a menudo los visitantes me aseguran que los estudios son «morgues», que están «entablados» y que en «el nuevo Hollywood» los estudios «ya no tienen poder». Pero sí que lo tienen.

Enero en la última sociedad estable que queda. Tengo la certidumbre empírica de que es enero solo porque una especie de mostaza silvestre tiñe las colinas de amarillo ácido, y porque hay flores de Pascua delante de todos los bungalows que rodean la Goldwyn y la Technicolor, y también porque mucha gente de Beverly Hills está en La Costa y en Palm Springs y porque en el hotel Beverly Hills hay mucha gente de Nueva York.

–Esta ciudad está muerta –me dice uno de esos visitantes de Nueva York–. Anoche pasé por el Polo Lounge y era un cementerio.

Todos los años por enero me cuenta lo mismo, y todos los años por enero yo le cuento que la gente que vive y trabaja aquí no frecuenta los bares de los hoteles ni antes ni después de la cena, pero parece que él prefiere su propia versión. Ahora que lo pienso, creo que solo hay tres personas de Nueva York foráneas a la industria del cine cuya versión de Hollywood se corresponda de alguna manera con la realidad de aquí, y esas tres personas son Johanna Mankiewicz Davis, Jill Schary Robinson y Jean Stein Van Den Heuvel, las hijas respectivas del difunto guionista Herman Mankiewicz, del productor y antiguo jefe de producción de la Metro, Dore Schary, y del fundador de la Music Corporation of America y de la Universal Pictures, Jules Stein. «En Hollywood no nos gusta la gente de fuera», decía Cecilia Brady.

Pasan los días. Los visitantes llegan, otean el Polo Lounge y se marchan, tras confirmar su convicción de que han penetrado en una zona de desastre hábilmente camuflada. El correo de la mañana trae un informe de rendimientos de la 20th Century-Fox relativo a una película en la que supuestamente mi marido y yo tenemos «puntos», o sea, un porcentaje de las ganancias. La película costó 1.367.224,57 dólares. De momento ha obtenido unos ingresos brutos de 947.494,86 dólares. El informe podría sugerir a alguien que hiciera la resta sin saber del tema que la película está a cuatrocientos mil dólares de alcanzar el umbral de rentabilidad, pero la realidad no es así. Lo que dice el informe es que la película está a 1.389.112,72 dólares de ese umbral. De hecho, la frase «1.389.112,72 dólares por recuperar» figura literalmente al pie de la página.

En lugar de plantearse por qué un proyecto que costó 1,3 millones y ha recuperado casi un millón presenta unos números rojos de 1,3 millones, decido ir a cortarme el pelo, leer las revistas del ramo y enterarme de que *La aventura del Poseidón* está obteniendo cuatro millones de ingresos brutos a la semana, que Adolph «Papa» Zukor va a celebrar sus cien años en una cena patrocinada por la Paramount, y que James Aubrey, Ted Ashley y Freddie Fields han alquilado juntos una casa en Acapulco para pasar la Navidad. En este momento de la acción, James Aubrey es la Metro-Goldwyn-Mayer. Ted Ashley es la Warner Brothers. Y Freddie Fields es la Creative Management Associates, la First Artists y la Directors Company. La conclusión que se debe extraer parece clara en el caso de la supervivencia de Adolph «Papa» Zukor, pero no en el de la de James Aubrey, Ted Ashley y Freddie Fields.

–Oye, tengo una historia realmente preciosa –me dice el hombre que me corta el pelo–. Imagínate una actriz nueva y desconocida tipo Dominique Sanda. ¿*Comprenez* de momento?

De momento *comprends*. El hombre que me corta el pelo, igual que todo el mundo en esta comunidad, está buscando la acción, la partida, un sitio donde colocar unas cuantas fichas. Aquí en el gran casino a nadie le hace falta capital. Lo único que hace falta es una historia realmente preciosa. O tal vez, si a uno no se le ocurre ninguna, lo que hace falta son quinientos dólares para ir a medias en el pago de una opción de mil dólares sobre una propiedad ajena realmente preciosa pero (afrontémoslo) de tres años de edad. (Un libro o una historia solo se llaman la «propiedad» hasta que se firma contrato; a partir de entonces se llaman el «material base», en frases como «no he leído el material base de *Gatsby*».) Cierto, el casino ya no está tan abierto como lo estaba en el 69, durante aquel verano y aquel otoño del 69 en que la ciudad entera estaba narcotizada por los ingresos de *Buscando mi destino*, y lo único que hacía falta para levantar una película era sugerir un presupuesto de 750.000 dólares, un equipo de rodaje barato afiliado al NABET o incluso no sindicado y un chaval tremendo de veintidós años a la dirección. Pero resultó que la mayoría de aquellas películas las acabaron filmando, como de costumbre, equipos afiliados al IATSE y no al NABET; y que, como de costumbre, no costaron 0,75 millones sino 1,2 millones, y que muchas terminaron en un estante y jamás se estrenaron. De manera que acabó siendo un verano terrible, el verano de resaca de 1970, en que nadie podía pasar de la puerta sin tener comprometida a Barbra Streisand.

Fue el verano en que todos los directores tremendos de veintidós años se volvieron a rodar anuncios de televisión y todos los productores de veinticuatro años llenos de creatividad agotaron los arrendamientos de sus oficinas en la Warner Brothers allí sentados bajo el tedioso sol de Burbank, fumando maría antes del almuerzo y poniéndose entre ellos sus películas sin estrenar después del almuerzo. Pero esa época se terminó y el juego se ha reanudado, ahora vuelve a haber dinero para desarrollar proyectos y los contratos dependen únicamente de que haya una historia realmente preciosa y de que se den los elementos correctos. Los elementos son importantes. «Nos gustan los *elementos*», dicen en los estudios cuando se están planteando cerrar un trato. Es por eso por lo que el hombre que me corta el pelo me está contando su historia. Un guionista puede ser un elemento. Y yo lo escucho porque en muchos sentidos soy un público cautivo pero voluntario, no solo del peluquero sino del gran casino.

Este sitio nos convierte a todos en jugadores. Su espíritu es veloz, obsesivo, inmaterial. La acción en sí es la forma de arte, y se describe en términos estéticos: «Un contrato muy imaginativo», se dice, o bien: «Escribe los contratos más creativos del ramo». Igual que en todas las culturas en las que la actividad central es el juego, en Hollywood existe una energía sexual rebajada, una incapacidad para prestarles una atención más que somera a las preocupaciones de la sociedad de fuera. La acción lo es todo, consume más energía que el sexo y es más inmediata que la política. Siempre resulta más importante que el ganar dinero, que para el jugador jamás constituye la verdadera finalidad del proceso.

Hablo por teléfono con un agente, que me cuenta que tiene en su mesa un cheque a nombre de un cliente por un importe de 1.275.000 dólares, la parte que le corresponde a ese cliente de los primeros beneficios de una película que se acaba de estrenar. La semana pasada, en otro despacho, alguien me enseñó otro cheque por el estilo, aquel de 4.850.000 dólares. Todos los años circulan varios cheques así por la ciudad. Los agentes te cuentan que esos cheques están «en su mesa» o bien «en la mesa de Guy McElwaine» como si su ubicación física exacta fuera lo que le concede su credibilidad al pedazo de papel. Un año pueden ser los cheques de *Cowboy de medianoche* o de *Dos hombres y un destino*, y otro año los de *Love Story* y *El padrino*.

En cierto sentido que resulta curioso, estos cheques no son «reales», no son dinero real en el mismo sentido en que puede serlo un cheque de mil dólares; nadie «necesita» 4.850.000 dólares, ni tampoco es dinero disponible verdadero. Es simplemente el premio por unos dados que se tiraron hace un par de años, y su realidad no solo se ve alterada por ese tiempo transcurrido, sino también por el hecho de que nadie contó nunca con el premio. Cuatro millones de ganancias imprevistas parecen dinero del Monopoly, pero los papeles en sí donde se leen esas cifras tienen una significación totémica para la comunidad. Son los tótems de la acción. Y cuando oigo hablar de esos tótems me da por pensar en Sergius O'Shaughnessy, que a veces creía en lo que él mismo decía y trataba de hacer las curas bajo el mismo sol de Desert D'Or, con sus cactus, su montaña y el follaje verde intenso de su amor y su dinero.

Como dentro de la comunidad se considera que cualquier superviviente tiene el poder de conferirles a los demás de forma ritual el afortunado don de la supervivencia, resulta que la cena de cumpleaños de Adolph «Papa» Zukor también tiene un significado totémico. Robert Evans, el jefe de producción de la Paramount, la describe como «una de las veladas más memorables de nuestra industria... Nunca ha habido nadie que haya llegado a los cien años». Durante toda la cena suenan canciones de éxito de viejas películas de la Paramount. Jack Valenti habla del invitado de honor como «la prueba viviente en el mundo del cine de que tenemos una conexión con nuestro pasado».

El propio Zukor, que en el *Who's Who* sale descrito como «fabricante de películas», y en el *Daily Variety* como «firme creyente en la filosofía de que hoy es el primer día del resto de tu vida», aparece después de la cena para expresar su fe en el futuro del cine y el placer que le producen los beneficios recientes de la Paramount. A lo largo de los años, muchos de los presentes han tenido ocasión de guardarle algún que otro rencor a Adolph «Papa» Zukor, pero esta noche reina entre ellos una calidez resignada, un reconocimiento del hecho de que acabarán asistiendo a los funerales de los demás. La curación ceremonial de las cicatrices, tanto viejas como recientes, es una forma de vida entre los supervivientes, igual que lo es el hecho mismo de infligírselas. Al acto de infligirse las cicatrices se lo denomina «divertirse un rato». «Vamos a ver a Nick, creo que nos vamos a divertir un rato», recuerda David O. Selznick que le dijo su padre cuando Selznick Sr. se fue a decirle a Nick Schenk que le iba a quitar el cincuenta por ciento de los ingresos brutos de *Ben-Hur*.

El invierno avanza. Mi marido y yo volamos a Tucson con nuestra hija para pasar un par de días reunidos con un productor sobre un guión, en la localización misma. Salimos a cenar por Tucson: la niñera me cuenta que ha conseguido para su hijo minusválido una fotografía firmada de Paul Newman. Yo le pregunto qué edad tiene su hijo. «Treinta y cuatro», me dice ella.

Vinimos para dos días, pero nos quedamos cuatro. Apenas salimos del Hilton Inn. Para el equipo de la película, este ritmo de vida en la localización se prolongará durante doce semanas. El productor y el director coleccionan cinturones de artesanía navaja y hablan a diario con Los Ángeles, Nueva York y Londres. Para cuando esta película se estrene y reciba reseñas, ellos ya estarán rodando en otras ciudades. Las películas estrenadas forman parte del pasado. Las películas estrenadas suelen borrarse de la mente de la gente que las hizo. Igual que el cheque de cuatro millones de dólares no es más que el tótem de la acción, en gran medida la película en sí no es más que un efecto secundario de la acción. «Con esta nos podemos divertir un rato», dice el productor mientras nos marchamos de Tucson. «Divertirse un rato» es también como se denomina la acción en sí.

Les paso estos apuntes a ustedes a fin de sugerirles que una buena parte de lo que se escribe sobre el cine y sobre la gente del cine no se acerca a la realidad más que de manera ocasional y accidental. Hubo un momento en que me tenía muy desconcertada la confianza con que muchos periodistas especializados en cine soltaban sus ideas equivocadas. Solía preguntarme, por ejemplo, cómo Pauline Kael era capaz de componer como si nada oraciones subordinadas irreflexivas del tipo «ahora que los estudios se están hundiendo», o cómo era capaz de malinterpretar el decoro laberíntico de las veladas de la industria del cine hasta el punto de retratar a las «esposas de Hollywood» como mujeres «cuyas mandíbulas se acaban volviendo de piedra por culpa de las noches que se pasan sentadas en fiestas sin beber y esperando para llevarse a casa a sus genios beodos». (Esta fantasía, por extraño que parezca, apareció en una reseña de *El fabuloso mundo de Alex*, una película de Paul Mazursky que, a pesar de sus defectos, retrataba con precisión meticulosa ese nivel del «joven Hollywood» en el que el consumo medio diario de narcóticos es una copa de vino blanco Mondavi de tres dólares y dos cigarrillos de marihuana compartidos entre seis personas.) Esos maridos «beodos» y esos estudios «que se hunden» no proceden tanto de la vida en Hollywood como de un extraño telefilme rodado en el West Side sobre la vida en Hollywood, *Playhouse 90*, presumiblemente el mismo que Stanley Kauffmann ve en la pantalla de su mente cuando dice que un director como John Huston está «corrompido por el éxito».

¿Qué se puede decir de esta mentalidad tan peculiar? Alguna gente que escribe sobre cine parece tener un temperamento tan discordante con lo que tanto Fellini como Truffaut han llamado el aspecto «circense» de hacer películas que resulta simplemente imposible que lleguen a comprender la realidad social o emocional del proceso. En relación con esto, pienso sobre todo en Kauffmann, cuya idea de hacer una revelación escandalosa sobre dicho circo consiste en contar que el trapecista está ahí arriba para llamarnos la atención. Recuerdo una vez en que previno a sus lectores de que Otto Preminger (el mismo Otto Preminger que puso a Joseph Welch en *Anatomía de un asesinato* y que convenció a Louis Nizer para que escribiera un guión sobre los Rosenberg) se dedicaba a los «espectáculos comerciales», y también les hizo saber que él no se había dejado engañar por la «falsedad» de la secuencia de la persecución de *Bullitt*: «Una persecución así por las calles normales de San Francisco habría terminado en muertes mucho antes».

Lo curioso de Kauffmann es que tanto por su testaruda rectitud como por su dicción flatulenta, resulta indistinguible de muchos miembros de la industria. Es alguien que considera a R. D. Laing «deslumbrantemente humano». Lewis Mumford es «civilizado y civilizador» y alguien con quien tenemos una «gran deuda». Arthur Miller es un «agonista trágico» cuyo arte solo se ve dificultado por «los grilletes de nuestra época». Es el mismo vocabulario que usa el Galardón Humanitario Jean Hersholt. En *Bullitt*, Kauffmann adivinó no solo su «falsedad», sino también «una posible motivación propagandística»: «enseñar (sobre todo a los jóvenes) que la ley y el orden no son necesariamente tediosos». La «motivación» de *Bullitt* era mostrar que varios millones de personas estaban dispuestos a pagar tres dólares por cabeza para ver cómo Steve McQueen conducía a toda velocidad, pero parece que Kauffmann, igual que mi conocido que me hace los informes del Polo Lounge, prefiere su propia versión. «La gente del Este finge que le interesa cómo se hacen las películas –observó Scott Fitzgerald en sus notas sobre Hollywood–, pero si vas y les cuentas algo, te das cuenta de que (...) el muñeco nunca les deja ver al ventrílocuo. Hasta los intelectuales, que no deberían dejarse engañar de esa manera, se quedan encandilados con los fingimientos, las extravagancias y las vulgaridades. Cuéntales que las películas tienen una gramática privada, igual que la política o la fabricación de automóviles o la sociedad, y verás cómo se les pone cara de palo.»

Por supuesto, hay una buena razón para esa cara de palo, para esa incomodidad casi ansiosa ante las películas. Reconocer que la película no es más que el efecto secundario de la acción dificulta todavía más la tarea de mantener la imagen que uno tiene de sí mismo como «crítico de nuevas obras» (que es como Kauffmann define su trabajo). Emitir juicios sobre las películas es en muchos sentidos una ocupación tan peculiarmente etérea que la única pregunta que suscita es por qué alguien quiere desempeñarla, más allá de las oportunidades obvias para ganar algo de dinero dando charlas y hacer un poco de carrera a un nivel desoladoramente limitado. Una película terminada desafía todos los intentos de analizar qué es lo que la hace funcionar o no: la responsabilidad de todos y cada uno de sus planos no solo se ve empañada por los accidentes y las obligaciones de la producción, sino también por las cláusulas de su financiación. *La huida* era la película de Sam Peckinpah, pero Steve McQueen tenía el «montaje», o sea, el derecho a decidir el montaje final. *Casada en Nueva York* era la película de Irvin Kershner, pero el montaje lo tenía Barbra Streisand. En una serie de entrevistas con directores, Charles Thomas

Samuels le preguntó a Carol Reed por qué había usado al mismo montador en tantas películas. «No lo decidía yo», dijo Reed. Samuels también le preguntó a Vittorio De Sica si cierto efecto que había probado en una de sus películas con Sophia Loren no le parecía un poco artificial. «Lo rodó la segunda unidad –dijo De Sica–. No lo dirigí yo.» En otras palabras, lo quería Carlo Ponti.

Decir que el cine es «un trabajo colectivo» tampoco describe la situación con exactitud. Leer las instrucciones que David O. Selznick les daba a sus directores, guionistas, actores y jefes de departamento en el libro *Memo from David O. Selznick* permite acercarse mucho al verdadero espíritu del proceso de hacer una película, un espíritu que no es de colaboración sino de conflicto armado en el que uno de los antagonistas tiene un contrato que le garantiza la capacidad nuclear. Algunos reseñistas se esfuerzan por entender de quién es la película «a partir del guión»: para entender de quién es la película no es particularmente necesario mirar el guión, sino el memorando del contrato.

Una de las mejores cosas que un guionista de cine puede aspirar a hacer, por tanto, es aplicarle una inteligencia atractiva o interesante al tema entre manos, una especie de efecto *petit-point* sobre Kleenex que casi nunca resiste un examen riguroso. Se infieren «motivaciones» cuando no había ninguna; se emiten alegaciones en base a especulaciones endebles. Tal vez sea la dificultad de saber quién llevó a cabo cada decisión en una película lo que provoca que esta ligereza resulte tan conveniente que al final acaba infectando a cualquier periodista que se gane la vida reseñando; tal vez el error inicial sea ganarse la vida con ello. Reseñar películas, igual que reseñar coches nuevos, puede ser un servicio útil para el consumidor o puede no serlo (teniendo en cuenta que la gente reacciona a una pantalla iluminada en una sala a oscuras de la misma manera secreta y poderosamente irracional en que reaccionan a la mayoría de los estímulos sensoriales, gran parte de la tarea del crítico me resulta desencaminada, pero, bueno, eso da igual); además, reseñar películas ha sido tradicionalmente una distracción para escritores cuyo verdadero trabajo está en otra parte. Las cuatrocientas mañanas que se pasó asistiendo a pases de prensa a finales de los años treinta fueron, para Graham Greene, una «válvula de escape», un estilo de vida «adoptado de forma bastante voluntaria movido por el afán de diversión». Tal vez solo sea cuando uno infla este afán de diversión para convertirlo en (otra vez según Kauffmann) «una relación continua con un arte» cuando uno acaba pasándose por el forro tan vertiginosamente el principio de realidad.

Febrero en la última sociedad estable que queda. Hace unos días fui a almorzar a Beverly Hills. En la mesa de al lado había un agente y un director que en aquel momento deberían haber estado de camino a una localización para rodar una nueva película. Yo sabía lo que él debería estar haciendo porque toda la ciudad había estado hablando de su película: seis millones de dólares por encima del umbral. Un solo actor se llevaba dos millones. Otro actor, millón y cuarto. El director cobraba ochocientos mil dólares. Los derechos habían costado más de medio millón; el primer borrador del guión, doscientos mil dólares. Luego habían metido a un tercer guionista que cobraba seis mil dólares semanales. Entre los tres guionistas habían ganado dos Oscar y un New York Film Critics Award. El director había ganado un Oscar por su penúltima película.

Y ahora el director estaba sentado almorzando en Beverly Hills y quería abandonar el proyecto. El guión no era bueno. Solo funcionaban treinta y ocho páginas, dijo el director. La financiación era endeble. «No han cumplido con su parte, todos reconocemos tu derecho a salirte», le dijo el agente con cautela. El agente en cuestión representaba a muchos de los principales participantes en el proyecto y no quería que el director abandonara. Por otro lado, también representaba al director, y el director parecía descontento. Era difícil saber a ciencia cierta qué quería ninguno de los implicados, salvo el hecho de que continuara la acción. «Si te marchas tú –dijo el agente–, la cosa se muere aquí, y no es que yo quiera influir en tu decisión.» El director cogió la botella de Margaux que se estaban bebiendo y examinó la etiqueta.

–Bastante bueno, este tinto –dijo el agente.

–Bastante.

Me marché mientras les servían el descafeinado. No habían llegado a ninguna decisión. En los últimos días se ha estado hablando mucho de esa película abortada, siempre en tono apesadumbrado. Había sido un contrato muy creativo y habían llegado con él todo lo lejos que habían podido, y se habían divertido un rato, pero la diversión ya se había terminado, que es lo mismo que habría pasado si se hubiese hecho la película.

1973

EN LA CAMA

Tres, cuatro y hasta cinco días al mes me los paso en la cama con migraña, insensible al mundo que me rodea. Y casi todos los días de todos los meses, entre ataque y ataque, siento esa repentina irritación irracional y ese flujo de sangre a las arterias cerebrales que me hacen saber que la migraña está de camino, y entonces me tomo ciertos fármacos para impedir que llegue. Si no me tomara esos fármacos, sería capaz de funcionar tal vez un día de cada cuatro. En otras palabras, ese error fisiológico llamado migraña es un hecho central en la vida que me ha tocado. Cuando yo tenía quince años, o dieciséis, o hasta veinticinco, pensaba que me podía librar de ese error simplemente negándolo, imponiendo el carácter sobre la química. «Sufre usted dolores de cabeza *a veces*? ¿*Con frecuencia*? ¿*Nunca*?», me preguntaban los distintos formularios de solicitudes. «Marque una casilla.» Recelando de la trampa, deseando aquello que me fuera a reportar el circunnavegar con éxito aquel formulario en concreto (un trabajo, una beca, el respeto de la humanidad y la gracia de Dios), yo marcaba la casilla «A veces». Mentía. El hecho de que me pasara un día o dos por semana casi inconsciente por el dolor me parecía un hecho vergonzoso, que no solo revelaba una inferioridad química, sino también todas mis malas actitudes, mi temperamento desagradable y mis ideas equivocadas.

Porque yo no tenía ningún tumor cerebral, ni tampoco vista cansada, ni la presión alta, la verdad era que no me pasaba nada: simplemente tenía migrañas, y las migrañas eran, como sabían todos los que no las tenían, imaginarias. Por entonces yo combatía la migraña, no hacía caso de las advertencias que me enviaba, iba a la universidad y después a trabajar a pesar de ella, aguantaba conferencias sobre el inglés de la Edad Media tardía y presentaciones a los anunciantes con lágrimas involuntarias cayéndome por la mejilla derecha, vomitaba en los cuartos de baño, volvía a casa dando tumbos y guiándome por el puro instinto, vaciaba cubiteras en mi cama para intentar congelar el dolor de mi sien derecha y anhelaba únicamente a un neurocirujano que hiciera lobotomías a domicilio, y luego maldecía mi imaginación.

Pasó mucho tiempo antes de que empezara a tener una mentalidad lo bastante mecanicista como para aceptar las migrañas como lo que eran: algo con lo que iba a vivir siempre, igual que hay gente que vive con la diabetes. Las migrañas son algo más que la fantasía de una imaginación neurótica. Son un complejo esencialmente hereditario de síntomas, el más frecuentemente comentado de los cuales, aunque ni mucho menos el más desagradable, es un dolor de cabeza vascular de una potencia espantosa, que afecta a un número sorprendente de mujeres, a un número considerable de hombres (Thomas Jefferson tenía migrañas, y también Ulysses S. Grant el día en que aceptó la rendición de Lee), y también a algunos niños desafortunados ya desde los dos años. (Yo tuve la primera a los ocho años. Me vino durante un simulacro de incendio en la Columbia School de Colorado Springs, en Colorado. Primero me llevaron a casa y después a la enfermería del Peterson Field, donde mi padre estaba destinado. El médico de la fuerza aérea me prescribió una lavativa.) Casi cualquier cosa puede desencadenar un ataque concreto de migraña: el estrés, la alergia, la fatiga, un cambio repentino de la presión barométrica o un contratiempo relacionado con una multa de aparcamiento. Un destello de luz. Un simulacro de incendio. Lo único que se hereda, por supuesto, es la predisposición. En otras palabras, el día de ayer no me lo pasé en la cama con dolor de cabeza solo por culpa de mi mala actitud, mi temperamento desagradable y mis ideas equivocadas, sino porque mis dos abuelas sufrían migrañas y también las sufren mi padre y mi madre.

Nadie sabe con exactitud qué es lo que se hereda. La química de las migrañas, sin embargo, parece tener alguna conexión con esa hormona de los nervios llamada serotonina, que está presente de forma natural en el cerebro. La cantidad de serotonina que lleva la sangre cae en picado cuando está arrancando una migraña, y hay un fármaco para la migraña, la metisergida, conocida como Sansert, que parece tener efectos sobre la serotonina. La metisergida es un derivado del ácido lisérgico (de hecho, la Sandoz Pharmaceuticals sintetizó por primera vez el LSD-25 mientras estaba buscando una cura para la migraña), y su uso viene acompañado de tantas contraindicaciones y efectos secundarios que la mayoría de los médicos únicamente la receta en los casos en que la migraña deja al paciente más incapacitado. Cuando te recetan metisergida la tienes que tomar a diario, a modo de prevención. Otra prevención que le funciona a alguna gente es el tartrato de ergotamina de toda la vida, que ayuda a constreñir los vasos sanguíneos que se inflaman durante el «aura», el periodo que en la mayoría de los casos precede al dolor de cabeza propiamente dicho.

En cuanto llega un ataque, sin embargo, no hay fármaco que valga. Hay gente a quien la migraña le provoca alucinaciones leves y hay otra que se queda momentáneamente ciega; a veces se presenta no solo como dolor de cabeza sino también como trastorno gastrointestinal, como sensibilidad dolorosa a todos los estímulos sensoriales, como fatiga repentina y abrumadora, o bien como afasia digna de un derrame cerebral o como incapacidad terrible para llevar a cabo las asociaciones más rutinarias. Cuando yo sufro el aura de una migraña (a algunos les dura quince minutos y a otros varias horas), me paso semáforos en rojo, pierdo las llaves de mi casa, se me cae todo lo que tengo en las manos y en general tengo aspecto de estar drogada o borracha. El dolor de cabeza en sí, cuando llega, me produce escalofríos, sudores, náuseas y una debilidad que parece forzar los límites mismos de lo soportable. A alguien que está en lo peor de un ataque el hecho de que nadie se muera de migraña le parece una dudosa bendición.

Mi marido también sufre migrañas, lo cual es una desgracia para él pero una suerte para mí: tal vez nada tienda a prolongar un ataque tanto como la mirada acusadora de alguien que nunca ha padecido dolores de cabeza. «¿Por qué no te tomas un par de aspirinas?», te dicen desde la puerta los que no los tienen, o bien «A mí también me dolería la cabeza si me pasara un día tan precioso como este encerrado en casa y con todas las persianas cerradas». Los que tenemos migrañas no solo sufrimos por los ataques en sí, sino también por esta convicción generalizada de que nos negamos perversamente a curarnos tomándonos un par de aspirinas, de que nos hacemos enfermar a nosotros mismos, de que «nos lo provocamos». Y en el sentido más inmediato, en el sentido de por qué tenemos un dolor de cabeza este martes y no el jueves pasado, es obvio que a veces lo hacemos. Existe ciertamente lo que los médicos llaman una «personalidad propensa a la migraña», una personalidad que suele ser ambiciosa, introvertida, incapaz de tolerar los errores, organizada con mucha rigidez y perfeccionista. «No le veo a usted personalidad propensa a la migraña –me dijo una vez un médico–. Va despeinada. Pero supongo que limpia usted la casa de forma compulsiva.» De hecho, mi casa está todavía peor que mi pelo, pero el doctor tenía razón pese a todo: el perfeccionismo puede adoptar la forma de pasarse casi una semana escribiendo y reescribiendo sin lograr terminar ni un solo párrafo.

Pero no todos los perfeccionistas sufren migrañas, ni tampoco todo el mundo que las sufre tiene personalidad propensa a las migrañas. No nos escapamos de nuestra herencia. Yo he intentado de todas las maneras posibles escaparme de mi herencia de migrañas (en un momento dado hasta aprendí a ponerme dos inyecciones diarias de histamina con una aguja hipodérmica, y eso que la aguja me asustaba tanto que tenía que cerrar los ojos para hacerlo), pero las sigo teniendo. Lo que pasa es que por fin he aprendido a vivir con ellas, he aprendido cuándo esperarlas, he aprendido a ser más lista que ellas, e incluso a tratarlas, cuando llegan, más como a amigas que como a inquilinas. Hemos llegado a cierto acuerdo, mis migrañas y yo. Nunca me vienen cuando tengo problemas de verdad. Cuéntenme que mi casa se ha quemado, que mi marido me ha abandonado, que hay tiroteos en las calles y pánico en los bancos, y yo no reaccionaré teniendo un dolor de cabeza. En cambio, me viene cuando no estoy librando una guerra abierta con mi vida sino una guerrilla, durante esas semanas de pequeñas confusiones domésticas, de ropa perdida en la lavandería, de asistentas descontentas y de citas canceladas, o bien en los días en que el teléfono suena demasiado y yo no consigo trabajar y se levanta viento.

Y en cuanto me viene, ahora que he aprendido sus costumbres, ya no la combato. Me tumbo y dejo que pase. Al principio cada pequeña aprensión resulta magnificada y cada ansiedad se convierte en un terror atronador. Luego viene el dolor y yo me concentro únicamente en él. Ahí reside la utilidad de la migraña, en ese yoga impuesto, la concentración en el dolor. Porque cuando el dolor se retira, al cabo de diez o doce horas, todo se va con él, los resentimientos ocultos, y también todas las ansiedades banales. La migraña ha operado como un cortocircuito, y los fusibles han emergido intactos. Hay una agradable euforia convaleciente. Abro las ventanas y siento el aire, como agradecida y duermo bien. Me fijo en la naturaleza concreta de una flor en el jarrón de cristal del rellano de la escalera. Doy gracias por lo que tengo.

1968

DE GIRA

«¿Adónde estamos yendo?», preguntaban en todos los estudios de televisión y de radio. Lo preguntaban en Nueva York y en Los Ángeles, lo preguntaban en Boston y en Washington y lo preguntaban en Dallas y en Houston y en Chicago y en San Francisco. A veces te miraban a los ojos cuando lo preguntaban. A veces cerraban los ojos al preguntarlo. Muy a menudo se preguntaban no solo adónde estábamos yendo sino adónde estábamos yendo «los americanos» o «los americanos preocupados» o bien «las mujeres americanas» o, en una ocasión, «el hombre americano y la mujer americana». Yo nunca descubrí la respuesta, aunque tampoco es que esa respuesta importara nunca, porque uno de los aspectos más extraños y liberadores que presenta el discurso de los medios es que nada de lo que uno diga puede alterar en lo más mínimo la forma o la duración de la conversación. Nuestras voces en los estudios eran las de unos actores frenéticos a quienes les han encargado que hagan improvisaciones de tres minutos, cuatro minutos o siete minutos. Nuestras caras en los monitores eran caras de americanos preocupados. De camino a uno de los estudios de Boston, vi los estallidos blancos de las magnolias por Marlborough Street. De camino a otro de Dallas, vi las luces de la carretera encenderse y luego atenuarse en tono rosado sobre el fondo del enorme cielo del amanecer. Delante de uno de los estudios de Houston, el calor de la tarde estaba descendiendo sobre el intenso verde primigenio del lugar, y delante del siguiente, aquella misma noche pero en Chicago, la nieve caía y resplandecía bajo las luces de la orilla del lago. En el exterior de todos aquellos estudios, América desplegaba todo su clima eufóricamente volátil, su excentricidad y su especificidad; dentro de ellos, en cambio, nos despojábamos de lo específico y nos lanzábamos a lo general, porque a un lado estaban los Entrevistadores y al otro yo, la Autora, y la única cuestión que parecíamos capaces de tratar juntos era «¿Adónde estamos yendo?».

De 8.30 a 9.30 – DIRECTO EN LA WFSB / LAS MAÑANAS

De 10.00 a 10.30 – DIRECTO EN LA WINF / EL MUNDO HOY

De 10.45 a 11.55 – ENTREVISTA DE PRENSA CON EL HARTFORD COURANT

De 12.00 a 13.30 – AUTÓGRAFOS EN BARNES AND NOBLE

De 14.00 a 14.30 – GRABAR DECLARACIONES PARA LA WDRC AM/FM

De 15.00 a 15.30 – ENTREVISTA DE PRENSA CON THE HILL INK

De 19.30 a 21.00 – GRABAR DECLARACIONES PARA LA WHNB TV / QUÉ HAY DE LAS MUJERES

Entre las doce del mediodía y la una y media de la tarde, aquel primer día en Hartford, hablé con un hombre que había recortado una foto de mí de una revista en 1970 y había venido a Barnes and Noble para ver qué aspecto tenía en 1977. Entre las dos de la tarde y las dos y media, aquel primer día en Hartford, escuché a los recepcionistas de la WDRC AM/FM hablar de los discos nuevos mientras miraba caer la nieve de las ramas de los pinos del cementerio de la acera de enfrente. El cementerio se llamaba Mount Saint Benedict y en él estaba enterrado el padre de mi marido. «¿Ha llegado algo de Steely Dan?», no paraban de preguntar los recepcionistas. Entre las ocho y media de la mañana y las nueve de aquel primer día en Hartford, no mencioné ni una sola vez el título del libro que se suponía que estaba promocionando. Era mi cuarto libro, pero era la primera vez que hacía lo que en el ramo se llama una gira promocional. No estaba segura de lo que estaba haciendo ni de por qué. Había salido de California equipada con dos «conjuntos» buenos, una caja de correo sin contestar, un ejemplar de *Seducción y traición* de Elizabeth Hardwick, otro de *Hacia la estación de Finlandia* de Edmund Wilson, seis libros de Judy Blume y a mi hija de once años. Mi hija venía conmigo para distraerme. Tres días después de que empezara la gira mandé a casa la caja de correo sin contestar a fin de hacer sitio para un paquete de dossieres de prensa de Simon and Schuster que me describían en términos favorables. Cuatro días después de empezarla, mandé a casa *Seducción y traición* y *Hacia la estación de Finlandia* a fin de hacer sitio para un secador de pelo de mil vatios. Para cuando llegué a Boston, diez días después de que empezara la gira, ya me daba cuenta de que nunca había oído ni tal vez volvería a oír jamás a América cantar en aquel mismo tono: etéreo y veloz, como un coro de ángeles que han tomado Dexamyl.

«¿Adónde estamos yendo?» El escenario de esta discusión era siempre el mismo: un confortable oasis de mimbre y helechos en medio de la espesura de cables y cámaras y tazas de café de plástico que era el estudio en sí. Sentada en butacas de mimbre de todo el país, expresé mi convencimiento de que nos estábamos adentrando «en una era» de lo que fuera que el mundo pareciera exigir. En las antesalas de los platós de todo el país escuché cómo otra gente hablaba de adónde estábamos yendo, y también de sus vocaciones, sus hobbies y sus intereses secretos. Hablé de levodopa y de biorritmos con una mujer cuyo padre había inventado las convenciones políticas de amistad. Intercambié consejos de maquillaje con una antigua presentadora del Club Mickey Mouse. Dejé de leer la prensa y empecé a fiarme de los informes de los conductores de limusinas, de las presentadoras del Club Mickey Mouse, de la gente que llamaba a los programas de líneas telefónicas abiertas al público y de las pantallas de circuito cerrado de aeropuertos que emitían teletipos al azar («CARTER PIDE PROHIBICIÓN DE BARBITÚRICOS», fue uno que me llamó la atención en el aeropuerto de La Guardia) entre anuncios del musical *Shenandoah*. Gravité hacia lo puramente arbitrario. Me dejé llevar por lo desordenado.

Empecé a ver América como algo mío, como un mapa infantil sobre el que mi hija y yo podíamos deslizarnos a voluntad. No hablábamos de ciudades sino de aeropuertos. Aunque estuviera lloviendo en el Logan, podíamos encontrar sol en el Dulles. El equipaje que te perdían en el O'Hara te lo podían encontrar en el Dallas/Fort Worth. En las cabinas de primera clase en las que viajábamos, mi hija y yo a menudo éramos las únicas pasajeras femeninas, y comprendí por vez primera esas peculiares ilusiones de movilidad que alimentan los negocios en América. El tiempo era dinero. El movimiento era progreso. Las decisiones eran inmediatas y las atenciones de otra gente eran constantes. El servicio de habitaciones, por ejemplo, asumía una importancia capital. Mi hija de once años y yo necesitábamos inyecciones instantáneas pero erráticamente espaciadas de consomé, avena, ensalada de cangrejo y espárragos a la vinagreta. Cuando estábamos trabajando necesitábamos beber agua Perrier y té. Y cuando no lo estábamos necesitábamos beber bourbon con hielo y Shirley Temples. Nos invadía una especie de pánico irritable cuando no había servicio de habitaciones, y también cuando no contestaba nadie del departamento de limpieza. En suma, habíamos entrado en esa dinámica hormonal tan peculiar del viaje de negocios, y yo había empezado a entender cómo muchos hombres y algunas mujeres se acostumbran a los aviones y los teléfonos y los horarios. Había empezado a contemplar mi propio horario, un fajo de gruesas páginas donde había impresas las palabras «SIMON & SCHUSTER: UNA DIVISIÓN DE LA GULF & WESTERN CORPORATION», con una reverencia que se acercaba a lo místico. Queríamos servicio de habitaciones las veinticuatro horas. Queríamos teléfonos de marcación directa. Queríamos seguir de gira para siempre.

Veíamos el aire como nuestro elemento. En Houston el aire era cálido y rico y tenía un aroma de combustible fósil, y nosotras fingimos que teníamos una casa en River Oaks. En Chicago el aire era brillante y estaba enrarecido, y nosotras fingimos que éramos dueñas de la planta 27 del Ritz. En Nueva York el aire estaba cargado y chisporroteaba y se cortocircuitaba de tantas opiniones que llevaba, y nosotras fingimos que también teníamos las nuestras. En Nueva York todo el mundo tenía opiniones. Y a cambio te exigían que también las tuvieras tú. La ausencia misma de opinión se transformaba en opinión. Hasta mi hija estaba desarrollando opiniones. «He tenido una interesante charla con Carl Bernstein», escribió en el diario que le había encargado que escribiera su profesora de quinto curso de la escuela a la que asistía en Malibú, California. Parecía que muchas de aquellas opiniones de Nueva York pretendían ser revisiones tónicas, atrevidas correcciones a opiniones que habían estado en boga durante la semana anterior, pero yo acababa de descender del cielo y me costaba distinguir entre las opiniones que eran «atrevidas» y «revisionistas» y las que simplemente eran «rancias» y «estereotipadas». Para cuando me marché de Nueva York, mucha gente estaba expresando una atrevida fe en el «placer»: el placer de los niños, el placer del matrimonio, los placeres de la vida diaria; pero esa idea del placer les estaba llegando rápidamente a las personalidades del mundo del espectáculo. Mike Nichols, por ejemplo, ya expresaba su placer en las páginas de *Newsweek*, y también la fatiga que le producía la «solemnidad lapidaria». Estaba claro que la solemnidad lapidaria era algo rancio.

Aquella semana estábamos repensando los años sesenta, o por lo menos lo estaba haciendo Morris Dickstein.

Aquella semana estábamos echando otro vistazo a los años cincuenta, o por lo menos lo estaba haciendo Hilton Kramer.

Yo me mostraba apasionadamente de acuerdo. Me mostraba apasionadamente en desacuerdo. Por una línea telefónica llamaba al servicio de habitaciones y por la otra escuchaba con atención a una gente que parecía convencida de que la «textura» de sus vidas se había visto agradable o adversamente afectada por su conversión a las políticas del placer, por su regresión a la solemnidad lapidaria, por los años sesenta, por los cincuenta, por el cambio reciente de las administraciones y por la venta de los derechos de la edición de bolsillo de *El pájaro espino* por 1,9 millones.

Perdí de vista la información.

Estaba bombardeada por la opinión.

Empecé a ver opiniones que trazaban parábolas en el aire, cruzándose con las trayectorias de los vuelos. El interurbano de la Eastern ya tenía autorización para tomar tierra y también lo tenía la solemnidad lapidaria. John Leonard y el placer formaban vectores convergentes. Empecé a ver el país mismo como una proyección en el aire, una especie de holograma, un mapa invisible de imágenes y opiniones e impulsos electrónicos. En el aire había opiniones y en el aire había aviones y en el aire había hasta gente: una tarde en Nueva York mi marido vio a un hombre que se tiraba por una ventana y caía sobre la acera de delante del Yale Club. Yo se lo mencioné a un fotógrafo del *Daily News* que me estaba haciendo una foto. «Para que te publique la foto el periódico tienes que pillarlos justo cuando se están tirando», me aconsejó. Él había pillado a dos cuando se estaban tirando pero solo le habían publicado la foto del primero. La fotografía del segundo era mejor, pero había coincidido con un DC-10 que se había estrellado en Orly. «Están por toda la ciudad –me dijo el fotógrafo–. Esos que se tiran. Muchos ni siquiera se tiran. Son gente que está limpiando los cristales y se cae.»

«¿Qué dice eso de nosotros como país?», me preguntaron al día siguiente cuando mencioné a la gente que se tiraba y a los limpiacristales que se caían. «¿Adónde estamos yendo?» En la planta 27 del Ritz de Chicago mi hija y yo permanecimos paralizadas en nuestros asientos a la mesa del desayuno hasta que los limpiacristales se deslizaron sanos y salvos fuera de nuestro campo visual. En una emisora de Los Ángeles que tenía los micrófonos abiertos al público, el vigilante nos dijo que iba a haber retraso porque había llamado uno que se quería tirar al vacío. «Yo digo que le dejen tirarse», me dijo el vigilante. Yo me imaginé un cielo lleno de gente que se tiraba al vacío y caía y de aviones DC-10. En los despegues y los aterrizajes agarraba a mi hija de la mano y al entrar en coche a cada ciudad buscaba las antenas con la mirada. Aquellas antenas enormes con sus luces rojas parpadeantes llevaban un mes siendo nuestros puntos de referencia. De hecho, aquellas antenas rojas con sus luces parpadeantes llevaban un mes siendo nuestro destino. «Salimos al aire en diez segundos» era la clase de instrucción que habíamos llegado a entender, porque estábamos de gira, estábamos en el mapa, estábamos en el aire metafórica y literalmente. «¿Adónde estamos yendo?» No sé adónde están yendo ustedes, dije en el estudio adjunto a la última de aquellas antenas, con la mirada puesta en el enésimo letrero de neón con la inscripción parpadeante «FLEETWOOD MAC» de los que aquella primavera había en las emisoras de radio del país entero, pero yo me voy a casa.

1977

LA MAÑANA DESPUÉS DE LOS AÑOS SESENTA

Ahora voy a hablar de ser hija de mi época. Cuando ahora pienso en los años sesenta, pienso en una tarde que no tuvo lugar en los sesenta, sino a principios de mi segundo año en Berkeley, un sábado luminoso de otoño de 1953. Yo estaba tumbada en un sofá de piel en la sede de una fraternidad (se acababa de celebrar un almuerzo para ex alumnos, el chico con el que había asistido se había ido al partido de después y no me acuerdo de por qué no había ido con él), estaba allí tumbada a solas y leyendo un libro de Lionel Trilling y escuchando cómo un hombre de mediana edad esbozaba en un piano que necesitaba afinación la línea melódica de «Blue Room». Él hombre se pasó la tarde entera sentado al piano y se pasó la tarde entera tocando «Blue Room», pero no terminó de salirle bien. Me acuerdo como si fuera ayer, de la nota en falso durante el «We will thrive on / Keep alive on», de la luz del sol que entraba por los ventanales, del hombre que cogía su copa y volvía a empezar y me contaba, sin decirme una sola palabra, algo que yo no había sabido jamás sobre los matrimonios fracasados y el tiempo desperdiciado y el mirar atrás. El hecho de que aquella tarde ahora me resulte inverosímil hasta el último detalle –la idea de haber quedado con un chico para un almuerzo seguido de partido de fútbol americano ahora me resulta más exótica que una historia de la Rusia zarista– sugiere hasta qué punto la narración con la que muchos crecimos ya no está vigente.

La distancia que hemos recorrido desde aquel mundo en el que yo fui a la universidad me estuvo rondando bastante por la cabeza durante aquellas temporadas en que no solo Berkeley, sino también docenas de otros campus universitarios, se vieron clausurados de forma periódica, convertidos en campos de batalla incipientes y con sus fronteras selladas. Pensar en Berkeley tal como era en los años cincuenta no era pensar en barricadas y clases «reconstituidas». Por entonces lo de la «reconstitución» nos habría sonado al habla nueva de *1984*, y además las barricadas no tienen nada que ver con la esfera de lo personal. Por aquella época lo hacíamos todo de manera muy personal, a veces hasta un extremo implacable, y en el momento de decidir si actuamos o no, la mayoría no hemos cambiado. Supongo que simplemente estoy hablando de eso: de lo ambiguo que resulta pertenecer a una generación que desconfía de las alturas políticas, de la falta de relevancia histórica que comporta crecer convencidos de que el corazón de las tinieblas no residía en ningún error de la organización social sino en la sangre misma del hombre. Si el hombre estaba condenado a cometer errores, entonces cualquier organización social iba a ser igualmente errónea. Se trata de una premisa que me sigue pareciendo bastante precisa, pero que a los de mi época nos despojó muy pronto de la capacidad de sorprendernos.

En los años cincuenta en Berkeley a nadie le sorprendía nada, un *donnée* que solía hacer que los discursos perdieran garra y que no se produjera debate alguno. El mundo era por definición imperfecto, y por tanto, claro está, también lo era la universidad. Ya por entonces se hablaba de las tarjetas IBM, pero en términos generales la idea de que la educación libre para decenas de millares de personas pasara por la automatización no nos parecía del todo mal. Dábamos por sentado que el Consejo Interuniversitario a veces se iba a equivocar. Nos limitábamos a evitar a aquellos estudiantes que se rumoreaba que eran informadores del FBI. Nos llamaban la generación «silenciosa», pero, a diferencia de lo que algunos pensaban, no éramos silenciosos porque compartiéramos el optimismo oficial de la época, ni tampoco, como pensaban otros, porque tuviéramos miedo de su represión oficial. Éramos silenciosos porque a muchos nos parecía que la euforia de la acción social no era más que otra forma de escaparse de lo personal, de enmascarar de forma temporal ese miedo a la falta de sentido que es el destino humano.

Haber asumido ese destino peculiar desde el principio era la peculiaridad de mi generación. Ahora creo que fuimos la última generación que se identificó con los adultos. El hecho de que la mayoría de nosotros hayamos descubierto luego que la edad adulta es tan moralmente ambigua como esperábamos entra tal vez en la categoría de las profecías autocumplidas: simplemente no estoy segura. Solo les cuento cómo era la cosa. El ambiente de Berkeley durante aquellos años era de «depresión» leve pero crónica, y con aquel telón de fondo recuerdo ciertos detalles que por alguna razón me parecieron explicaciones, de una claridad deslumbrante, del mundo en el que yo estaba a punto de entrar: me acuerdo de una mujer que recogía narcisos bajo la lluvia un día en que yo estaba paseando por las colinas. Me acuerdo de un profesor que una noche bebió demasiado y reveló todo su terror y su amargura. Me acuerdo del placer verdadero que sentí al descubrir por primera vez cómo funcionaba el lenguaje, al descubrir, por ejemplo, que la línea central de *El corazón de las tinieblas* era una posdata. Se trataba siempre de imágenes personales, y es que lo personal era lo único que la mayoría de nosotros intentaba encontrar. Íbamos a reconciliarnos con el mundo de forma individual. Íbamos a hacer trabajos de posgrado sobre el inglés medieval, íbamos a ir al extranjero. Íbamos a ganar algo de dinero y a vivir en un rancho. Íbamos a sobrevivir fuera de la historia, en una especie de *idée fixe* a la que siempre nos referíamos, durante los años que pasé en Berkeley, como «un pueblecito con una playa decente».

Pero resultó que jamás encontré y ni siquiera busqué aquel pueblecito con una playa decente. Me quedé sentada en el apartamento enorme y vacío en el que viví durante mis dos últimos años de universidad (antes había vivido una temporada en la sede de una fraternidad femenina, la Tri Delt, y me había marchado, como es típico, no por ningún «problema» sino porque al yo, al implacable «yo», no le gustaba convivir con sesenta personas) y leí a Camus y a Henry James y contemplé cómo un ciruelo florecía y perdía las flores, y de noche, la mayoría de las noches, salía y levantaba la vista hacia el sitio donde el ciclotrón y el bevatrón resplandecían en la colina a oscuras, misterios inefables que solo me atraían, al estilo de mi época, de forma personal. Después me fui de Berkeley y llegué a Nueva York y después me fui de Nueva York y llegué a Los Ángeles. Lo que he hecho por mí misma desde entonces es personal, pero no es una reconciliación con el mundo. Solo una persona de las que conocí en Berkeley después descubrió una ideología y se adentró en la historia, desprendiéndose tanto de su temor como de su época. Unas cuantas personas que conocí en Berkeley se suicidaron poco después. Otra intentó suicidarse en México y luego, en una recuperación que en muchos sentidos parecía más bien un avance de su trastorno mental, volvió a casa y se apuntó al programa de tres años de formación para ejecutivos del Bank of America. La mayoría de nosotros vive de forma menos teatral, pero seguimos siendo los supervivientes de una época peculiar e introvertida. Si yo pudiera creer que ir a una barricada iba a afectar en lo más mínimo el destino del hombre me iría a esa barricada, y bastante a menudo desearía poder hacerlo, pero no estaría siendo sincera si dijera que creo que va a tener lugar tan feliz final.

1970

DESPUÉS DE HENRY

En el verano de 1966 estaba viviendo en una casa prestada en Brentwood y tenía una criatura recién nacida. Había publicado un solo libro, tres años antes. Mi marido estaba escribiendo el primero de los suyos. Nuestra agenda de aquellos meses muestra que no hubo ningún ingreso en abril, 305,06 dólares en mayo, ninguno en junio y 5,29 dólares en julio, el dividendo de nuestro único capital, cincuenta acciones de la Transamerica que mi abuela me había dejado en herencia. En aquella agenda de 1966 hay listas de ropa para llevar a la lavandería y citas con el pediatra. Hay sesenta regalos de bautizo recibidos y sesenta notas de agradecimiento escritas, están las rebajas de verano de Saks y el intento de recuperar un depósito de quince dólares de la Southern Counties Gas, pero no está la fecha de junio en que conocimos a Henry Robbins.

Esta me parece una omisión peculiar y conmovedora, que refleja esas fracturas particulares que el tener recién nacidos y el vivir en casas prestadas pueden causar en el ánimo de la gente que vive principalmente de su propio ingenio. Hasta aquella noche de junio de 1966, Henry Robbins era algo abstracto para nosotros, otro editor neoyorquino más, un desconocido de la Farrar, Straus & Giroux que me había llamado o me había escrito para decirme que venía a California a ver a unos cuantos escritores. Yo me tenía en tan poca estima como escritora que me daba un poco de vergüenza ir a cenar con otro editor, me daba vergüenza sentarme otra vez para hablar de aquella «obra» que no estaba escribiendo, pero al final sí fui: al final me puse un vestido de seda negro, fui con mi marido al Bistro de Beverly Hills, conocí a Henry Robbins y me eché a reír de inmediato. Los tres nos estuvimos riendo hasta las dos de la mañana, cuando ya no estábamos en el Bistro sino en el Daisy, escuchando una y otra vez «In the Midnight Hour» y «Softly As I Leave You» y nuestras voces graciosas, brillantes y encantadoras, unas voces que trascendían las listas de la lavandería, las canguros y las perspectivas de ganar 5,29 dólares, unas voces llenas de promesas, voces de *escritores*.

En suma, nos emborrachamos juntos, y antes de que se terminara el verano Henry Robbins había firmado sendos contratos conmigo y con mi marido, y desde aquel verano de 1966 hasta el verano de 1979 pasaron muy pocas semanas sin que uno de nosotros hablara con Henry Robbins de algo que nos divirtiera o nos interesara o nos preocupara, de trabajo y amor y dinero y cotilleos; de nuestras novedades, ya fueran buenas o malas. Durante aquella mañana de julio de 1979 en que nos llegó de Nueva York la noticia de que Henry Robbins había muerto de camino al trabajo unas horas antes, que se había caído muerto, con cincuenta y un años, en el suelo de la estación de metro de la calle Catorce, solo había una persona con la que yo quería hablar del tema, y esa única persona era Henry.

«La infancia es el reino donde no muere nadie» es un verso del poema de Edna St. Vincent Millay que no se me ha ido de la cabeza desde que lo leí por primera vez, cuando yo era literalmente una niña y no se moría nadie. Por supuesto que la gente se moría, pero era porque o bien eran muy viejos o bien se morían de forma inusual, se morían mientras estaban yendo en balsa por el Stanislaus o cargando una escopeta o yendo borrachos por la 95: la muerte se representaba o bien como una «bendición» o como algo excepcional, ese ejemplo dramático en que se convertía la vida de otra persona (nunca la nuestra). La enfermedad, en aquel reino donde permanecimos yo y todo el mundo al que yo conocía hasta bastante pasada la infancia, tenía unos poderes muy limitados. Las fiebres de distintas etiologías solo señalaban la indulgencia de una semana en la cama. Los dolores en el pecho, cuando se investigaban, revelaban mera hipocondría.

A medida que pasaba el tiempo, a muchos se nos fue ocurriendo que la benignidad de nuestra experiencia no era tan generalizada, que hasta el momento habíamos gozado de una bendición del cielo o simplemente habíamos sido afortunados, habíamos tenido una buena racha, pero por entonces estábamos muy ocupados: atrapados por unas jornadas demasiado llenas, demasiado variadas, demasiado abarrotadas de amistades y obligaciones y niños, de cenas y fechas de entrega, de compromisos y excesos de compromisos. «No te puedes imaginar lo que se siente cuando ya no queda nadie de la gente que conocías», me dijo cierto conocido ya anciano, y yo asentí con la cabeza, sin entender: sí, sí que me lo puedo imaginar; hasta pensé, que Dios me perdone, que debía de haber cierta paz en sobrevivir a todas las deudas y reclamaciones, en que nadie te conociera, en flotar en libertad. Cuando contemplaba el futuro, creía que todos íbamos a asistir a los funerales de todos. Me equivocaba. No había conseguido imaginármelo, no lo había entendido. Así es como iba a ir la cosa: yo iba a asistir al funeral de Henry, pero él no iba a asistir al mío.

El funeral no fue propiamente un funeral sino un memorial, tal como estaba de moda, una ocasión para que todos nos juntáramos durante una mañana tropical de agosto en Nueva York en el auditorio de la Society for Ethical Culture de la calle Sesenta y cuatro con Central Park West. Hay un lugar común sobre el hecho de trabajar con las palabras que dice que la forma en que los demás han usado las palabras siempre está invadiendo tu propia experiencia, y aquella mañana en Nueva York no fue ninguna excepción. «Quedaos conmigo: no os marchéis» fue el verso que yo no paré de oír, en mi cabeza, durante todo el servicio; el que hablaba era mi marido, junto con media docena de otros escritores y editores que habían tenido una relación estrecha con Henry Robbins –Wilfrid Sheed, Donald Barthelme, John Irving, Doris Grumbach; Robert Giroux de Farrar, Straus & Giroux; John Macrae de Dutton–, pero la tonadilla que yo oía por debajo de sus palabras eran fragmentos de un poema de Delmore Schwartz, muerto trece años antes, víctima de otro verano de Nueva York. «Quedaos conmigo: no os marchéis», y a continuación:

Midiendo nuestros pasos antes de envejecer,
caminando juntos por el camino que se aleja,
igual que Chaplin y su hermana huérfana.

Cinco años antes, Henry se había marchado de Farrar, Straus para irse a Simon and Schuster, y yo me había ido con él. Dos años después él dejó Simon and Schuster para irse a Dutton. Esa segunda vez ya no me fui con él, me quedé donde decía mi contrato, y sin embargo seguí siendo la hermana huérfana de Henry, la escritora de Henry. Me acuerdo de que él se preocupaba de vez en cuando de si nos faltaba dinero, y de que a veces, aunque le costaba, nos preguntaba si nos hacía falta. Me acuerdo de que no le gustó el título *Play It As It Lays*; recuerdo haberle echado la bronca por teléfono desde una habitación de hotel de Chicago porque la novela de mi marido, *Confesiones verdaderas*, todavía no estaba en el escaparate de Kroch's & Brentano's; y me acuerdo de la noche de Halloween de 1970 en Nueva York en que nuestros hijos fueron juntos a hacer «truco o trato» en el edificio de la calle Ochenta y seis Oeste en el que vivía por entonces Henry con su mujer y sus dos hijos. Me acuerdo de que su apartamento en la calle Ochenta y seis Oeste tenía las cortinas blancas y de que una noche calurosa de verano nos sentamos allí todos y comimos pollo en gelatina de estragón y miramos cómo el aire procedente del río levantaba y movía las cortinas, y de que nuestro mundo parecía repleto de promesas.

Recuerdo haber discutido con Henry por el uso de la segunda persona en la segunda frase de mi libro *Una liturgia común*. Me acuerdo del dolor y el enfado que sentía cada vez que alguno de nosotros, alguno de sus hermanos o hermanas huérfanos, recibía una mala crítica o una palabra de menoscabo o hasta una carta que él imaginara capaz de estropear cualquier momento nuestro, aunque fuera el más intrascendente. Recuerdo que se vino en avión a California porque quería leer las primeras ciento diez páginas de *Una liturgia común* y yo no quería mandárselas a Nueva York. Recuerdo que se presentó en Berkeley una noche de 1975 en que yo lo necesitaba; aquella noche yo tenía que dar una conferencia y la tarea me la dificultaba el hecho de que la conferencia la tenía que dar ante muchos miembros del Departamento de Inglés que me habían dado conferencias a mí, y hasta la llegada de Henry yo estaba simplemente aterrada, convertida en la estrella del sacrificio de mi propia pesadilla de indefensión. Me acuerdo de que primero vino al Club de Profesores, donde yo me alojaba, y de que me acompañó a pie por el campus hasta el Auditorio 2000 LSB, donde yo tenía que hablar. Recuerdo que me dijo que todo iría bien. Y recuerdo que le creí.

Yo siempre me creí todo lo que me dijo Henry, con la excepción de dos cosas: lo que me dijo sobre el título *Play It As It Lays* y sobre el uso de la segunda persona en la segunda frase de *Una liturgia común*; no dejé de creerle ni siquiera cuando nuestra relación se complicó por culpa del tiempo, de nuestras personalidades y de la dificultad de ganarse la vida escribiendo libros o editándolos. Lo que los editores hacen por los escritores es algo misterioso, y en contra de lo que suele creerse, no tiene gran cosa que ver ni con los títulos ni con las frases ni con los «cambios». Ni tampoco, pese a mi bronca, tiene nada que ver con el escaparate de la Kroch's & Brentano's de Chicago. La relación entre editor y escritor es mucho más sutil y profunda que eso, y resulta simultáneamente tan elusiva y radical que parece casi una relación de paternidad: el editor, si el editor era Henry Robbins, era la persona que le daba al escritor la idea de sí mismo, la idea de sí misma, la imagen del yo que permitía al escritor sentarse a solas para escribir.

Se trata de una empresa complicada, que requiere que el editor no solo mantenga una fe que el escritor únicamente comparte a rachas intermitentes, sino también que le caiga bien el escritor, algo que no es fácil. Los escritores casi nunca son gente agradable. No aportan nada a la fiesta, se dejan la diversión en la máquina de escribir. Tienen miedo de que su contribución al bienestar general sea evanescente, incluso dudosa, y como el negocio de la edición no es más que una empresa muy marginalmente provechosa que cada vez más atrae a gente que siente esa marginalidad de forma demasiado dolorosa, gente que se pone a la defensiva o se siente degradada porque no puede sentarse a las mesas en que juegan los peces gordos (ni organizando fusiones ni dirigiendo estudios de cine, ni siquiera protagonizando los planes de primera línea que tiene hoy día el papel en las editoriales), se ha vuelto bastante natural que los editores cojan los miedos del escritor, los refuercen y conviertan a este en un accesorio necesario pero en última instancia carente de importancia del mundo «real» de la edición. En el mundo real, los editores no cogen el vuelo nocturno de la TWA hasta California para tranquilizar a una escritora nerviosa de envergadura mediana. En el mundo real los editores tienen acceso a jets privados G-3 de empresa y prefieren irse de crucero por las Galápagos con los tiburones empresariales en los que ellos todavía no se han podido convertir. Los editores que sienten menosprecio por la posición de los de su clase pueden encontrar consuelo en transmitirle ese menosprecio al escritor, que no suele tener jets privados G-3 y a quien se puede considerar dependiente de la generosidad de la editorial.

Pero Henry no entendía este consuelo, ni tampoco este menosprecio. La última vez que lo vi fue dos meses antes de que se desplomara en el suelo de la estación de metro de la calle Catorce, una noche en Los Ángeles con ocasión del final de la reunión anual de la American Booksellers Association. Había pasado por nuestra casa de camino a una fiesta y lo convencimos para que no fuera a la fiesta y se quedara a cenar con nosotros. Lo que me contó aquella noche fue indirecto, e incluía alusiones implícitas a otra gente y a otros compromisos y a todo lo que había sucedido entre nosotros desde aquella noche de verano de 1966, pero en última instancia era lo siguiente: quería decirme que yo podía sobrevivir sin él. Aquella fue la tercera cosa que me dijo Henry que yo no me creí.

1992

EN LA CORTE DEL REY PESCADOR

El presidente Ronald Reagan, según nos contaría más tarde la mujer que le escribía los discursos, Peggy Noonan, invertía todo su tiempo privado en la Casa Blanca en contestar cincuenta cartas semanales de ciudadanos, seleccionadas por la gente que le llevaba el correo. Las fotografías de familia que aquellos ciudadanos le mandaban se las guardaba en los bolsillos y en los cajones de la mesa. Cuando no encontraba el código postal, se disculpaba ante su secretaria por no buscarlo él mismo. Se sacaba punta a los lápices él mismo, nos contaría Helene von Damm, la que había sido su secretaria primero en Sacramento y después en Washington, y también se iba a buscar el café.

En la prisa que nos entró después de Reagan por aclarar que siempre habíamos estado al corriente de las peculiaridades de aquella Casa Blanca en concreto, nos olvidamos de la peculiaridad del lugar en sí, que no tenía tanto que ver con un vacío en el centro como con la cantidad de energía centrífuga que aquel vacío dejaba girando libre en los márgenes. En la Casa Blanca de Reagan se permitía que entraran en juego grandes expectativas. Florecía a sus anchas una clase de fervor que muy pocas veces sobrevive en un Despacho Oval plenamente ocupado. «Si estabas en casa de alguien, de camino al baño pasabas frente al dormitorio y veías un voluminoso ejemplar de *Tiempos modernos* de Paul Johnson medio abierto sobre la mesilla de noche», nos dice Peggy Noonan en su libro *What I Saw at the Revolution: A Political Life in the Reagan Era*, la misma Peggy Noonan que le escribió a Ronald Reagan citas célebres como la de los muchachos de Pointe du Hoc o la de que la tripulación del *Challenger* se deshacía de las torvas ataduras de la tierra, y que le escribió a George Bush la cita del millar de puntos de luz o la de un país más amable y gentil.

«Tres meses después volvías y te lo encontrabas allí todavía –escribió Noonan–. Con sus términos. En vez de idea había que decir noción, y en vez de pelea, rencilla; había que tener una actitud positiva y estar en contacto con el espíritu de tu época. Nadie tenía intenciones, sino agenda, y nadie estaba equivocado, sino fundamentalmente equivocado, y uno no estaba trabajando en algo, sino que se remangaba para atacarlo, no se decía acuerdo, se decía trato cerrado. Toda la política es local, pero era mejor decir que toda economía es microeconomía. Y también las frases hechas: el personal es político y las ideas tienen consecuencias y las ideas son lo que mueve la política y esto es una guerra de ideas… y no hacer nada es reforzar el estado de las cosas y volver a desplegar la Doctrina Brézhnev y no existen los almuerzos gratis, sobre todo si estás comiendo con la prensa.»

Peggy Noonan llegó a Washington en 1984, con treinta y tres años, procedente de Brooklyn y de Massapequa y de Fairleigh Dickinson y de la CBS Radio, donde había estado escribiéndole los comentarios de cinco minutos a Dan Rather. Al cabo de unos años, cuando Rather le dijo que en vez de hacerle un regalo de Navidad prefería hacer un donativo a la organización benéfica que ella prefiriera, la organización que Noonan eligió fue el Fondo William J. Casey para la Resistencia Nicaragüense. De entrada, y durante los primeros meses, ella no conoció al hombre de cuyos discursos públicos eran responsables ella y el resto de los redactores en nómina; en el momento en que ella entró a trabajar en la Casa Blanca, hacía más de un año que ningún redactor hablaba con el señor Reagan. «Lo saludamos con la mano», le explicó uno de ellos.

En ausencia de un presidente de carne y hueso, aquella avispada hija de una familia católica numerosa se sentó en su despacho del Antiguo Edificio de Oficinas Ejecutivas y se inventó a uno idealizado: leyó a Vachel Lindsay (sobre todo su «Me jacto y me jacto y le canto a Bryan Bryan Bryan / el candidato a presidente que dibujó un plateado Sión») y leyó a Franklin Delano Roosevelt (a quien se imaginó también de forma idealizada en el condado de Dutchess «sentado a una mesa enorme con todas las chicas, zampándose un copioso almuerzo primaveral a base de orondos tomates maduros y ensalada de patata con mayonesa y huevos rellenos sobre esa vieja porcelana que ya tiene las flores casi borradas») y pensó que «así es como debería hablar Reagan». Nos contaba la señorita Noonan que ella había esperado que Washington fuera «Aaron Copland y su "Appalachian Spring"». Y lo que se encontró en cambio al llegar fue una revolución populista que intentaba construirse a sí misma, una crisis de expectativas elevadas y posibilidades reducidas, los hijos de una clase media expandida decididos a derrocar el orden establecido y lo que ellos percibían como sus represivas ortodoxias liberales: «Se trataba de unos libertarios cuyas novias acababan de parir, tomándose una Coors con conservadores sociales que llegaban a la fiesta acompañados de una esposa que se esforzaba por ser amable y un hijo que traía algún producto del jardín de su papá dentro de un frasco de cristal. Eran fundamentalistas protestantes que confiaban en no ser menospreciados por aquellos intelectuales neoconservadores de Queens, y neoconservadores que hablaban con los fundamentalistas y pensaban: Me pregunto si cuando me miran ven lo mismo que veía la abuela de Annie Hall cuando miraba a Woody Allen desde el otro extremo de la mesa».

Ella permaneció en la Casa Blanca hasta la primavera de 1986, cuando se vio más o menos expulsada por la negativa de Donald Regan, por entonces jefe de personal, a aprobar su ascenso a jefa de redactores de discursos. Regan la consideraba, de acuerdo con Larry Speakes, que no era famoso por su sensibilidad hacia el romanticismo de la revolución, demasiado «de la línea dura», demasiado «dogmática», demasiado «de derechas» y demasiado «la protegida de Buchanan». Con motivo de su dimisión, la señorita Noonan recibió una carta del presidente, firmada con la máquina de firmar. Donald Regan le dijo que no hacía falta que ella tuviera lo que se conocía como «el momento de adiós», es decir, un apretón de manos de despedida con el presidente. El día en que Donald Regan también abandonó la Casa Blanca, la señorita Noonan se encontró en su contestador automático el siguiente mensaje de un amigo de la Casa Blanca: «Eh, Peggy, Don Regan tampoco ha tenido su momento de adiós». Para entonces ella ya no pensaba que «la verdadera tonada de Washington» fuera «Appalachian Spring», sino algo un poco más estridente, «más parecido –decía– a Jefferson Starship y su "They Built This City on Rock and Roll"».

La Casa Blanca que aparece en el libro de Noonan es un lugar considerablemente febril. Todo el mundo, nos cuenta, sabía citar las palabras de Richard John Neuhaus sobre lo que se había dado en llamar el colapso de los dogmas de la ilustración secular. Todo el mundo sabía citar las palabras de Michael Novak sobre el supuesto derrumbe de la idea de que la educación es o debería ser «libre de costes». Todo el mundo sabía citar las palabras de George Gilder sobre lo que se había dado en llamar la naturaleza humanitaria del mercado libre. Todo el mundo sabía citar las palabras de Jean-François Revel sobre cómo fallecen las democracias, y todo el mundo sabía citar la distinción que hacía Jeane Kirkpatrick entre los gobiernos autoritarios y los totalitarios, y todo el mundo hablaba del «movimiento», con frases del tipo «Forma parte del movimiento desde siempre» o «Es buena, es de la línea dura».

Hablaban de subvertir a los pragmatistas, que creían que no se podía vencer en ninguna cuestión pública sin el apoyo del *Washington Post* y las cadenas de televisión, a base de «pasar olímpicamente de los medios para apelar directamente a la gente». Alimentaban el fervor de los suyos emitiendo interminables cartas, memorandos y recortes de prensa. «Muchas gracias por la nueva monografía de Macedo; su modalidad de activismo judicial está mucho más fundamentada que la de Tribe», decían sus cartas. «¡Si esto cae en manos de los rusos, se acabó el Mundo Libre!» era el tono que adoptaba el Post-It amarillo que iba pegado a un recorte de prensa. «¡A seguir luchando!» era su forma de despedirse. Aquellos memorandos que vimos más tarde que le había mandado Robert McFarlane por el sistema de correo electrónico IBM PROFS interno de la Casa Blanca al teniente coronel Oliver North («Entendido, Ollie. Si el mundo supiera cuántas veces has mantenido una fachada de integridad y sentido común con las políticas americanas, te harían secretario de Estado. Pero no lo pueden saber, y si lo supieran se quejarían; así está la democracia a finales del siglo XX... Bravo, Zulú») ya no resultan, visto el contexto, tan raros.

«Los burócratas de manos blandas adoptaban ese estilo lacónico y seco de los personajes de John Ford –escribe la señorita Noonan–. En una reunión, a un hombrecillo del Consejo de Seguridad Nacional le preguntaron si conocía a alguien que pudiera armar una declaración. Sí, contestó él; conocía a alguien en la State University, un escritor a sueldo que había escrito rollos decentes.» Ser moderado era ser «un remilgado» o «una nenaza» o «un mequetrefe». «Lo han machacado», decían de alguien que había salido derrotado en un día determinado, o bien «Se lo han follado y se ha vuelto a levantar». Caminaban por la Casa Blanca llevando corbatas («ligeramente manchadas –según la señorita Noonan– de la mayonesa que se les caía del sándwich que engullían en sus almuerzos de trabajo sobre la reforma judicial») con los códigos del movimiento bordados: águilas, banderas y bustos de Jefferson. Las pequeñas curvas de Laffer doradas identificaban a quienes las llevaban como «puristas del mercado libre». Las campanas de la Libertad representan «comedimiento judicial».

El estilo que triunfaba allí, igual que la política exterior que triunfaba, no parecía ser tan militar como paramilitar, una pura cuestión de hablar como tipos duros. «Eso no ha salido de mi disco», decía con sequedad el teniente coronel Oliver North para indicar que algo no era idea de él. «Los muchachos», como los denomina la señorita Noonan, la élite, los que molaban, el círculo interior y los que aspiraban a entrar en él, se aseguraban de no abrocharse los cinturones de seguridad en el Air Force One. Los que molaban menos hacían alarde de sus souvenirs cosechados en las fronteras lejanas de la doctrina Reagan. «Jack Wheeler volvió de Afganistán con un cinturón de oficial ruso echado al hombro», recuerda la señorita Noonan. «Grover Norquist volvió de África frotándose los ojos de tantos apuntes que había tomado en una tienda de campaña con Savimbi.» La misma señorita Noonan había almorzado en el comedor de la Casa Blanca con un «guerrero muyahidín» y con su encargado de relaciones públicas. «¿Cuál es la situación de sus tropas sobre el terreno?», le preguntó ella. «Necesitamos ayuda», le contestó él. La camarera filipina se acercó con su cuaderno y su lápiz en la mano. El líder muyahidín levantó la vista. «Yo quiero carne», dijo.

Este no es un entorno en el que uno se imagine a Nancy Reagan, cuyo estilo preferido derivaba del mundo mucho más estructurado, aunque igualmente riguroso, del que ella venía. La gente no acababa de entender la naturaleza de aquel mundo. Recuerdo quedarme perpleja, cada vez que visitaba Washington durante el primer o dos primeros años de la administración Reagan, por la tenacidad de ciertas ideas erróneas sobre los Reagan y los hombres a los que se solía considerar su círculo íntimo, aquel pequeño grupo de industriales y empresarios que habían impulsado y financiado, como si fuera una operación de capital de riesgo, las apariciones de Ronald Reagan tanto en Sacramento como en Washington. El presidente estaba por encima de todo, me repetía todo el mundo, era un californiano, un hombre del Oeste, igual que los conocidos que formaban su camarilla; era el hecho de que aquellos hombres fueran «del Oeste» lo que explicaba no solo sus ideas más bien intransigentes sobre la misión que tenía América en el mundo, sino también su aparente falta de interés o de identificación con los americanos que tenían menos clara aquella tendencia en alza. También era el ser «del Oeste» lo que podía explicar aquellas afrentas al estilo local de las que tanto se habló en Washington durante los primeros años: la ropa recargada y las joyas prestadas y los peinados de Le Cirque y las moquetas y la disposición de las mesas. Tanto en estilo como en sustancia, se decía que los Reagan y sus amigos hacían gala de lo que al principio se había llamado «la mentalidad de California» y más tarde, a medida que la administración se iba afianzando y la demonología social del paisaje exótico se concretaba, «la mentalidad del Club California».

Recuerdo haber oído hablar de esta «mentalidad del Club California» durante una cena en Georgetown, y haber reaccionado con cierta indignación atávica (yo era de California y mi hermano vivía entre semana en el Club California); lo que resulta curioso, visto ahora, es que muchos de los hombres en cuestión, incluyendo al presidente, no tenían más que una conexión de conveniencia con California en particular y con el Oeste en general. William Wilson había nacido en Los Ángeles y Earle Jorgenson en San Francisco, pero el difunto Justin Dart era nacido en Illinois, licenciado por la Northwestern, estaba casado con una heredera de Walgreen en Chicago y no trasladó la United Rexall, la que más tarde sería la Dart Industries, de Boston a Los Ángeles hasta que ya la presidía. El difunto Alfred Bloomingdale era nacido en Nueva York, licenciado por la Brown y sembraba el Diners Club con el dinero de la tienda de su familia en Nueva York. Lo que aquellos hombres representaban no era «el Oeste», sino lo que constituía para el presente siglo una modalidad relativamente nueva de clase adinerada de América: un grupo desprovisto de responsabilidades sociales precisamente porque sus vínculos con cualquier lugar en concreto se habían visto prácticamente borrados.

De hecho, Ronald y Nancy Reagan habían vivido la mayor parte de su vida adulta en California, pero formando parte de la comunidad del mundo del espectáculo, cuyos miembros no pertenecían al Club California. En 1964, cuando me mudé por primera vez a Los Ángeles, y durante los años posteriores, la vida en los escalafones superiores de aquella comunidad era, para las mujeres, algo muy rígidamente organizado. Las mujeres abandonaban la mesa después del postre y tomaban el café en el piso de arriba, aisladas en el dormitorio o bien en el tocador con tacitas diminutas y azúcar en roca traído de Londres y varitas de canela en lugar de cucharillas. Sobre la mesilla de tocador de la anfitriona siempre había frascos muy grandes de Fracas y Gardenia y Tuberose. El postre que precedía a aquella retirada (un soufflé o mousse con salsa de frambuesa) se servía inflexiblemente en platos de porcelana con la Flora Danica, y a su vez era precedido del ritual de los aguamaniles y los pañitos. Recuerdo que me contaron muchas veces la historia con moraleja de lo que le había dicho Joan Crawford a una joven que retiró el aguamanil pero se dejó el pañito. Los detalles de lo que le había dicho exactamente Joan Crawford, a quién se lo había dicho y en casa de quién diferían dependiendo de quién contaba la historia, pero la protagonista siempre era Joan Crawford y la historia siempre versaba sobre el pañito; una de las razones de que la señora Reagan encargara su famosa porcelana nueva era que, según contó en su propia crónica de la vida de los Reagan en la Casa Blanca, *My Turn*, la porcelana de los Johnson no incluía aguamaniles.

Aquellas veladas subtropicales no estaban diseñadas para dar vigor. Los enormes arreglos florales, encargados a David Jones, no promovían precisamente la conversación general y aseguraban que la mesa estuviera retirada con puntualidad. Se llevaban pijamas y vestidos «de recreo» caros, y sedas de Pucci hasta el suelo. Cuando las mujeres se reunían otra vez con los hombres en el piso de abajo, circulaban bandejas de *crème de menthe* blanca. Las fiestas con mucha gente se celebraban en carpas, con luces de color rosa y chile del Chasen's. Los almuerzos se celebraban en el Bistro, y más tarde en el Bistro Garden y en el Jimmy's, que era propiedad de Jimmy Murphy, a quien todo el mundo conocía porque había trabajado para Kurt Niklas en el Bistro.

Estas eran las formas del *ancien régime* local, y como tales ya se habían desvanecido en gran medida hacia finales de los sesenta, pero todavía se pueden examinar con detalle en las fotografías que hizo Jean Howard a lo largo de los años y que se recogen en *Jean Howard's Hollywood: A Photo Memoir.* Aunque ninguno de los Reagan aparece en el libro de la señorita Howard (la gente a la que ella frecuentaba solían ser o bien estrellas o bien gente poderosa o famosa por ser divertida, y a nivel local no se consideraba que los Reagan, que habían pasado tiempos difíciles y se habían visto abocados a la televisión, entraran en ninguna de estas categorías), las fotografías dan una impresión bastante precisa de los rigores del lugar. Cuando uno ve la fotografía del almuerzo del Cuatro de Julio de 1955 en casa de Joseph Cotten, el día en que Jennifer Jones llevó a los bailarines de la conga a tirarse en la piscina, no se fija en la piscina. En la piscina hay gente, sí, y hasta sillas, pero la mayoría de los invitados están sentados decorosamente en la hierba, llevando corbatas a rayas, vestidos de seda y zapatos de tacón. Para tomar el sol un día en la casa de Anatole Litvak en la playa, la señora de Henry Hathaway lleva un vestido sin tirantes de organdí con bordados y festones y pendientes de perlas. Para comer en el jardín de Minna Wallis con Warren Beatty, George Cukor, los Hathaway, los Minnelli y los Axelrod, Natalie Wood lleva un sombrero negro de paja con cinta de seda, vestido blanco, cuentas blancas y negras, maquillaje perfecto y el pelo recogido en la nuca.

Este era el mundo del que Nancy Reagan salió en 1966 para ir a Sacramento y después a Washington en 1980, y en muchos sentidos es el mundo del que nunca se marchó, pese a que ya estuviera desapareciendo *in situ* antes incluso de que a Ronald Reagan lo eligieran gobernador de California. *My Turn* no documenta una vida radicalmente alterada por la experiencia sobrevenida. Los ocho años en Sacramento dejaron tan poca huella en la señora Reagan que su libro describe la casa en la que vivía allí –una casa situada en la calle Cuarenta y cinco con la calle M, en una ciudad diseñada como una cuadrícula numérica o alfabética que iba de la calle Primera a la Sesenta y seis y de la calle A a la Y– como una «casita de campo de estilo inglés en un barrio residencial».

A la señora Reagan no le pareció raro que aquella casa la comprara y se la alquilara a ella y a su marido (por 1.250 dólares al mes) el mismo grupo de hombres que le había regalado al estado de California cuatro hectáreas y media donde construirle a la señora Reagan la «mansión del gobernador» que ella quería, y que más tarde financiaría la redecoración de un millón de dólares de la Casa Blanca de los Reagan, y que al final compraría la casa de St. Cloud Road en Bel Air a la que los Reagan se mudarían tras abandonar Washington (el número de la calle donde estaba la casa de St. Cloud era el 666, pero los Reagan lo hicieron cambiar al 668 para evitar que se relacionara con la Bestia del Apocalipsis); parecía que ella se imaginaba que las casas formaban parte del trato, igual que el alojamiento que se les proporciona a los actores en la localización del rodaje. Antes de que la camarilla de Reagan se hiciera con la contrata, los Reagan habían vivido en una casa de Pacific Palisades remodelada por su patrocinador de entonces, la General Electric.

Este hecho de que los Reagan esperaran que otra gente se ocupara de sus necesidades les resultó al principio chocante a muchos, y por lo general se interpretó como un hábito de gente rica. Pero por supuesto no es un hábito de gente rica, y en cualquier caso los Reagan no eran ricos: tanto ellos como sus expectativas eran productos del Hollywood de los estudios, un sistema en el que los actores actuaban y a cambio otra gente se ocupaba de sus necesidades. «Yo prefería el sistema de los estudios a la ansiedad de buscar trabajo en Nueva York», cuenta Nancy Reagan en *My Turn*. Durante los ocho años que vivió en Washington, la señora Reagan cuenta que «no pisé ni un solo supermercado, ni prácticamente ninguna tienda de ninguna clase, con la excepción de una tienda de tarjetas que había en la esquina de la Diecisiete con la calle K donde solía comprar las tarjetas de felicitación de cumpleaños», y que solo llevaba dinero encima cuando salía a hacerse la manicura.

Le sorprendió enterarse («No nos lo había dicho nadie») de que, mientras estuvieran en la Casa Blanca, ella y su marido se tenían que pagar la comida, la tintorería y la pasta de dientes. Da la impresión de que nunca entendió por qué resultaba imprudente que aceptara ropa de los modistos cuando había tantos que la animaban a ello. El único que pareció resistirse a este impulso fue Geoffrey Beene, cuya ropa para Patricia Nixon y cuyo vestido para Lynda Bird Johnson habían sido comprados en tiendas al precio de venta al público. «No entiendo muy bien cómo a una mujer le pueden dar ropa "en préstamo" –declaró Beene al *Los Angeles Times* en enero de 1982, cuando surgió por primera vez la cuestión de la ropa de la señora Reagan–. También creo que se van a encontrar con una montaña de problemas para decidir cuál de toda esa ropa es digna de ir a un museo (...). También dicen que ella está ayudando a "rescatar" la industria de la moda americana. No sabía yo que la industria se viera en semejantes apuros.»

Daba la impresión de que la señora Reagan consideraba la ropa simple «vestuario» –un gasto de producción más, igual que el alojamiento y el catering y los billetes de primera clase y esos muebles y cuadros y coches que te puedes llevar a casa después de que desmonten los platós– y que por tanto lo justo era que la pagaran los estudios. El hecho de que los productores de aquella producción en concreto –los hombres a los que la señora Reagan llamaba sus «amigos ricos» o sus «amigos muy generosos»– a veces se equivocaran respecto a su propio rol era comprensible: Helene von Damm nos contaba que solo después de que a William Wilson lo avisaran de que el FBI iba a someter a una investigación completa a todo el mundo con acreditación de la Casa Blanca (se lo dijo Fred Fielding, el abogado de la Casa Blanca), solo entonces renunció a la Suite 180 del Edificio de Oficinas Ejecutivas, que se había apropiado el día después de la inauguración con el objeto de influir en el nombramiento del gabinete oficial, el que no era la camarilla.

«Así empezó mi administración», escribiría más tarde Edith Bolling Wilson sobre el derrame cerebral que paralizó a Woodrow Wilson en octubre de 1919, dieciocho meses antes de que se marchara de la Casa Blanca. La administración que Nancy Reagan compartió primero con James Baker y Ed Meese y Michael Deaver y luego de forma más incómoda con Donald Regan resultó considerablemente más bizantina de lo habitual, tal vez porque cada uno de sus actores principales estaba trabajando con un guión distinto y solo uno de ellos, James Baker, contaba con algo parecido a un guión completo. Baker, cuyo rol último en la Casa Blanca consistía en mantenerla dentro del orden establecido, parece que se apoyó considerablemente en la táctica de oponer fuerzas y darles rienda suelta para que se neutralizaran entre ellas. «Lo normal en un sitio grande es que solo haya una persona o grupo al que temer –comentaba Peggy Noonan–. Pero en la Casa Blanca de los Reagan había dos, el jefe de personal y su gente y también la Primera Dama y su gente, una formación de pinza que hacía que todo el mundo se sintiera vulnerable.» La señorita Noonan nos muestra en su libro a la señora Reagan moviéndose por los pasillos con su séquito del Ala Este, de cuyos miembros se decía en el Ala Oeste que «no eran gente seria» y que leían *W* y *Vogue*. La misma señora Reagan tenía apodos del calibre de «Evita», «Mamá», «La Señora» y «El Peinado con Ansiedad». La señorita Noonan la caracteriza despectivamente como «no una izquierdista ni una liberal ni una moderada ni una partidaria de la distensión», sino una «Elegancista, una mujer rica y bien vestida que seguía las convenciones de su clase».

De hecho, Nancy Reagan era más interesante que eso: era precisamente «su clase» aquello que le costaba creerse. No era una mujer con experiencia. Su talento social, igual que el de muchas mujeres adiestradas en la vida aislada de la comunidad del cine, estaba pasmosamente atrofiado. Ella y Raisa Gorbachov tenían «poco en común» y unas «visiones completamente distintas del mundo». Ella y Betty Ford eran «personas distintas procedentes de mundos distintos». Da la impresión de que se sentía cómoda en compañía de Michael Deaver o de Ted Graber (su decorador) y de muy poca gente más. En una cena de Estado en honor de José Napoleón Duarte de El Salvador se asignó el asiento que había entre el presidente Duarte y Ralph Lauren. Tenía muy poca experiencia social y al parecer una ansiedad social ilimitada. Helene von Damm se quejaba de que la señora Reagan no había consentido, durante la primera campaña presidencial, que la gente de la campaña de recaudación de fondos llamara a «sus amigos de Nueva York»; mientras intentaba hacer una lista para la cena en Nueva York en noviembre de 1979 en la que Ronald Reagan iba a anunciar su candidatura, finalmente la señorita Von Damm mandó a un emisario a sacarle unos cuantos nombres a Jerry Zipkin, que se desprendió de ellos a regañadientes y luego dijo: «Recuerde, no use mi nombre».

Tal vez la cualidad más atractiva de la señora Reagan fuera ese miedo infantil a que la dejaran fuera, a no tener las mejores amistades y no asistir a las fiestas en las mejores casas. Coleccionaba desaires. Se refugiaba en una especie de falsa elegancia, de finura (como la «casita de campo de estilo inglés en un barrio residencial»), y en el uso de palabras como «inapropiado». Era «inapropiado, por no decir algo peor», que Geraldine Ferraro y su marido abandonaran la tarima «y bajaran entre el público para trabajarse a la multitud» en una cena de la Federación Italoamericana celebrada en 1984 en la que dieron discursos los candidatos de ambas listas. Era «innecesario, y mezquino», que, tras ser nombrado John Koehler para reemplazar a Patrick Buchanan como director de comunicaciones y descubrirse que Koehler había sido miembro de las Juventudes Hitlerianas, Donald Regan dijera que «la culpa era del Ala Este».

La señora Gorbachov, en opinión de la señora Reagan, la «trataba con condescendencia» y «esperaba deferencia a cambio». La señora Gorbachov había aceptado una invitación de Pamela Harriman antes de contestar a una de la señora Reagan. La razón de que Ben Bradlee llamara al Irán-Contra «la cosa que más me ha divertido desde el Watergate» era tal vez que, según la señora Reagan explicaba en *My Turn*, Bradlee odiaba la relación que ella tenía con Katharine Graham. A Betty Ford le habían dado un palco en el recinto de la Convención Nacional Republicana de 1976 y a la señora Reagan solo un palco alto. La señora Reagan se mostró ecuánime: «Es posible que Maureen Reagan tuviera razón» al considerar aquel desaire deliberado. Cuando en la segunda noche de aquella convención la banda empezó a tocar «Tie a Yellow Ribbon Round the Ole Oak Tree» durante una ovación a Nancy Reagan, la señora Ford se puso a bailar con Tony Orlando. La señora Reagan se mostró magnánima: «Alguna de nuestra gente vio aquello como un intento deliberado de eclipsarme, pero yo jamás pensé que aquella fuera su intención».

Michael Deaver, en su versión de más o menos los mismos acontecimientos, *Behind the Scenes*, nos ofrece una fascinante crónica de cómo llevó a los Reagan durante la campaña de 1980 a una iglesia episcopaliana situada cerca de la granja en la que estaban alojados en las afueras de Middleburg, Virginia. Después de proponer la iglesia y de negociar el tema del sermón con el pastor (Ezequiel y los huesos en lugar de lo que Deaver llamaba los «cristianos renacidos», presumiblemente el renacimiento cristiano), por fin acordó que los Reagan asistirían al servicio dominical de las once de la mañana. «Lo que no nos dijeron –escribe Deaver–, y yo tampoco preví, fue que el servicio de las once incluiría una comunión», un ritual que él explicó que les resultaba «completamente extraño a los Reagan». Describe «miradas nerviosas» y «susurros ligeramente frenéticos» sobre qué hacer, puesto que la experiencia que tenían los Reagan era con la iglesia presbiteriana de Bel Air, «una iglesia protestante como era debido donde se pasaban bandejas con vasitos de zumo de uva y cuadraditos de pan». Por fin llegó el momento, y «... en mitad del pasillo sentí que Nancy me agarraba del brazo... "*¡Mike!*", me dijo entre dientes, "*¿toda esa gente está bebiendo de la misma copa?*"».

Llegado este punto, el incidente empieza a parecer un episodio de *I Love Lucy*. Deaver le asegura a la señora Reagan que es aceptable limitarse a mojar la hostia en el cáliz. La señora Reagan se arriesga a hacer eso, pero de alguna manera se las apaña para que se le caiga la hostia en el vino. Ronald Reagan, interpretando en esos momentos a Ricky Ricardo, está demasiado sordo para oír las instrucciones que le ha susurrado Deaver, y además su mujer le ha ordenado: «Haz lo mismo que yo». De manera que él también tira la hostia dentro del vino, donde se queda flotando junto a la de la señora Reagan. «Para Nancy fue un alivio salir de la iglesia –informa Deaver–. El presidente salió completamente risueño a la luz del día, satisfecho de que el servicio hubiera ido tan bien.»

Yo había leído esta crónica muchas veces antes de darme cuenta de qué era lo que me atraía tanto de ella: que allí teníamos un perfecto modelo a escala de la Casa Blanca de los Reagan. Estaba el ayudante que localizaba el escenario correcto («Hice un poco de investigación y encontré una iglesia episcopaliana preciosa»), que se adelantaba a cualquier problema imaginable y lo manejaba con habilidad («Tuve una charla discreta con el pastor» y «Saqué el tema con suavidad»), y que sin embargo había dejado que se le pasara por alto, igual que en la visita a Bitburg, un detalle crucial. Estaba la esposa, encargada de proteger la imagen de su marido ante el mundo, una tarea que requería, según ella insinuaba en *My Turn*, una vigilancia considerable. Se trataba de un marido que podía ser «muy confiado con la gente». Por ejemplo, le tenía «demasiada confianza» a David Stockman. Le había «dado su palabra» a Helmut Kohl, de manera que se sentía «obligado a honrar su compromiso» de visitar Bitburg. Durante una entrevista concedida a *Good Morning America* en la época en que se publicó *My Turn*, la señora Reagan desveló que su marido era «el hombre más blandengue del mundo» cuando se trataba de lo que ella denominó (otro ejemplo de dejar que le pasara por alto un detalle crucial) «los pobres». La señora Reagan entendía todo esto. Ella se encargaba de todo. Y, sin embargo, allí estaba, en las afueras de Middleburg, Virginia, víctima otra vez de una mala preparación, enfrentada a aquella mesa de comunión «foránea» y agarrotada por la aprensión que le daba el que se pudiera retirar un aguamanil sin su pañito.

Y allí, en el centro de todo, estaba Ronald Reagan, insuficientemente informado (o, como dicen en la Casa Blanca, «mal servido») sobre el tema de las hostias pero siguiendo adelante de todas maneras, saliendo «a la luz del día» satisfecho de su propia actuación y de la de los demás, aparentemente desconocedor de (o habituado a, o indiferente a) las crisis que se gestionaban en su presencia y en su beneficio. Lo que él tenía, y lo que no tenían ni su ayudante ni su esposa, era la historia, el concepto global, lo que Ed Meese solía llamar «lo fundamental», como cuando describía a un hombre «que se centraba en lo fundamental». Y en este caso lo fundamental era que el candidato iba a la iglesia un domingo por la mañana; los detalles que obsesionaban a la esposa y al ayudante –a qué iglesia ir y qué hacer con la hostia– quedaban fuera de aquella perspectiva.

Desde sus inicios en California, lo básico de aquella administración había sido operar en base a lo que parecían ser informaciones claramente especiales. Reagan tenía «sensaciones» sobre las cosas, por ejemplo sobre la guerra de Vietnam. «Tengo la sensación de que nos va mejor en la guerra de lo que ha dicho la gente», fueron sus palabras citadas en la edición del 16 de octubre de 1967 del *Los Angeles Times*. Gracias al poder transformador de la presidencia, esta información especial que nadie más entendía –aquellos conceptos fundamentales y elevados– adoptaba una naturaleza mágica, y hubo gente en la Casa Blanca que llegó a creer que tenían en su posesión, sacándoles punta a sus propios lápices en el Despacho Oval, al mismísimo Rey Pescador, el guardián del Grial, la fuente de ese contacto inefable con el electorado que a su vez era la fuente del poder.

Hubo veces, ahora lo sabemos, en que aquella Casa Blanca logró evadirse con éxito del arte de lo posible. El que McFarlane volara a Teherán con el pastel y la Biblia y diez pasaportes irlandeses falsificados no fue algo que derivara de nuestra tradición ejecutiva tradicional. Lo que pasaba era que el lugar se estaba rigiendo por sus propias supersticiones, por la lectura de los huesos, por la fe en que un momento fugaz de atención por parte del presidente durante la presentación de un plan (la presentación ideal, explicó Peggy Noonan, era aquella en que «al presidente se lo obligaba a mirar una imagen, leer una carta breve o responder a una pregunta») aseguraba que la magia se transfiriera a lo que fuera que aquella semana estaba excitando el fervor de las criaturas que querían hacer la revolución: a la Iniciativa de Defensa Estratégica, a los muyahidines, a Jonas Savimbi, a los contras.

La señorita Noonan recuerda en su libro lo que ella llama «las reuniones de la Contra», que giraron en torno a la noción mágica de que exhibir al presidente en el lugar adecuado (por ejemplo, «pasar olímpicamente de los medios para apelar directamente a la gente») era lo único que hacía falta para «inspirar un compromiso en el pueblo americano». En aquellas reuniones se sentaban todos y discutían la posibilidad de hacer que el presidente hablara en el Orange Bowl de Miami en el aniversario del discurso de John F. Kennedy en el Orange Bowl después de Bahía Cochinos, sin importar que el discurso del Orange Bowl de Kennedy se hubiera convertido con el paso de los años en Miami en símbolo de la traición de América. Se sentaban todos en aquellas reuniones y discutían la posibilidad de que el presidente pasara olímpicamente de sus oponentes en el Congreso y hablara en el distrito de Jim Wright, cerca de El Álamo: «... algo así como "a *tal y tal* kilómetros al norte de aquí está El Álamo –anotó la señorita Noonan en su cuaderno, esbozando aquel ritual durante el cual se había de transferir la magia–... Donde unos valientes héroes *tal y tal*, y donde el comandante de la guarnición escribió durante aquellos terribles últimos días *tal y tal*..."».

Pero el Rey Pescador tenía su mente en otro concepto fundamental, en el que llevaba pensando desde California. Hemos oído hasta la saciedad que la señora Reagan apartó al presidente del Imperio del Mal y lo llevó hacia las reuniones con Gorbachov. (Más tarde, en el programa *Nightly News* de la NBC, la astróloga de San Francisco Joan Quigley reivindicaría su rol a la hora de influir al matrimonio Reagan en aquel sentido, explicando que ella les había «cambiado su actitud de Imperio del Mal al informarles sobre el horóscopo de Gorbachov».) La señora Reagan en persona admitió que le había parecido «ridículo que aquellos dos superpoderes fuertemente armados estuvieran allí sentados y no hablaran entre sí», y que ella le había dado «un empujoncito a Ronnie».

Pero sigue sin estar claro cómo de necesario había sido aquel empujoncito. A Ronald Reagan la Unión Soviética le parecía una abstracción, un lugar donde la gente era incapaz de resistirse al «comunismo», aquel mal inanimado que, tal como él lo había explicado en un discurso pronunciado en 1951 en una convención en Kiwanis y tal como lo continuaría explicando durante las tres décadas y media siguientes, había «intentado invadir nuestra industria» y nosotros lo habíamos «combatido» y al final le habíamos «dado una paliza». Esta era una representación según la cual se podía considerar que los ciudadanos de la Unión Soviética habían sido «invadidos», igual que la industria del cine, y que únicamente necesitaban que alguien los liberara. Y esa fuerza liberadora podía ser la aparición de un personaje como el pistolero Shane, alguien que «les diera una paliza» a los malvados, o podía ser simplemente la dulce luz de la razón. «Un pueblo que sea libre de elegir elegirá siempre la paz», tal como les dijo el presidente Reagan a los estudiantes de la Universidad Estatal de Moscú en mayo de 1988.

En este sentido estaba repartiendo las cartas de una baraja completamente abstracta, y la apertura al Este había sido una carta que tenía guardada desde el principio, su concepto fundamental, su historia. Y así es como fue: lo que él tenía ganas de hacer, según le había ido contando a una serie de gente a lo largo de los años (recuerdo que a mí me lo contó por primera vez George Will, que me advirtió de que no dijera nada del tema, porque las conversaciones con los presidentes eran información privilegiada), era coger al líder de la Unión Soviética (la identidad de dicho líder era otro de esos detalles que quedaban fuera de su perspectiva) y llevárselo en un avión a Los Ángeles. Cuando el avión estuviera volando bajo sobre las parcelaciones de la clase media que se extienden entre las montañas de San Bernardino y el aeropuerto LAX, le diría al líder de la Unión Soviética que se acercara a la ventanilla y le señalaría todas las piscinas que tenían debajo. «Son las piscinas de los capitalistas», le diría el líder de la Unión Soviética. «No –replicaría el líder del mundo libre–. Son las piscinas de los trabajadores.» *Tal y tal* tiempo después, en la época de los valientes héroes *tal y tal*, y bajo el líder del mundo libre *tal y tal*, la historia accidental ha seguido su rumbo, pero todavía tenemos que pagar por nuestro fervor.

1989

LA CHICA DEL DORADO OESTE

Me vienen a la memoria los detalles domésticos. A media tarde del 4 de febrero de 1974, en su dúplex del 2603 de Benvenue Avenue, en Berkeley, Patricia Campbell Hearst, de diecinueve años, estudiante de historia del arte en la Universidad de California en Berkeley y nieta del difunto William Randolph Hearst, se puso un albornoz azul de tela de toalla, calentó una lata de sopa de pollo con fideos y preparó sándwiches de atún para ella y para su novio, Steven Weed; vio *Misión imposible* y *El mago* por televisión, fregó los platos y se acababa de sentar a estudiar cuando sonó el timbre de su puerta; fue secuestrada a punta de pistola y durante los cincuenta y siete días siguientes fue retenida con los ojos vendados por tres hombres y cinco mujeres que se hacían llamar el Ejército Simbiótico de Liberación.

Entre el día cincuenta y ocho, que fue cuando aceptó unirse a sus captores y se dejó fotografiar delante de la bandera con la cobra del ESL blandiendo una carabina M-1 de cañón recortado, y el 18 de septiembre de 1975, que fue cuando la detuvieron en San Francisco, Patricia Campbell Hearst participó activamente en los atracos al Hibernia Bank de San Francisco y al Crocker Matinal Bank de las afueras de Sacramento; barrió el Crenshaw Boulevard de Los Ángeles con un subfusil automático para cubrir a un camarada al que habían detenido por robar en una tienda; y participó o bien fue testigo de una serie de robos menos publicitados y de la detonación de varias bombas, a los que más tarde se referiría como «acciones» u «operaciones».

Durante el juicio celebrado en San Francisco por la operación del Hibernia Bank apareció en los juzgados llevando pintaúñas de color blanco glaseado y llevó a cabo ante el jurado una demostración de cómo se manipulaba el cerrojo de una M-1 para abrir la recámara. Durante una prueba psiquiátrica que le hicieron mientras estaba bajo custodia, completó la frase «La mayoría de los hombres» con las palabras «son gilipollas». Siete años más tarde estaba viviendo con el guardaespaldas con el que se había casado, su hija pequeña y dos pastores alemanes «encerrada a cal y canto en una casa de estilo español equipada con el mejor sistema de seguridad electrónico del mercado», y se describía como «mayor y más sabia», y les dedicaba su propia versión de los hechos, *Todos mis secretos*, «A mi madre y mi padre».

La suya fue una educación sentimental muy especial, una especie de entrada pública en la vida adulta, provista de unos tintes insistentemente literarios, y por entonces también dio la impresión de ser una parábola de la época. Algunas de sus imágenes se infiltraron en la memoria del país. Vimos a Patricia Campbell Hearst con su vestido de primera comunión, sonriente, y luego a Patricia Campbell Hearst en los fotogramas de la cámara de vigilancia del Hibernia Bank, sin sonreír. Volvimos a verla sonriente en la foto de su compromiso, una chica más o menos guapa con un vestido sencillito sentada en el césped bajo el sol, y la vimos una vez más sin sonreír en la foto de «Tania», la famosa Polaroid con la M-1. La vimos acompañada de su padre y su hermana Anne en una fotografía hecha en el Club de Campo Burlingame unos meses antes del secuestro: en ella los tres miembros de la familia Hearst sonreían, y no solo sonreían sino que llevaban guirnaldas hawaianas de flores, el padre llevaba una de mailes y de orquídeas y las hijas sendas guirnaldas de pikake, las más caras que existen, hebra tras hebra de diminutos capullos de jazmines árabes engarzados como si fueran cuentas de marfil.

Vimos la hilera de micrófonos desplegados delante de la casa de Hillsborough cada vez que Randolph y Catherine Hearst («mi padre» y «mi madre» en los primeros mensajes espectrales de la hija ausente y «los cerdos de los Hearst» a medida que avanzaba la primavera) recibían a la prensa, aquellas flores en macetas de la escalera que cambiaban al ritmo de las estaciones, dando fe de que el mantenimiento doméstico permanecía intacto pese a la crisis: azaleas, fucsias y luego orquídeas barco arracimadas para Semana Santa. Vimos, desde el principio, las feas imágenes de los saqueos y las cámaras rotas y los muslos congelados de pavo arrojados por las ventanas en West Oakland, el violento resultado del primer intento que hicieron los Hearst de satisfacer la demanda de rescate del ESL, y vimos por televisión, aquella misma noche, la noticia de que William Knowland, el antiguo senador de California y el miembro más prominente de la familia que llevaba medio siglo gobernando Oakland, había cogido la pistola que según él llevaba para protegerse de los terroristas, se había sentado en un banco junto al río Russian y se había volado la tapa de los sesos.

Todas aquellas imágenes contaban una historia, enseñaban una lección dramática, llevando cada una de ellas la *frisson* de las demás, la invitación a compararlas y contrastarlas. La imagen de Patricia Campbell Hearst en los folletos de «Se busca» del FBI estaba por ejemplo recortada de la imagen de la chica más o menos guapa del vestido sencillito sentada en el césped bajo el sol, prueba esquemática de que hasta una rica heredera podía quedar paralizada bajo los focos de la historia. No existía ninguna conexión real entre los muslos de pavo lanzados desde ventanas de West Oakland y el hecho de que William Knowland estuviera tumbado boca abajo en el río Russian, pero el paradigma era manifiesto, una California ocupada en nacer y otra ocupada en morir. Aquellas orquídeas barco que había en el umbral de los Hearst en Hillsborough se fundieron ante nuestros ojos con la imagen de una palmera en llamas en Los Ángeles sur central (el modelo volvían a ser dos Californias), la palmera que se elevaba sobre el bungalow de estuco en el que durante un rato se creyó que Patricia Campbell Hearst se estaba quemando viva por directo en televisión. (La verdad era que Patricia Campbell Hearst estaba en una tercera California, en una habitación de motel en Disneylandia, mirando cómo se quemaba la palmera igual que todos nosotros, es decir, por televisión, y que eran Donald DeFreeze, Nancy Ling Perry, Angela Atwood, Patricia Soltysik, Camilla Hall y William Wolfe, un preso fugado negro y cinco hijos de la clase media blanca, los que estaban muriendo en el bungalow de estuco.)

No solo contaban una historia las imágenes, sino también la voz, la voz de las cintas, aquella voz deprimida con su acento californiano, aquella voz que se iba apagando hasta volverse casi inaudible y por fin adoptaba un matiz quejumbroso, un matiz de sarcasmo de niña, una voz que todos los padres y madres pudieron reconocer: «Papá, mamá, estoy bien. Me hice unos cuantos arañazos y tal, pero me los limpiaron... Confío en que hagáis lo que ellos dicen, papá... Si puedes organizar lo de la comida antes del 19, ya está bien... Lo que puedas conseguir ya valdrá, tampoco nadie está pensando en que alimentes al estado entero... Estoy aquí porque soy miembro de una familia de la clase dirigente y creo que ya puedes empezar a ver la analogía... La gente debería dejar de portarse como si yo estuviera muerta, mamá debería quitarse el vestido negro, eso no ayuda en nada... Mamá, papá... no me creo que estéis haciendo todo lo que podéis... Mamá, papá... estoy empezando a pensar que ya no le importo a nadie...». Y por fin: «Saludos al pueblo. Soy Tania».

El bisabuelo de Patricia Campbell Hearst había llegado a California a pie en 1850, analfabeto, soltero, con treinta años, escasa fortuna y ninguna perspectiva de futuro; hijo de un granjero de Missouri, se iba a pasar la treintena hurgando en los condados de El Dorado, Nevada y Sacramento en busca de una oportunidad. En 1859 la encontró, y al morir en 1891 George Hearst ya le pudo dejar a la maestra con la que se había casado en 1862 una fortuna amasada a partir del suelo mismo, de los beneficios incesantes de las minas más productivas de la época, las de Ophir en Nevada, las de Homestake en Dakota del Sur, las de Ontario en Utah, las de Anaconda en Montana y las de San Luis en México. La viuda, Phoebe Apperson Hearst, una mujer diminuta y voluntariosa que al morir su marido solo tenía cuarenta y ocho años, cogió aquellos ingresos aparentemente artesianos y se dedicó a financiar el imperio editorial que perseguía su único hijo, financió también una parte sorprendente del mismo campus al que su bisnieta asistía por la época en que la secuestraron, y construyó para sí misma, sobre veintisiete mil hectáreas situadas junto al río McCloud en el condado de Siskiyou, el Wyntoon original, un castillo de roca volcánica del que su arquitecto, Bernard Maybeck, dijo simplemente: «Aquí puedes alcanzar todo lo que hay en tu interior».

Nadie, ni siquiera los californianos mismos, comprende más que vagamente hasta qué punto ciertos lugares dominan la imaginación de California. Derivada no solo del paisaje sino también de su apropiación, del romance de la emigración y del abandono radical de los lazos establecidos, sigue tratándose de una imaginación obstinadamente simbólica, que tiende a encontrar lecciones en lo que el resto del país percibe como simples escenarios. Yosemite, por ejemplo, sigue siendo lo que Kevin Starr ha llamado «uno de los símbolos californianos primarios, un factor fijo de identidad para todos los que buscan una estética primordialmente californiana». Tanto la comunidad de Carmel como su costa tienen un significado simbólico que se ha perdido para el visitante actual, una alusión persistente al arte entendido como libertad, a la libertad entendida como oficio, a ese panteísmo «bohemio» de principios del siglo XX. El puente Golden Gate, refiriéndose como se refiere tanto al infinito como a la tecnología, le sugiere a la gente de California una representación bastante compleja del final de la tierra, y también de su principio.

Patricia Campbell Hearst nos contó en *Todos mis secretos* que el sitio que los Hearst llamaban Wyntoon era «una tierra mística», «fabulosa, de otro mundo», «todavía más que San Simeón», y que resultaba «tan emotivamente conmovedora que sigo siendo incapaz de describirla». La mayoría de los californianos solo habían visto aquel primer castillo levantado por Maybeck junto al río McCloud en fotografías, y sin embargo, antes de que se quemara en 1933 para ser reemplazado por un complejo de chalets mucho más lúdicos diseñados por Julia Morgan («La Casa de Cenicienta», «La Casa del Ángel», «La Casa del Oso Pardo»), el Wyntoon gótico de Phoebe Hearst y el San Simeón barroco de su hijo ya parecían encarnar entre los dos ciertos impulsos enfrentados en la conciencia local: el Norte y el Sur, la tierra salvaje santificada y la tierra salvaje prohibida, el engrandecimiento de la naturaleza y el engrandecimiento del yo. Wyntoon tenía nieblas y alusiones al infinito, troncos enormes de árboles que se pudrían allí donde caían, un río indómito y chimeneas bárbaras.

San Simeón, bañado en luz del sol y en el presente inmediato, tenía dos piscinas y un zoo.

Se trataba de una familia en la que el impulso romántico parecía haberse atenuado. Patricia Campbell Hearst nos contó que ella había crecido «en una atmósfera de cielos azules despejados, jardines enormes y verdes, casas enormes y cómodas, clubes de campo con piscinas y pistas de tenis y caballos para montar». En el convento del Sagrado Corazón de Menlo Park le dijo a una monja «que se fuera al infierno», y se consideraba a ella misma «muy valiente, aunque muy estúpida». En Santa Catalina de Monterrey ella y Patricia Tobin, cuya familia había fundado uno de los bancos que el ESL robaría más tarde, se saltaron la bendición sacramental y recibieron «un montón de sanciones» por ello. Su padre le enseñó a disparar, a cazar patos. Su madre no le permitía ponerse vaqueros cuando iba a San Francisco. Se trataba de un tipo de herederos que solían evitar aparecer en los periódicos y que no mostraban mucho interés por el mundo en general («¿Y ese quién demonios es?», le preguntó Randolph Hearst a Steven Weed cuando este último le sugirió contactar con el ESL a través de Regis Debray, y cuando el otro se lo dijo, contestó: «Nos hace tanta falta mezclar en esto a un maldito revolucionario sudamericano como que nos peguen un tiro en la cabeza»), y contemplaban la mayoría de las formas de distinción con esa desconfianza reflexiva de los clubes de campo.

Sin embargo, aunque los Hearst ya no fueran una familia californiana particularmente deslumbrante, sí que seguían encajados en el contenido simbólico del lugar, y el hecho de que una Hearst fuera secuestrada en Berkeley, la ciudadela misma de las aspiraciones de Phoebe Hearst, sugería una versión operística de California. «Mis pensamientos durante aquella época se concentraban únicamente en la cuestión de sobrevivir –contaba la heredera de Wyntoon y San Simeón sobre los cincuenta y siete días que se pasó dentro del armario–. Las preocupaciones sobre el amor y el matrimonio, sobre la vida familiar, las relaciones humanas y toda mi vida anterior, se habían convertido realmente, en términos del ESL, en lujos burgueses.»

Aquel abrupto abandono del pasado despierta en los oídos californianos un eco lejano, que es el eco de los diarios de emigrantes. «No dejéis que esta carta descorazone a nadie, no cojáis ningún atajo y seguid adelante todo lo deprisa que podáis», contaba una de las hijas supervivientes de la expedición Donner a modo de conclusión de su relato de aquella travesía. «No te preocupes –contaba la autora de *Todos mis secretos* que se había dicho a ella misma dentro del armario después de su primer encuentro sexual con un miembro del ESL–. No examines tus sentimientos. Nunca examines tus sentimientos, no te servirá para nada.» Durante el tiempo que Patricia Campbell Hearst pasó en San Francisco siendo juzgada, se hizo venir a una serie de psiquiatras para intentar sondear lo que parecía una sima insondable en el relato, aquel momento en que la víctima unía su destino al de sus captores. «Experimentó lo que yo llamo la ansiedad de la muerte y el punto de ruptura», dijo Robert Jay Lifton, uno de aquellos psiquiatras. «Habían desaparecido los puntos externos de referencia que le permitían mantener su personalidad», dijo Louis Jolyon West, otro de los psiquiatras. Eran dos formas de verlo, y una tercera forma era que Patricia Campbell Hearst había cortado por lo sano y había puesto rumbo al oeste, igual que su bisabuelo.

La historia que contó en 1982 en *Todos mis secretos* fue recibida, en general, con quejas, igual que cuando la había contado durante el juicio de *Los Estados Unidos de América contra Patricia Campbell Hearst*, el proceso de 1976 durante el cual fue juzgada y encarcelada por el robo a mano armada del Hibernia Bank (un cargo) y (otro cargo) por usar un arma durante la comisión de un delito grave. Lacónica, ligeramente irónica, resistiéndose no solo a la acusación sino también a su propia defensa, Patricia Hearst no desplegó, mientras la estaban juzgando en San Francisco, una personalidad convencionalmente obsequiosa. «No lo sé», recuerdo que decía una y otra vez durante los pocos días en los que asistí al juicio. «No me acuerdo.» «Supongo.» ¿Acaso no había teléfonos, preguntó un día el fiscal, en los moteles en los que ella se había alojado mientras cruzaba el país en coche junto con Jack

Scott? Recuerdo que Patricia Hearst lo miró como si él estuviera mal de la cabeza. Recuerdo que Randolph Hearst miró al suelo. Recuerdo que Catherine Hearst colocó una chaqueta de Galanos por encima del respaldo de su silla.

–Sí, estoy segura –dijo su hija.

¿Y dónde, preguntó el fiscal, estaban aquellos moteles?

–Uno estaba... creo... –Patricia Hearst hizo una pausa y luego dijo–: ¿En Cheyenne? ¿En Wyoming?

Pronunció los nombres como si fueran extranjeros, exóticos, mera información registrada y desechada. Uno de aquellos moteles estaba en Nevada, el lugar del que procedía originalmente el dinero de los Hearst: la heredera pronunció el nombre «Nevahda», como si fuera extranjera.

Tanto en *Todos mis secretos* como en su juicio pareció proyectar cierta distancia emocional, una combinación peculiar de pasividad y temeridad pragmática («Yo había cruzado al otro lado. Y tenía que llevarlo lo mejor que pudiera... vivir el día a día, hacer lo que ellos me dijeran, cumplir con mi papel y rezar por salir viva») que a mucha gente le resultó inexplicable e irritante. En 1982, igual que en 1976, no habló del *porqué* más que en términos abstractos, pero sí que fue muy concreta al describir el *cómo*. «No me podía creer que yo hubiera disparado realmente aquella metralleta», dijo refiriéndose al incidente en que roció de balas Crenshaw Boulevard; y, sin embargo, sí que contó cómo lo había hecho: «Tuve apretado el gatillo con el dedo hasta que hube vaciado todo el cargador de treinta balas... Luego cogí mi arma, la carabina semiautomática. Hice tres disparos más...».

Y las cuestiones que quedaban en el aire después del juicio y del libro ya no tenían tanto que ver con la veracidad de lo contado, sino con la autenticidad de ella, con su intención general, con si Patricia Hearst estaba siendo, tal como dijo durante el juicio el ayudante del fiscal, «honesta». Se trataba de una línea de investigación necesariamente inútil (al final la cuestión sobre la que acabó girando el juicio entero era si ella «amaba» o no a William Wolfe), y que provocó una curiosa regresión retórica entre los interrogadores. «¿Por qué ha decidido ella escribir este libro? –preguntó Mark Starr en *Newsweek* refiriéndose a *Todos mis secretos*, para responderse a continuación–: Es posible que haya heredado el talento periodístico de su familia para saber qué es lo que vende.» «Los ricos siempre se vuelven más ricos», concluyó Jane Alpert en la revista *New York*. «Gracias a los beneficios de su libro –comentó Ted Morgan en el *New York Times Book Review*–, Patty está regresando a una meta más tradicional en su familia, la acumulación de capital.»

Resultaba un poco iluso pensar que una Hearst necesitaba hacer algo así para ganar dinero, y sin embargo estas opiniones reflejaban una insatisfacción más amplia, el convencimiento de que la Hearst en cuestión no estaba contando toda la historia ni mucho menos, que estaba «dejando algo fuera», aunque no era fácil definir qué era aquel algo, en vista de la crónica empecinadamente detallada que daba en *Todos mis secretos*. Si «quedan cuestiones sin resolver», tal como pensaba *Newsweek*, no se trataba de cuestiones del tipo cómo envenenar una bala con cianuro: la forma en que lo hacía el ESL era perforar la punta de plomo sin llegar al depósito de la pólvora, rellenar el agujero con un montoncito de cristales de cianuro y por fin sellarlo con parafina. Si *Todos mis secretos* «abre más interrogantes de los que cierra», en opinión de Jane Alpert, no se trataba de interrogantes relativos a cómo fabricar bombas de fabricación casera: el truco era meter la suficiente pólvora en un trozo de tubería para provocar un estallido fuerte pero dejando el suficiente oxígeno para la ignición, lo cual era una simple cuestión, en opinión de Patricia Hearst, de «calcular con precisión la cantidad de pólvora, la longitud del trozo de tubería y la del cable de tostadora, y no poner el papel higiénico que tanto le gusta a Teko». «Teko», o Bill Harris, insistía en rellenar sus bombas con papel higiénico, y cuando una de ellas no explotó debajo de un coche de policía en el Mission District, reaccionó con «una de sus peores pataletas». Más adelante muchos periodistas consideraron a Bill y Emily Harris unos acusados mucho más agradables de lo que Patricia Hearst lo fue nunca, pero *Todos mis secretos* no solo los caracterizaba de forma convincente, en palabras de su autora, como «carentes de encanto», sino que les dedicaba el más peyorativo de sus adjetivos: «incompetentes».

En tanto que apuntes de la clandestinidad, los de Patricia Hearst estaban llenos de detalles excéntricos. Contaba por ejemplo que el programa de televisión favorito de Bill Harris era *Los hombres de Harrelson* (Harris decía que «viendo aquellas series se podía aprender mucho sobre las tácticas de la pasma»); que Donald DeFreeze, o «Cinque», bebía fermentado de ciruela en botellas de dos litros y escuchaba la radio en busca de referencias a la revolución en las letras de canciones; y que Nancy Ling Perry, a quien la prensa solía atribuir el sofisticado rol de «antigua animadora y chica Goldwater», medía metro y medio y afectaba acento negro. Emily Harris se entrenaba para «vivir con privaciones» masticando los chicles partidos por la mitad. Bill Harris se había comprado una kipá, convencido de que era la forma de visitar el hotel Grossinger's sin llamar la atención, durante su estancia en las Catskills después del tiroteo de Los Ángeles.

La vida con aquella gente tenía esa lógica distorsionada de los sueños y parece que Patricia Hearst la aceptó con el consentimiento cauteloso de quienes están soñando. Cualquier cara podía volverse hacia ella. Cualquier movimiento podía resultar letal. «A mis hermanas y a mí nos habían criado para creer que éramos responsables de nuestras acciones y que no podíamos culpar de nuestras transgresiones a ningún problema que estuviera fuera de nuestra cabeza. Yo me uní al ESL porque si no lo hacía me habrían matado. Y me quedé con ellos porque estaba convencida de que el FBI me iba a matar si podía, y si no, sería el ESL quien lo haría.» En sus propias palabras, ella había cruzado al otro lado. Y en sus propias palabras, iba a llevarlo lo mejor que pudiera, sin «acudir a la familia o los amigos».

Este último era el aspecto que la mayoría de la gente veía menos claro, ahí donde la gente dudaba de ella y la veía más inexplicable, y también era el aspecto en el que ella era de forma más específica la hija de cierta cultura. Copio a continuación el único apunte personal del diario de emigrante que escribió un pariente mío, William Kilgore, la crónica de una travesía por tierra hasta Sacramento en 1850: «Esta es una de las mañanas más duras para mí, porque es el momento de dejar a mi familia, o bien dar marcha atrás. Baste con decir que hemos partido». Baste con decir. No examines tus sentimientos, no te servirá de nada. No cojáis ningún atajo y seguid adelante todo lo deprisa que podáis. Nos hace tanta falta mezclar en esto a un maldito revolucionario sudamericano como que nos peguen un tiro en la cabeza. Ella era una chica de California, y se había criado en una cultura que no ponía mucho énfasis en el *porqué*.

Ella nunca había sido una idealista, y esto no le gustaba a nadie. Estaba contaminada por su propia supervivencia. Había vuelto del otro lado con una historia que nadie quería oír, la crónica desalentadora de una situación en la que el engaño y la incompetencia eran enfrentados a un engaño y una incompetencia de otro tipo, y en los ritmos febriles del San Francisco de mediados de los setenta parecía una crónica desprovista de broches de oro. La semana de 1976 en que terminó su juicio, el *San Francisco Bay Guardian* publicó una entrevista en la que varios miembros de un colectivo llamado Nuevo Amanecer lamentaban la deserción de ella. «Se trata de elegir entre tu dignidad personal y tu pellejo –dijo uno de ellos–. Y si eliges tu pellejo, te quedas sin nada.» Aquella idea de que el ESL representaba una idea que valía la pena defender (aunque solo fuera porque cualquier idea debía ser forzosamente mejor que ninguna) resultaba bastante común por aquella época, aunque la mayoría de la gente pensaba que la idea se había torcido. En marzo de 1977 otro periodista del *Bay Guardian* trazó una distinción entre el «aventurerismo desbocado» del ESL y la «disciplina y habilidad» del New World Liberation Front, cuyas «cincuenta y tantas bombas sin una sola víctima» los convertían en «una alternativa claramente preferible» al ESL.

Se da la casualidad de que yo había guardado aquel ejemplar del *Bay Guardian*, con fecha del 31 de marzo de 1977 (por entonces el *Bay Guardian* no era un periódico notoriamente radical, por cierto, sino más bien una buena guía de los restaurantes locales de tofu y de la atmósfera de la comunidad), y cuando lo saqué para leer el artículo sobre el ESL me fijé en otro artículo que no había visto hasta entonces: un informe largo y favorable sobre un pastor de San Francisco cuya práctica consistía en «enfrentarse a la gente y cuestionar sus presupuestos básicos (...) parece que no puede dejar pasar de largo los males del mundo, una característica que comparte con otros líderes morales». El pastor, al que en un momento dado se comparaba con César Chávez, era responsable según el periodista de una cantidad «alucinante» de programas de servicios sociales –reparto de comida, asistencia legal, desintoxicación de drogas, clínicas–, así como de una «planta agrícola de once mil hectáreas». La planta agrícola estaba en Guyana, y el pastor, claro está, era el reverendo Jim Jones, que al final elegiría la dignidad personal por encima de su propio pellejo y novecientos más. Se trataba de una ópera local distinta, que jamás resultó estropeada por una protagonista que insistía en contarla a su manera.

1982

VIAJES SENTIMENTALES

1

Conocemos su historia, y algunos de nosotros –aunque no todos, y eso iba a convertirse en uno de los varios aspectos conflictivos de la historia– hasta conocemos su nombre. Era una mujer blanca soltera de veintinueve años que trabajaba como financiera de inversiones en el departamento de finanzas corporativas de Salomon Brothers, en el sur de Manhattan, en el grupo de recursos naturales y energía. Uno de los actores principales de una oferta de acciones petrolíferas de Texas con la que ella había colaborado en calidad de miembro del equipo de la Salomon decía de ella que había hecho un «trabajo de primera». Vivía sola en un apartamento subalquilado que se estaba planteando comprar, en un edificio en régimen de cooperativa de la calle Ochenta y tres Este entre York y el East End. A menudo se quedaba hasta tarde en el trabajo y cuando volvía a casa se ponía el chándal de hacer footing y a las ocho y media o nueve y media de la noche salía a correr nueve o diez kilómetros por Central Park, primero hacia el norte por el East Drive, luego giraba hacia el oeste por el camino menos transitado que conectaba el East Drive con el West Drive a la altura de la calle Ciento dos, y por fin bajaba hacia el sur por el West Drive. Más tarde hubo quienes dijeron que esto no era muy sensato, la misma gente que estaba acostumbrada a considerar el parque un sitio que evitar después del anochecer; hubo también quienes lo defendieron, los más avispados de entre los cuales esgrimieron el derecho absoluto que tiene todo ciudadano a acceder a las zonas públicas («Ese parque nos pertenece y esta vez no nos lo va a arrebatar nadie», declaró Ronnie Eldridge, por entonces candidato demócrata al Ayuntamiento de Nueva York, en la primera página de opinión del *New York Times*), mientras que otros dijeron que «correr» es un derecho preferente. «Los corredores tienen personalidades controladas de Tipo A y no les gusta que les interrumpan sus rutinas», le contó en este sentido al *Times* un corredor que se dedicaba a la compra y venta de valores. «Cuando la gente corre es porque es una función de su estilo de vida», dijo otro corredor. «Personalmente estoy furiosa –dijo una tercera–, porque las mujeres deberían tener derecho a correr siempre que quisieran.»

Pero a la mujer de esta historia no le sirvieron de nada todos aquellos derechos teóricos. La encontraron a la una y media de la madrugada del 20 de abril de 1989 con la ropa arrancada, cerca del camino de conexión con la calle Ciento dos. Fue llevada entre la vida y la muerte al hospital Metropolitan de la calle Noventa y siete Este. Había perdido el setenta y cinco por ciento de su sangre. Tenía el cráneo aplastado y el ojo izquierdo hundido al fondo de su cuenca, y los pliegues característicos de la corteza cerebral se le habían borrado. Dentro de la vagina le encontraron tierra y ramitas, lo cual sugería violación. El 2 de mayo, cuando por fin se despertó del coma, seis adolescentes negros e hispanos, cuatro de los cuales habían hecho declaraciones grabadas en vídeo sobre su participación en el asalto y otro había explicado la suya en una declaración verbal no firmada, ya habían sido acusados de su asalto y violación, y ella se había convertido, sin quererlo y sin saberlo, en la protagonista sacrificial de esa narración sentimental que es la vida pública de Nueva York.

«Pesadilla en Central Park –decían los titulares y el texto de los expositores–. Pandilla adolescente da una paliza y viola a una ejecutiva de Wall Street en un camino para corredores. Horror en Central Park. Presa de una banda de animales. Corredora de footing entre la vida y la muerte tras ser salvajemente atacada por banda de merodeadores. Carnicería sexual. Los merodeadores del parque lo llaman "hacer el bestia", que en la jerga callejera quiere decir perder el control. Sospechoso de violación: "Fue divertido". Sospechoso de violación se jacta en la cárcel: "Ella no era nada". Los adolescentes de vuelta en el calabozo, tras efectuar confesiones completas y llenas de detalles macabros. Uno gritó "Todos al compás" y los demás empezaron a golpear al ritmo de "Wild Thing". La corredora y la panda de salvajes. Escándalo y oración.» Y la mañana del lunes siguiente al ataque, en la portada del *New York Post*, junto a una fotografía del gobernador Mario Cuomo y el titular «Nadie está a salvo», el siguiente texto en cursiva: «Un gobernador Cuomo visiblemente emocionado habló ayer de la salvaje violación de Central Park: "La gente está furiosa y aterrada. Mi madre lo está, mi familia también. Para mí, que llevo toda la vida viviendo en esta ciudad, este es el grito final de alarma"».

Más tarde alguien recordaría que aquel año se habían denunciado otras 3.254 violaciones más, incluyendo una en que una mujer negra había sido prácticamente decapitada en Fort Tryon Park y otra dos semanas más tarde en que una mujer negra de Brooklyn había sido robada, violada, sodomizada y arrojada por el conducto de ventilación de un edificio de cuatro plantas, pero se trataba de una cuestión retórica, porque todo el mundo sabe que los crímenes solo son noticia en la medida en que ofrecen, aunque sea de forma errónea, una historia, una lección, una idea trascendental. Cuando Robert Chambers, de diecinueve años, asesinó en 1986 en Central Park a Jennifer Levin, de dieciocho, la «historia», extrapolada más o menos a partir de la nada pero que al final nadie cuestionaría, no tenía nada que ver con el hecho de que hubiera gente que llevaba existencias desgraciadas o miserables muy por debajo de donde les gustaría vivir, ni tampoco con la búsqueda dreiseriana de la «respetabilidad» que impregnaba los detalles revelados (la madre de Robert Chambers era una enfermera particular que trabajaba turnos de noche de doce horas para que su hijo pudiera ir a escuelas privadas y estar en los Knickerbocker Greys), sino con «los niños pijos» y con el típico discurso sobre los jóvenes «que aprenden demasiado y demasiado pronto».

Susan Brownmiller, durante el año que pasó supervisando la cobertura que hacía la prensa de las violaciones como parte de su investigación para el libro *Against Our Will: Men, Women and Rape*, descubrió, sin sorpresa alguna, que «aunque las estadísticas de la policía de Nueva York mostraban que las mujeres negras eran víctimas más frecuentes de violaciones que las blancas, las víctimas favoritas de los titulares sensacionalistas (...) eran jóvenes, blancas, de clase media y "atractivas"». En su cobertura considerablemente extensa de las violaciones con asesinato perpetradas en 1971, de acuerdo con la señorita Brownmiller, el *Daily News* solo publicó en su edición final de cuatro estrellas dos artículos en los que la víctima no fuera descrita en el primer párrafo como «atractiva»: uno de aquellos dos artículos trataba de una niña de ocho años y el otro era la continuación de un artículo del día anterior que sí había descrito a la víctima como «atractiva». Brownmiller también descubrió que aquel año el *Times* había cubierto pocas violaciones, pero que las que había cubierto «presentaban a víctimas que tenían casi siempre estatus de clase media, como por ejemplo "enfermeras", "bailarinas" o "maestras", y además tenían Central Park como escenario favorito».

En tanto que noticia, se entendía que la historia de «la Corredora» versaba sobre la «diferencia» demostrable que existía entre la víctima y los que habían sido acusados como sus asaltantes, cuatro de los cuales vivían en Schomburg Plaza, un complejo de apartamentos subvencionado por la administración federal y situado en la esquina nordeste de la Quinta Avenida con la calle Ciento diez del East Harlem, y el resto vivía en los bloques de protección oficial y casas de vecinos rehabilitadas que había justo al norte y al oeste de Schomburg Plaza. Se llevó a comisaría a unos veinticinco adolescentes para interrogarlos; se retuvo a ocho de ellos. Los seis que fueron finalmente acusados tenían todos entre catorce y dieciséis años. El hecho de que ninguno de los seis tuviera antecedentes policiales se interpretó, en aquel contexto, como una hazaña; pese a todo, a uno de los acusados sus compañeros de clase lo retrataron como alguien que se enorgullecía de llevar zapatillas caras de baloncesto y a otro como alguien «sin personalidad». «Soy un tío tranquilo, que no se mete en líos», dijo uno de los seis, Yusef Salaam, en el rap que presentó como parte de su declaración antes de la sentencia.

Suelo ser reservado, pero ahora les declaro
que me han usado y maltratado y en las noticias me han sacado.
No me meto con todos, pero sí con algunos
que me han tratado como si fuera un renacuajo,
un ratón o un enano, menos que un humano.

La víctima, en cambio, era una líder, parte de lo que el *Times* describía como «la ola de profesionales jóvenes que han conquistado Nueva York en los años ochenta», una de aquellas personas «atractivas y guapas y cultas y blancas» que, de acuerdo con el *Times*, no solo «se creían los dueños del mundo», sino que lo creían «con razón». Era de un barrio residencial de Pittsburgh, Upper St. Clair, hija de un alto ejecutivo jubilado de la Westinghouse. Había estado en la Phi Beta Kappa de Wellesley, se había licenciado por la Yale School Management, había sido becaria en el Congreso, la habían nominado para una Beca Rhodes y el jefe de su departamento del Wellesley College la recordaba como «probablemente una de los mejores cuatro o cinco estudiantes de la década». Se informó de que era vegetariana y de que le encantaba «divertirse», aunque solo cuando «se podía tomar el tiempo necesario», y también de que le preocupaban (según detallaba el *Times*) «los aspectos éticos del mundo de los negocios en América».

En otras palabras, fue convertida a la fuerza, incluso mientras pendía entre la vida y la muerte y más tarde entre la conciencia y la inconsciencia, en la hija y hermana ideales de Nueva York, la típica novia de Bacharach: una joven con los privilegios y el potencial convencionales de la clase media cuya situación era tal que mucha gente tendió a soslayar el hecho de que los argumentos del estado contra los acusados no eran invulnerables. El estado podía implicar a la mayoría de los acusados en el asalto y la violación gracias a que contaba con sus propias palabras grabadas en vídeo, pero la verdad era que no tenía ni una sola prueba forense indisputable –no había coincidencia ni en el semen ni en los restos de debajo de las uñas ni en la sangre– de las que se solían presentar en aquella clase de casos. Pese al hecho de que los miembros del jurado del segundo juicio mencionarían que las pruebas físicas habían resultado cruciales a la hora de emitir el veredicto de culpabilidad en relación con uno de los acusados, Kevin Richardson, la verdad era que no había muchas pruebas físicas disponibles. En la ropa y ropa interior de Kevin Richardson se habían encontrado fragmentos de pelo «parecidos y coincidentes» con los de la víctima, pero el propio criminólogo del estado atestiguó que las muestras de pelo no podían ser concluyentes porque, a diferencia de las huellas dactilares, no podían llevar a identificar a una sola persona. Las muestras de tierra encontradas en la ropa de los acusados resultaban en efecto parecidas a la tierra que había en la parte del parque donde había tenido lugar el ataque, pero el criminólogo del estado admitió que las muestras también eran similares a la tierra que se podía encontrar en otras zonas sin cultivar del parque. La sugerencia, sin embargo, de que aquella escasez de evidencias físicas pudiera exponer el caso a una defensa más agresiva –a la clase de defensa, por ejemplo, que solían presentar abogados criminalistas de Nueva York tan célebres como Jack Litman y Barry Slotnick– llegaría a ser manipulada durante las semanas y meses siguientes para presentarla como un ataque más a la víctima.

Para el *New York Post* ella era la Dama Coraje, para el *Daily News* y el *New York Newsday* era Un Modelo de Coraje. Para Anna Quindlen del *New York Times* se convertiría en una representación del «Nueva York que se eleva por encima de la suciedad, del Nueva York que ha conocido lo mejor y lo peor y ha seguido adelante, viviendo en algún punto medio entre ambas cosas». Para David Dinkins, el primer alcalde negro de Nueva York, se convertiría en emblema de las aparentemente frágiles esperanzas que él tenía depositadas en la ciudad: «Confío en que la ciudad sea capaz de aprender una lección de este suceso y sacar inspiración de la joven que fue asaltada en él –dijo–. Pese a unas dificultades tremendas, está reconstruyendo su vida. Y lo que puede hacer una vida humana, también lo puede hacer una sociedad». Durante aquellos días incluso llegó a ser para John Gutfreund, por entonces presidente y director ejecutivo de la Salomon Brothers, la personificación misma de «lo que hace que esta ciudad sea tan magnífica y vibrante» y ahora ha sido «golpeado por una parte de nuestra ciudad que es espantosa y aterradora en la misma medida en que la parte creativa es maravillosa». Fue precisamente en esta refundición de víctima y ciudad, en esta confusión del dolor personal con la angustia pública, donde se encontraría la «historia» del crimen, su lección, su optimista promesa de una resolución narrativa.

Una razón de que la víctima de aquel caso se pudiera abstraer con tanta facilidad, y de que su situación pudiera representar tan fácilmente a la de la ciudad misma, era que en tanto que víctima de violación la mayoría de las informaciones de prensa seguían sin dar su nombre. Aunque la convención que existe en la prensa inglesa y americana de no dar el nombre de las víctimas de violaciones (los periódicos franceses sí publican el nombre de las víctimas adultas) deriva del deseo comprensible de proteger a la víctima, la justificación de esta protección especial se basa en una serie de presupuestos dudosos, e incluso mágicos. Al proporcionar una protección a las víctimas de violación que no se da a las víctimas de otras clases de ataques, dicha convención presupone que la violación constituye un tipo de profanación que no se da en otras clases de asaltos. Y presupone también que esta profanación es de una naturaleza tal que hay que mantenerla en secreto, que la víctima de violación siente, y sentiría todavía más si se la identificara, una vergüenza y un desprecio por ella misma que son característicos de esta clase de asalto; en otras palabras, que de alguna forma poco clara la propia víctima ha sido responsable del ataque que ha sufrido, que existe un contrato especial entre este tipo concreto de víctima y su asaltante. La convención presupone, finalmente, que la víctima sería, si se revelara este contrato especial, el objeto natural de un interés lascivo; que en el acto de la penetración masculina intervienen unos misterios tan poderosos que la mujer que es penetrada de esa manera (a diferencia, por ejemplo, de aquella otra a la que le aplastan la cara con el ladrillo o le penetran el cerebro con un trozo de tubería) queda marcada de forma permanente, incluso «cambiada» –sobre todo si existe una «diferencia» racial o social perceptible entre la víctima y su asaltante, como pasaba en los relatos del siglo XIX sobre mujeres blancas raptadas por los indios–, «arruinada».

Estos presupuestos tan específicamente masculinos (a las mujeres no les gusta que las violen, ni tampoco que les aplasten los sesos, pero muy pocas mistifican la diferencia entre ambas cosas) suelen en general hacerse realidad, y llevan a la víctima a definir su asalto del mismo modo en que lo hacen sus protectores. «En última instancia estamos perjudicando a las mujeres cuando separamos la violación de otros crímenes violentos», sugirió Deni Elliott, directora del Instituto de Ética de Dartmouth, en el marco de una discusión de esta práctica llevada a cabo en la revista *Time*. «Estamos contribuyendo al estigma de la violación al tratar de forma distinta a las víctimas de este crimen –dijo Geneva Overholser, redactora jefe del *Des Moines Register*, hablando de su decisión de publicar en febrero de 1990 un artículo en cinco entregas sobre una víctima de violación que había aceptado dar su nombre–. Cuando en tanto que sociedad nos negamos a hablar abiertamente de la violación, creo que estamos debilitando nuestra capacidad para lidiar con ella.» Susan Estrich, profesora de derecho criminal en la facultad de derecho de Harvard y directora de la campaña presidencial de Michael Dukakis en 1988, argumentaba en su obra *Real Rape* el conflicto de emociones que había sentido después de ser violada en 1974:

> Al principio, simplemente no le cuentas a nadie que te han violado. Luego se te ocurre que la gente a quien le han entrado a robar en casa o la han atracado en Central Park habla de ello *todo* el tiempo. (…) Si no es culpa mía, ¿por qué me tengo que sentir avergonzada? Y si no estoy avergonzada, si no fue nada «personal», ¿por qué me miran con recelo cuando lo menciono?

En el asalto de Central Park de 1989 se dieron unas circunstancias específicas que reforzaron el convencimiento de que no había que dar el nombre de la víctima. Estaba claro que, de acuerdo con los médicos que la habían examinado en el hospital Metropolitan y con las declaraciones llevadas a cabo por los sospechosos (ella no recordaba ni el ataque ni nada que hubiera sucedido durante las seis semanas previas), uno o más de los asaltantes la habían violado. También había recibido una paliza tan brutal que, quince meses más tarde, seguía sin poder enfocar la vista ni caminar sin ayuda. Había perdido por completo el sentido del olfato. No podía leer sin experimentar visión doble. Por entonces se creía que había perdido de forma permanente las funciones de algunas zonas del cerebro.

Dadas estas circunstancias, el hecho de que ni la familia de la víctima ni más tarde la víctima misma quisieran dar a conocer su nombre generó una corriente inmediata de simpatía, pareció una forma de darle con retraso la protección que nadie le había proporcionado en Central Park. Y, sin embargo, en su caso había una resaca emocional especial que derivaba parcialmente de las connotaciones profundas y viciadas y de los tabús que acompañaban en la historia de la América negra a la violación de mujeres blancas. En la memoria colectiva de mucha gente negra, la violación seguía estando en el núcleo mismo de su condición de víctimas. A los hombres negros se los seguía acusando de violar a mujeres blancas, pese al hecho de que las mujeres negras, contaba Malcolm X en *La autobiografía de Malcolm X*, habían sido «violadas por el blanco esclavista hasta que empezó a surgir una raza de fabricación casera y manual, con el cerebro lavado, que ya ni siquiera conservaba su color verdadero y ya ni siquiera conocía sus apellidos verdaderos». La frecuencia misma de los contactos sexuales entre hombres blancos y mujeres negras aumentaba el poder del tabú que afectaba a ese mismo tipo de contactos entre hombres negros y mujeres blancas. «La abolición de la esclavitud», escribió W. J. Cash en *The Mind of the South*:

> ... al destruir el rígido aprisionamiento del negro en la base de la pirámide, al abrirle por lo menos la oportunidad legal de progresar, inauguró de forma inevitable en la mente de toda la gente del Sur un panorama en cuyo final se encontraba la destrucción de este tabú. Si al negro le permitían progresar de alguna manera, ¿quién podía asegurar (una vez más la lógica de la doctrina de esta inferioridad inherente no se sostenía) que un día no iba a progresar hasta el mismo final y reivindicar la igualdad completa, incluyendo, de forma específica, el crucial derecho al matrimonio?
>
> Lo que sentía la gente del Sur, por tanto, era que cualquier declaración que se hiciera en defensa de los negros constituía en un sentido perfectamente real un ataque a la mujer sureña. Lo que vieron, de forma más o menos consciente, en las condiciones de la Reconstrucción, fue el tránsito a una condición que resultaba para la mujer sureña tan degradante, en opinión de ellos, como la misma violación. Y una condición, además, que, con o sin lógica, todos sin excepción consideraban que se estaba imponiendo sobre

ella igual que una violación, y por tanto una condición que el término «violación» describía con tanta fidelidad como si fuera el acto mismo.

Y la idea de la violación no era el único trasfondo potencialmente traicionero del caso que nos ocupa. Históricamente ha existido, para los negros de América, toda una compleja carga de connotaciones históricas en torno a la cuestión de los «nombres»: los nombres de esclavos, los nombres de los amos, los nombres africanos, llámame por el nombre que me corresponde, mi nombre no lo conoce nadie; historias de hombres negros azotados por dirigirse a mujeres blancas por sus nombres de pila, en las que la gravedad específica del problema de los nombres conectaba directamente con la de la violación. Parecía claro, en el caso que nos ocupa, que semejante entrecruzamiento de connotaciones podía tener el efecto de desencadenar resentimientos e incitar al odio, y parecía igualmente claro que una parte de lo que acabó ocurriendo –las referencias continuas al linchamiento, la identificación de los acusados con los muchachos de Scotsboro, la repetición insistentemente provocativa del nombre de la víctima, la insistencia extraña y contraproducente en el hecho de que a la víctima no la habían violado y apenas le habían hecho daño– tomó su impulso de esta carga histórica. «Hace años, si una mujer blanca decía que un negro la había mirado con lascivia, a ese hombre lo podían colgar más alto que un magnolio en flor, mientras una multitud de blancos miraba la mar de contenta bebiendo té y comiendo galletas», les recordó la madre de Yusef Salaam a los lectores del *Amsterdam News*. «Lo primero que se hace en los Estados Unidos de América cuando a una mujer blanca la violan es detener a una panda de jóvenes negros, y creo que eso mismo es lo que ha pasado aquí», declaró ante el *New York Times* el reverendo Calvin O. Butts III de la iglesia baptista abisinia de Harlem. «¿Me vais a detener a mí ahora porque he dicho el nombre de la corredora?», preguntó retóricamente Gary Byrd en su programa de la WLIB, citado por Edwin Diamond en la revista *New York*:

> O sea, es obvio que la corredora es una figura pública, y muy misteriosa, añadiría yo. Caray, este país donde vivimos es bastante

curioso, ¿y acaso debería sorprendernos que estuvieran usando sus trucos de siempre? Fue uno de esos trucos el que nos trajo hasta aquí, ¿no?

Esto reflejaba uno de los problemas que planteaba el no dar el nombre de la víctima: que de hecho su nombre se pronunciaba todo el tiempo. Todo el mundo que trabajaba en los juzgados, todo el mundo que trabajaba para un periódico o un canal de televisión o que seguía el caso por la razón profesional que fuera, conocía su nombre. Su nombre constaba en todos los registros y procedimientos judiciales. Algunas televisiones locales dieron su nombre en los días inmediatamente posteriores al ataque. También se publicaba su nombre de forma rutinaria –y esto formaba parte del conflicto, de lo que provocaría un fariseísmo perjudicial entre quienes no daban su nombre y una belicosidad igualmente perjudicial entre quienes sí que lo daban– en los periódicos con propietarios negros de Manhattan, el *Amsterdam News* y el *City Sun*, y también se la llamaba por su nombre en la WLIB, la emisora de radio de Manhattan que poseía una sociedad de propietarios negros entre los cuales se encontraba Percy Sutton y también, hasta que le transfirió en 1985 las acciones a su hijo, el alcalde Dinkins.

El hecho de que la víctima del caso fuera identificada en Centre Street y al norte de la calle Noventa y seis pero no en medio de ambas creó cierta disonancia cognitiva, a la que contribuyó el hecho de que la prensa y la policía hubieran desvelado los nombres de los sospechosos menores de edad antes incluso de que ninguno de dichos sospechosos compareciera ante el juez, ni mucho menos fuera acusado. «Normalmente la policía no desvela los nombres de los menores acusados de crímenes –explicó el *Times* (en realidad la policía normalmente oculta los nombres de los acusados "infantiles", o sea los que no tienen dieciséis años, pero no los de los que tienen dieciséis o diecisiete)–, pero en el ataque a aquella mujer los oficiales dijeron que habían hecho públicos los nombres de los jóvenes acusados debido a la gravedad del incidente.» Aquí parecía haber algo susceptible de debate, la cuestión de si «la gravedad del incidente» no parecía más bien una razón de peso para evitar toda apariencia de juicio prematuro y preservar el anonimato de los sospechosos menores; uno de los nombres que desveló la policía y se publicó en el *Times* correspondía a un chico de catorce años que al final no fue acusado.

Ya desde el principio hubo ciertos aspectos del caso que no parecieron ser bien gestionados por la policía y los fiscales, y otros que no parecieron ser bien gestionados por la prensa. Por ejemplo, parecía poco inteligente desde un punto de vista táctico, dado que la ley de Nueva York requiere que para interrogar a un menor de menos de dieciséis años esté presente uno de sus padres o un tutor legal, que la policía llevara adelante el interrogatorio de Yusef Salaam, de quince años, basándose en el hecho de que su pase para el autobús de la Autoridad de Tránsito decía que tenía dieciséis, mientras a su madre la hacían esperar fuera. Tampoco parecía inteligente que Linda Fairstein, la ayudante del fiscal del distrito que se encargaba de los crímenes sexuales en Nueva York, hiciera oídos sordos cuando la madre del chico le dijo en comisaría que su hijo tenía quince años, y que más tarde sugiriera ante el tribunal que la edad del chico no le había quedado clara porque la madre había usado la expresión «menor de edad».

También parecía poco inteligente que Linda Fairstein le dijera a David Nocenti, el ayudante del fiscal federal que estaba asignado a Yusef Salaam en un programa de «hermano mayor» y que había acudido a la comisaría a petición de la madre, que él allí «no tenía posición legal» y que ella iba a presentar una queja a sus supervisores. En un caso tan volátil parecía una imprudencia por parte de la policía presentar la declaración de Raymond Santana con las palabras de ellos, una sarta de expresiones policiales que ya se veía venir que ante un tribunal iban a resultar inverosímiles como expresiones de un chaval de catorce años retenido durante una noche entera y hasta la tarde siguiente para someterlo a interrogatorios:

> El 19 de abril de 1989, aproximadamente a las 20.30, yo estaba en los Taft Projects en las inmediaciones de la calle Ciento trece con Madison Avenue. Estaba allí con numerosos amigos (...) Aproximadamente sobre las 21.00, todos (yo y aproximadamente quince más) caminamos en dirección sur por Madison Avenue hasta la

> calle Ciento diez Este, luego en dirección oeste por la Quinta Avenida. En la confluencia de la Quinta Avenida con la calle Ciento diez nos reunimos con un grupo adicional de aproximadamente otros quince sujetos masculinos, que también entraron con nosotros en Central Park por esa localización, con la intención de robar a ciclistas y practicantes de footing.

En un caso en que la mayoría de los acusados habían llevado a cabo declaraciones grabadas en vídeo en las que admitían al menos cierta participación en el asalto y la violación, aquella actitud no precisamente meticulosa hacia la recopilación y diseminación de la información resultaba extraña y contraproducente, la clase de procedimiento estándar apresurado o irreflexivo que no solo podía exacerbar los miedos y el enfado y las sospechas de conspiración que albergaba mucha gente negra, sino también exponer lo que parecía, basándose en las confesiones, un caso concluyente a la clase de dudas que acabaría generando un desacuerdo en el jurado durante diez días en el juicio de los tres primeros acusados y durante doce días en el juicio de los otros dos. Una de las razones de que el jurado del primer juicio no se pudiera poner de acuerdo, según informó *Manhattan Lawyer* en su número de octubre de 1990, fue que uno de sus miembros, Ronald Gold, se encontraba «gravemente preocupado por las discrepancias entre el relato que [Antron] McCray hacía en su declaración grabada en vídeo y la historia que contaba la acusación».

> ¿Por qué situaba McCray la violación en el embalse, quería saber Gold, cuando todas las pruebas indicaban que había tenido lugar en la travesía de la calle Ciento dos? ¿Por qué decía McCray que la corredora había sido violada en el mismo sitio donde había caído, cuando la acusación decía que había sido arrastrada cien metros hasta el interior de la arboleda? ¿Por qué decía McCray que le habían tenido que sujetar los brazos si se la había encontrado atada y amordazada?
>
> El debate se volvió encarnizado durante los dos últimos días de las deliberaciones, mientras los miembros del jurado adoptaban y abandonaban alternativamente la opinión que tenía Gold de que [a McCray] había que absolverlo (...).

> Después de que el jurado viera por quinta vez el vídeo de McCray, Miranda [Rafael Miranda, otro miembro del jurado] llegó al punto de citar los números del cómputo temporal que había impresos en la parte baja de la grabación de vídeo para refutar los argumentos de Gold con declaraciones específicas de labios de McCray. [En la grabación de vídeo, después de admitir que había sujetado el brazo izquierdo de la víctima mientras le arrancaban la ropa, McCray afirmó que se le había «puesto encima» y que se había frotado contra ella sin erección «para que todo el mundo... creyera que lo había hecho».] La presión sobre Gold aumentó. Tres miembros del jurado se muestran ahora de acuerdo en que fue evidente que Gold, tan exhausto quizá por sus propios despliegues de malhumor como por todo lo demás, capituló por puro agotamiento. Aunque Gold les dijo con amargura a los demás miembros del jurado que se sentía fatal por haberse rendido, Brueland [Harold Brueland, otro miembro del jurado que durante unos días había sido partidario de absolver a McCray] cree que todo formó parte normal del proceso.
>
> «Me gustaría decirle a Ronnie algún día que el agotamiento nervioso es una parte integral del sistema judicial –dice Brueland refiriéndose a los funcionarios del juzgado–. Ellos saben que nuestro aguante tiene un límite. Es una simple cuestión de, ya sabes, a ver quién tiene agallas para no dar el brazo a torcer.»

Las emociones provocadas por el caso eran tan inflexibles que la mera idea de que uno solo de los miembros del jurado pudiera haber tenido un solo momento de duda sobre los argumentos de la acusación, ya no digamos la clase de duda que se podía mantener durante diez días, le resultaba a mucha gente de la ciudad asombroso, casi impensable: para entonces el asalto a la corredora se había convertido en una narración, en un relato sobre la confrontación, sobre lo que el gobernador Cuomo había llamado «el grito final de alarma», sobre los males de la ciudad y sobre sus soluciones. Los males de la ciudad habían sido identificados, y se llamaban Raymond Santana, Yusef Salaam, Antron McCray, Kharey Wise, Kevin Richardson y Steve Lopez. «Jamás se les había ocurrido, mientras iban como posesos por Central Park, atormentando a gente y arruinando sus vidas», escribió Bob Herbert en el *News* después de que se emitieran los veredictos relativos a los tres primeros acusados.

> Jamás se les había pasado por esas mentes depravadas suyas. Mientras iban en manada, se habrían burlado de la mera idea. Se habrían reído.
>
> Y sin embargo, ha sucedido. Al final, a Yusef Salaam, Antron McCray y Raymond Santana los ha trincado una mujer.
>
> Este sábado por la noche, Elizabeth Lederer estaba ante el tribunal, presenciando cómo a los tres se los llevaban a la cárcel (...). Hubo momentos durante el juicio en que parecía medir la mitad que el alto y larguirucho Salaam, que se había dedicado a burlarse de ella desde el estrado. Al parecer Salaam era demasiado tonto para darse cuenta de que Lederer –aquella fiscal bajita, de voz suave y pelo rizado– era la vengadora de la corredora (...).
>
> Se notaba que Lederer tenía la cabeza en otra parte, que sus pensamientos estaban con la corredora.
>
> Se notaba que estaba pensando: Lo he conseguido.
>
> Lo he hecho por ti.

«Haced esto en recuerdo mío»: la solución, por tanto, o por lo menos eso era lo que sugerían estas fantasías tan generalizadas, era compartir el cuerpo y la sangre simbólicos de la Corredora, cuya idealización a aquellas alturas ya era completa, y se expresaba, de forma significativa, por medio de detalles que subrayaban su «diferencia» o clase superior. La Corredora era alguien que llevaba, de acuerdo con el *Newsday*, una «cadenilla fina de oro alrededor del cuello esbelto», un «modesto» anillo de oro y «una fina capa» de pintalabios. La Corredora era alguien que, de acuerdo con el *Post*, ni siquiera «se habría dignado mirar a sus supuestos atacantes». La Corredora era alguien que hablaba, de acuerdo con el *News*, con un acento «propio de los salones de juntas», un acento que por consiguiente le podría parecer «extranjero a muchos nativos neoyorquinos». En su primera aparición en el estrado, había sido sometida, según el *Times*, «a preguntas que la mayoría de la gente no tiene que contestar en público jamás en la vida», principalmente sobre su uso de un diafragma el domingo previo al asalto, y había respondido a aquellas preguntas, de acuerdo con un editorial del *News*, con una «dignidad indomable» que había impartido a la ciudad una lección «de coraje y de clase».

Aquel énfasis en el refinamiento de su carácter, sus modales y sus gustos tendía a distorsionarla y quitarle matices, y en última instancia no se correspondía con la víctima real de un crimen real, sino con un personaje ficticio de un periodo ligeramente anterior, con la típica virgen de alta cuna que honra brevemente a la ciudad con su presencia y a cambio recibe una lección de «vida real». Los acusados, en cambio, era percibidos como seres incapaces de apreciar estas distinciones sutiles, ignorantes tanto de las normas como de los equipamientos de la vida de clase media. «¿Llevabas ropa de hacer footing?», le preguntó Elizabeth Lederer a Yusef Salaam con la intención de desacreditar su declaración de que aquella noche solo se había metido en el parque para «dar un paseo». ¿Acaso tenía «ropa de footing», acaso tenía «equipamiento deportivo», acaso tenía «bicicleta»? El caso se había impregnado de una nostalgia perniciosa, de la añoranza de un Nueva York que durante un tiempo parecía haber basculado en torno al «equipamiento deportivo», al hecho de adquirir y gastar y no al de tener y no tener: la razón de que no se pudiera mencionar el nombre de la víctima tenía el objetivo de que esta pudiera ir a los almacenes Bloomingdale's sin que nadie la reconociera, esta fue la asombrosa declaración de Jerry Nachman, redactor jefe del *New York Post*, secundada después por otros que parecieron encontrar en ella una resonancia particular.

Hay historias de Nueva York sobre mujeres blancas y jóvenes de clase media que nunca llegan a las páginas del editorial, ni siquiera necesariamente a las portadas. En abril de 1990, una joven blanca de clase media llamada Laurie Sue Rosenthal, criada en un hogar judío ortodoxo y que con veintidós años seguía viviendo con sus padres en Jamaica, Queens, murió de forma accidental, de acuerdo con el informe forense, por culpa de la reacción tóxica que tiene el Darvocet con el alcohol, en un apartamento del número 36 de la calle Sesenta y ocho Este de Manhattan. El apartamento pertenecía al hombre al que, según sus padres, ella había estado viendo durante un año, un ayudante de comisionado municipal de poca monta llamado Peter Franconeri. Peter Franconeri, que por entonces estaba al cargo de las inspecciones de ascensores y calderas del Departamento de Vivienda y casado con otra mujer, envolvió en una manta el cuerpo de Laurie Sue Rosenthal, junto con su bolso y su documentación, lo sacó del edificio junto con la basura y se marchó a su despacho situado en el 60 de Hudson Street. En un momento dado alguien hizo una llamada anónima al 911. Franconeri fue identificado únicamente después de que los padres de Laurie Sue Rosenthal le dieran a la policía su número de busca, que habían encontrado en la agenda de ella. De acuerdo con el *Newsday*, que cubrió la historia de forma más extensa que el *News*, el *Post* o el *Times*:

> Los informes policiales iniciales indicaban que en el cuerpo de Rosenthal no había heridas visibles. Pero la madre de Rosenthal, Ceil, contó ayer que a la familia le habían comunicado que la autopsia había revelado dos «hematomas sin explicación» en el cuerpo de su hija.
>
> Larry y Ceil Rosenthal han dicho que esos hallazgos parecen confirmar sus sospechas de que su hija estaba asustada, puesto que los había llamado a las tres de la madrugada del jueves «diciéndoles que él le había pegado». La familia informó de esta conversación a la policía.
>
> «Yo le dije que cogiera un taxi y se viniera a casa –dijo ayer Larry Rosenthal–. Y lo siguiente que supe fue que había dos detectives contándome cosas terribles.»
>
> «El médico forense nos ha dicho que los hematomas no se pueden considerar resultado de una paliza pero que los van a examinar con más detenimiento», dijo Ceil Rosenthal.

«Sí que había algunos hematomas poco importantes», le contó unos días después al *Newsday* una portavoz de la Oficina del Jefe de Medicina Forense, pero esos hematomas «de ninguna manera contribuyeron a su muerte». Vale la pena repasar esto: una joven llama a sus padres a las tres de la madrugada, «asustada». Dice que le han pegado. Unas horas más tarde, en la calle Sesenta y ocho Este entre Park y Madison, a unos pasos de Porthault, Pratesi, Armani, Saint Laurent y el hotel Westbury, a una hora del día en esa parte del 10021 de NuevaYork en que los adiestradores caninos de Jim Buck están reuniendo a sus jaurías matinales y el Bentley de Henry Kravis está parado al ralentí delante de su apartamento de Park Avenue y las cuadrillas de obreros de la construcción están fichando cerca de la Frick Collection, para entrar a trabajar en las casas de precio multimillonario que se están reconstruyendo para Bill Cosby y para el propietario de The Limited, alguien saca con la basura el cuerpo de una joven blanca de clase media, con hematomas.

«Todo el mundo puso el grito en el cielo por tratarse de quien se trataba –le contó más tarde un agente de policía no identificado a Jim Dwyer del *Newsday*, refiriéndose al hombre que había sacado a la joven con la basura–. Si le hubiera pasado a otra persona, nadie habría dicho nada. Se habría emitido una citación y ya está.» De hecho, la muerte de Laurie Sue Rosenthal no tuvo consecuencia alguna, y eso que podría haber sido una historia perfecta para la prensa sensacionalista, pero no consiguió, a varios niveles, captar la imaginación local. Para empezar, a ella no se la podía maquillar para asignarle el rol de víctima preferida por la prensa sensacionalista, que de forma convencional se corresponde con la víctima arbitraria del azar (por la razón que fuera, Laurie Sue Rosenthal no se había ido en taxi a casa, sino que se había tomado el Darvocet, y además sus padres informaron de que había recibido tratamiento por una adicción previa al Valium, y además se daba por sentado que en algún momento del año anterior se había enterado de que Franconeri estaba casado y aun así lo había seguido viendo); por si fuera poco, no había ido a ninguna escuela cara ni había estado empleada en ninguna industria llena de glamour (no era licenciada por la Ivy League ni ejecutiva de Wall Street), lo cual dificultaba el hecho de caracterizarla como parte de «lo que hace que esta ciudad sea tan vibrante y magnífica».

En agosto de 1990, Peter Franconeri se declaró culpable de una falta menor, el traslado ilegal de un cadáver, y el juez de lo penal Peter Benitez lo condenó a setenta y cinco horas de servicios a la comunidad. Esto no sorprendió a nadie, ni tampoco generó ninguna historia (solo veintitrés líneas en el mismísimo *Newsday*, en la página veintinueve de la edición local), y la indulgente resolución del caso le produjo un alivio considerable a bastante gente. La oficina del fiscal del distrito había pedido «algo de cárcel», ese periodo muy breve que se suele denominar «un toquecito», pero se dijo que nadie quería crucificar a aquel tipo: Peter Franconeri era alguien que conocía a mucha gente, que entendía cómo había que vivir en la ciudad, que por ejemplo no solo era propietario del apartamento de la calle Sesenta y ocho Este entre Madison y Park, sino también de una casa en Southampton, y que también entendía que sacar un cadáver con la basura no era nada para poner el grito en el cielo, si se hacía correctamente. Todos estos presupuestos podrían de hecho haber constituido el verdadero «grito final de alarma» de la ciudad, pero se trataba de un grito que la gente no quería oír.

2

Tal vez la noticia colateral más fascinante que salió a la luz durante los días siguientes al asalto a la corredora de Central Park fue que al parecer un número importante de neoyorquinos consideraban que la ciudad estaba lo bastante bien ordenada como para incorporar Central Park a su rutina vespertina de ejercicio físico. La «prudencia» se definía, incluso después del asalto, por «quedarse al sur de la calle Noventa» o bien por «ser consciente de que hay que pensar en planear tus rutas», o bien, en el caso de una mujer a la que entrevistó el *Times*, por tomar la decisión de dejar el trabajo porque estaba «cansada de liarme allí y luego salir a correr cada vez más tarde». «Creo que no hay ni un solo corredor que no te pueda describir esa sensación plácida y como flotante que produce el correr de noche –le dijo al *Times* un redactor jefe del *Runner's World*–. Dejas de ver lo que te rodea y te concentras totalmente en correr.»

La noción de que Central Park de noche pudiera ser un buen lugar para «dejar de ver lo que te rodea» era reciente. Había dos razones por las cuales Frederick Law Olmsted y Calvert Vaux, al diseñar en 1858 el proyecto con el que ganaron el concurso de diseños para Central Park, decidieron soterrar los caminos transversales. Una de ellas, la que se citaba más a menudo, era estética, y se debía al reconocimiento por parte de los diseñadores de que las cuatro travesías que estipulaban los términos de la competición, a la altura de las calles Sesenta y cinco, Setenta y nueve, Ochenta y cinco y Noventa y siete, al cruzarse con los desniveles del terreno, «discreparían con los agradables sentimientos que deseamos que inspire el parque». La otra razón, que parece haber sido igualmente poderosa, tenía que ver con la seguridad. El problema de poner las travesías al mismo nivel que el parque, habían escrito Olmsted y Vaux en su «Plan Greensward», era el siguiente:

> Las calles transversales (...) tienen que permanecer abiertas, mientras que el parque en sí resultará inadecuado para ningún buen uso después del anochecer; porque la experiencia ha demostrado que incluso en Londres, con su admirable organización policial, al público no se le puede garantizar un tránsito seguro por los grandes espacios abiertos después de que caiga la noche.
>
> Será necesario pues que estas vías públicas se encuentren bien iluminadas por los costados, y para evitar que los merodeadores perseguidos por la policía escapen adentrándose en la espesura del parque, también harán falta verjas o tapias bien resistentes, de dos o tres metros de altura.

En otras palabras, el parque fue considerado ya desde su concepción un lugar intrínsecamente peligroso al caer la noche, un lugar de «espesura», «inadecuado para ningún buen uso» y refugio solo para los «merodeadores». Los parques de Europa cerraban todos al anochecer, señaló Olmsted en su panfleto de 1882 *The Spoils of the Park: With a Few Leaves from the Deep-laden Note-books of «A Wholly Unpractical Man»*, «pero a través de Hyde Park se mantiene abierta una calle no soterrada, y el superintendente de la Policía Metropolitana me contó que la posibilidad que tiene uno de ser robado o estrangulado allí, debido a la abundancia de escondrijos que proporciona el parque, son mayores durante el paso nocturno por dicha calle que en ningún otro lugar de Londres».

En el fragor de la cobertura inicial del caso de la «Corredora», que sugería una ciudad invadida por las bestias, este enfoque pragmático de la vida urbana dio paso a una interpretación más ideal, según la cual Nueva York había sido en algún momento «segura» o bien debería serlo, mientras que ahora no lo era, ahora «nadie estaba a salvo», tal como había dicho el gobernador Cuomo. Por tanto, había llegado la hora de «recuperar la seguridad», la hora de «decir que no»; la hora, tal como lo expresaría David Dinkins en su campaña para la alcaldía durante el verano de 1989, «de decir basta». Y a lo que había que decir basta era al «crimen», un espectro abstracto y flotante que se podía disipar llevando a cabo ciertos actos de afirmación personal, llevando a cabo esa clase de rearme moral que más tarde figuraría en el plan del alcalde Dinkins para revitalizar la ciudad mediante la puesta en marcha de las concentraciones semanales de los «Martes noche en la calle contra el crimen».

Al ir al parque de noche, escribió Tom Wicker en el *Times*, la víctima del caso que nos ocupa había «afirmado la primacía de la libertad sobre el miedo». Una semana después del asalto, Susan Chace propuso en la primera página de opinión del *Times* que los lectores entraran de noche en el parque y se cogieran de las manos. «Las mujeres no pueden correr por el parque a altas horas –escribió–. Ustedes me piden que lo acepte, pero yo no puedo. Esto no debería ser así en Nueva York, en 1989, en primavera.» Ronnie Eldridge también propuso que los lectores entraran de noche en el parque, pero para encender velas. «¿Quiénes somos, que permitimos que nos expulsen de la parte más magnífica de nuestra ciudad?», preguntó, y también: «Si renunciamos al parque, ¿qué vamos a hacer? ¿Quedarnos en Columbus Avenue y plantar hierba?» Esto era interesante puesto que sugería que los considerables problemas que tenía la ciudad se podían solucionar por medio de la mera voluntad de sus ciudadanos de decir basta, de decir que no; en otras palabras, que la fe en determinados gestos mágicos podía afectar al destino de la ciudad.

La sentimentalización insistente de la experiencia, es decir, la promoción de esa fe en los gestos mágicos, no es nada nuevo en Nueva York. La preferencia por la pincelada gruesa, por la distorsión del personaje y la eliminación de sus matices y la reducción de los acontecimientos a una narración, lleva siendo desde hace más de cien años la esencia misma de la forma que tiene la ciudad de presentarse a ella misma: la Estatua de la Libertad, las masas apiñadas, los desfiles triunfales, los héroes, el arroyo, las luces resplandecientes, los corazones rotos, los ocho millones de historias de la ciudad desnuda; ocho millones de historias y todas la misma, cada una de ellas diseñada para ocultar no solo las tensiones reales entre razas y clases sociales, sino lo que es más importante, los acuerdos cívicos y comerciales que hacían que esas tensiones fueran irreconciliables.

El mismo Central Park era una de esas «historias», una égloga artificial en la tradición del romanticismo inglés del siglo XIX, concebido, durante una década en que la población de Manhattan aumentó en un 58 por ciento, a modo de proyecto cívico que permitiría la firma de contratos y el empleo de votantes a una escala que prácticamente jamás se había visto en Nueva York. Durante los veinte años que duró su construcción, fue necesario desplazar diez millones de carretas de tierra. Se tuvo que plantar entre cuatro y cinco millones de árboles y arbustos y se tuvo que importar seiscientos mil metros cúbicos de tierra de superficie y desplegar ciento setenta kilómetros de tubería de cerámica.

Y la finalización del parque tampoco supuso el final de las oportunidades: en 1870, después de que William Marcy Tweed revisara los estatutos municipales y se inventara su Departamento de Parques Públicos, se abrió la veda para construir calles nuevas cada vez que hicieran falta trabajos. Los árboles se podían arrancar y volver a plantar. Se podían soltar cuadrillas que podaran, desbrozaran y talaran a voluntad. Cuando Frederick Law Olmsted planteó sus objeciones, estas se pudieron pasar por alto y por fin descartar. «Me visitó con cita previa la "delegación" de una gran organización política», escribió Olmsted en *The Spoils of the Park*, recordando las condiciones bajo las que había trabajado:

> Después de las presentaciones y los apretones de manos se formó un círculo y un caballero se me plantó delante y me dijo: «Sabemos la presión a la que usted está sometido (...) pero cuando a usted le parezca bien, a nuestra asociación le gustaría que decidiera qué tanto por ciento de su patrocinio podemos esperar, y llevar a cabo los arreglos pertinentes para usarlo. Nos tomamos la libertad de sugerirle, señor, que la forma más conveniente sería que usted

nos mandara la cuota de licencias que nos pertocan, si le parece bien, señor, de la siguiente manera: *dejando que seamos nosotros quienes rellenemos los nombres*». Y entonces me sacaron un taco de licencias impresas, del que saqué una al azar. Era un nombramiento en blanco, y llevaba la firma del señor Tweed.

En calidad de superintendente del Parque, una vez recibí en seis días más de siete mil cartas sugiriéndome nombramientos, casi todas de hombres de mi oficina (...). Me han contado que cierto candidato para un alto cargo en el Ayuntamiento llegó a arengar desde los escalones de mi entrada a una multitud de gente que me traía sugerencias de esa clase, contándoles que yo estaba obligado a darles trabajo, y sugiriendo a las claras que, si yo no me daba prisa en dárselo, tal vez una soga al cuello me serviría para disipar las reticencias que yo mostraba a aceptar buenos consejos. He visto cómo una docena de hombres entraban a la fuerza en mi casa un domingo por la mañana antes de que yo me levantara de la cama y algunos de ellos asaltaban mi sala de estar, de tanta prisa que tenían por entregar las cartas con sus sugerencias.

Por tanto, aunque no lo fuera para Olmsted, para sus aseguradores Central Park era una mera cuestión de contratas y cemento y sobornos, una cuestión de financiación indebida; sin embargo, la sentimentalización que ejercía la función de ocultar esa financiación, lo que llamamos la «narración», tenía que ver con ciertos contrastes dramáticos, o extremos, que se creía que caracterizaban la vida en esta ciudad más que en ninguna otra. Estos «contrastes», que desde entonces se han convertido en el eje mismo de la narración de Nueva York, aparecieron muy pronto: Philip Hone, que fue alcalde de Nueva York en 1826 y 1827, se refirió en 1843 a una ciudad «abrumada por el exceso de población, y donde los lujos exorbitantes, los establecimientos caros y los desperdicios insensatos se presentan en contraste todos los días y a cada hora con las mezcolanzas más miserables y la destrucción más desventurada». En virtud de esta narración, Central Park podría ser y en última instancia sería visto tal como lo veía el mismo Olmsted: como un ensayo de democracia, un experimento social destinado a socializar a una nueva población inmigrante y a mitigar la peligrosa separación que existía entre los ricos y los pobres. Años antes de diseñar Central Park, Olmsted había sugerido que la clase privilegiada de la ciudad tenía entre sus deberes, y entre sus intereses, «levantar parques, jardines, academias de música y baile y otras reuniones que sean lo bastante atrayentes como para forzar el contacto entre lo bueno y lo malo, entre lo caballeresco y lo pendenciero».

La noción de que los intereses de lo «caballeresco» y lo «pendenciero» pudieran no coincidir no entró en juego para nada: entonces, igual que ahora, la narración predilecta llevaba a cabo la función de ocultar el conflicto real, de empañar la medida en que la condición de los ricos se apoyaba en la carestía continua de la clase obrera, y en última instancia de reafirmar el liderazgo responsable de «los caballeros» e impedir la posibilidad de un proletariado concienciado o politizado. En este relato, los fenómenos sociales y económicos aparecían siempre personalizados. Los problemas se trataban mejor por medio de la emergencia y la elección de «líderes», que a su vez podían inspirar a los ciudadanos individuales para que participaran o «cambiaran las cosas». «¿Queréis ayudar?», les preguntó el alcalde Dinkins a los neoyorquinos en un discurso pronunciado en septiembre de 1990 en la catedral de San Patricio y concebido como respuesta a las informaciones sobre la «ola de crímenes en Nueva York» que abrían las noticias. «¿Os importa todo esto? ¿Estáis dispuestos a formar parte de la solución?»

«Quedaos –les pidió el gobernador Cuomo a esos mismos neoyorquinos–. Tened fe. Participad. No os rindáis.» La presidenta del municipio de Manhattan, Ruth Messinger, durante la ceremonia de inauguración de la bandera de una escuela, mencionó la importancia de «involucrarse» y «participar», de «ayudar a devolverle el brillo a la Gran Manzana». En una discusión de las «historias de Nueva York» más populares que había escrito entre 1902 y 1910 William Sydney Porter, alias «O. Henry», William R. Taylor de la State University of New York en Stony Brook habló de la manera en que dichas historias, con su «atención a las dificultades individuales», su «ausencia de implicaciones sociales o políticas» y su «neutralidad ideológica», suministraban «una forma milagrosa de cohesión social»:

Estas narraciones sentimentales de relaciones entre las clases de la ciudad tienen un significado histórico específico: la empatía desprovista de compasión política. Su finalidad es reducir la escala del sufrimiento humano a lo que los individuos atomizados soportan mientras sus vidas tristes y valerosas son narradas semana tras semana durante casi una década (...). Su lectura sentimental de la opresión, las diferencias de clase, el sufrimiento humano y los afectos contribuyeron a crear un lenguaje nuevo para interpretar la compleja sociedad de la ciudad, un lenguaje que empezara a reemplazar el manido moralismo que los neoyorquinos habían heredado de las lecturas decimonónicas de la ciudad. Este lenguaje localizaba el sufrimiento en ciertos momentos particulares y lo confinaba en las ocasiones particulares; limaba las diferencias porque se podía leer casi de la misma manera desde cada extremo de la escala social.

Las historias de crímenes atroces sobre víctimas inocentes, al ofrecer una lectura sentimental de las diferencias de clase y del sufrimiento humano, una lectura que promete al mismo tiempo resolución y retribución, llevan mucho tiempo funcionando como las endorfinas de la ciudad, una fuente incorporada de morfina natural que tiene el efecto de difuminar los límites de unos problemas reales y en gran medida irresolubles. Lo singular de Nueva York, y lo que le sigue resultando virtualmente incomprensible a la gente que vive en partes del país organizadas de forma menos rígida, es el nivel mínimo de comodidad y de oportunidades que sus ciudadanos han llegado a aceptar. La búsqueda capitalista romántica de privacidad, de seguridad y de libertad individual, que a nivel nacional se da tan por sentada, a nivel local no juega un gran papel. Siendo una ciudad donde prácticamente todos los impulsos han ido encaminados a reprimir y no a promover la competitividad normal, Nueva York funciona, cuando funciona, no gracias a una economía de mercado, sino por medio de pequeños tratos, sobornos, compensaciones, propinas, acuerdos que burlan el intercambio directo de bienes y servicios y que impiden lo que sería, en una economía competitiva, la normal supremacía del producto superior.

En 1990 no había en los cinco municipios de Nueva York más que 581 supermercados (un supermercado, tal como lo define la revista del sector *Progressive Grocer*, es cualquier tienda de comestibles que obtenga un volumen anual de ingresos de dos millones de dólares), lo cual equivale, calculando una población de ocho millones de personas, a un supermercado por cada 13.769 ciudadanos. Los productos de alimentación, que cuestan más de lo que deberían por culpa de esta ausencia de competencia y también por la proliferación de las compensaciones que hacen falta para garantizar la ausencia de competitividad (los productos de alimentación, por lo que tenemos entendido, pertenecen a los Gambino, y el pescado a los Luchese y los Genovese, y una parte de la construcción del mercado a cada uno de los arriba citados, pero en última instancia evitar el cierre de la tienda es cosa de tal y cual inspector), se los lleva el cliente a su casa, o bien se los lleva la tienda, en un carrito con ruedas, como si uno estuviera en Yakarta.

En Nueva York, igual que en México D.F., se tarda tradicionalmente diez años en hacer el papeleo para una nueva escuela, concretar las cosas, sacar el proyecto a subasta, hacer las contratas y construir la escuela; entre veinte y treinta años en construir una carretera o, en los casos del Bruckner Boulevard y de la West Side Highway, no terminar nunca de construirla. Un escándalo público reciente reveló que una remesa de citologías vaginales encargadas por el Ayuntamiento se había pasado más de un año sin que nadie leyera los resultados (en el mundo desarrollado el resultado de una citología vaginal, una prueba para ver si hay cáncer de cuello de útero, se lee normalmente al cabo de unos días); lo que no ha llegado nunca a convertirse en escándalo público, y en cambio se sigue aceptando como el estado de las cosas, es que incluso las citologías vaginales encargadas por ginecólogos de Park Avenue se pueden pasar varias semanas sin que nadie lea sus resultados.

Estos parecidos con ciudades del Tercer Mundo no son en absoluto casuales, ni tampoco se basan en el «colorido» de una población políglota: se trata en todos los casos de ciudades organizadas principalmente no para mejorar la vida de sus ciudadanos sino para dar todo el trabajo que se pueda, para acomodar, si puede ser a un nivel de mera subsistencia, puesto que es al nivel de la subsistencia donde la fuerza de trabajo está más dispuesta a permanecer cautiva y asegurar su lealtad, al estilo de las poblaciones del Tercer Mundo. En ciertos sentidos el atractivo mismo de Nueva York, sus promesas de oportunidades y de mejoras salariales y sus compromisos como ciudad del mundo desarrollado, eran lo que parecía destinado a volverla en última instancia impracticable. Así como la vitalidad de las citadas ciudades del mundo subdesarrollado había dependido siempre de su capacidad para garantizar mano de obra a bajo coste y ausencia de regulación, Nueva York había dependido históricamente de la acumulación constante de nuevos negocios, de nuevos patrones que reemplazaran a los que se iban retirando, igual que los fabricantes de prendas de ropa de Nueva York a quienes les acababa resultando más barato fabricar la ropa en Hong Kong o en Kuala Lumpur o en Taipei, elevando los costes locales.

Antiguamente Nueva York había presentado una tendencia, apoyada por una economía nacional en expansión, a perder un tipo de negocio y obtener otro. Y más recientemente Nueva York había cometido el error de malinterpretar esta historia de renovaciones como si fuera un recurso indestructible, disponible para ser gravado a voluntad, disponible para ser regulado cada vez que hacerlo podía reportar algún beneficio, disponible para sacarle provecho. En 1977, Nueva York había perdido seiscientos mil empleos, la mayoría en la industria y en la clase de pequeños negocios que ya no podían mantener sus estrechos márgenes de beneficios dentro de la ciudad. Durante los años de la «recuperación», entre 1977 y 1988, es cierto que la mayoría de aquellos empleos fueron reemplazados, pero lo fueron de una forma potencialmente peligrosa: del medio millón de nuevos empleos que se crearon, la mayoría fueron en el área más vulnerable a las depresiones de la economía, el área de los servicios financieros y de negocios, y gran parte del resto en otra área que no solo era igualmente vulnerable a los malos tiempos sino también desalentadora para la ciudad incluso en los buenos, el área de los servicios turísticos y de la restauración.

La evidencia de que muchos tipos de negocios estaban descubriendo que Nueva York era un lujo del que podían prescindir no consiguió suscitar esfuerzos reales para que la ciudad fuera más competitiva. Los impuestos seguían castigando cada vez más y las regulaciones se volvían cada vez más bizantinas. Entre 1983 y 1990 se crearon cuarenta y nueve mil nuevos empleos en las agencias municipales de Nueva York, pese al hecho de que todo el mundo percibía que dichas agencias estaban en declive. Los intentos de «reforma» solían crear más empleos: en 1988, en respuesta a la lentitud con que se estaban construyendo nuevas escuelas o reparando las existentes, se constituyó una nueva agencia, la Autoridad de Construcción de Escuelas. Se dijo que ahora en la ciudad de Nueva York solo se iba a tardar cinco años en construir una escuela nueva. El presidente de la Autoridad de Construcción de Escuelas iba a ganar 145.000 dólares al año y cada uno de los tres vicepresidentes 110.000 dólares al año. Se planteó un gimnasio para ejecutivos, con equipamiento Nautilus, para el piso superior de la nueva sede de la agencia en el International Design Center de Long Island City. A los dos años de iniciarse esta reforma, el atraso en las reparaciones de las escuelas ya existentes alcanzaba las treinta y tres mil peticiones pendientes. «Puede que no resulte práctico en relación con la firmeza de una tapia el liberar a la caridad de los amigos del apoyo de un hombre medio ciego y corto de luces dándole trabajo a expensas del erario público en calidad de inspector de cementos –comentó Olmsted después de su experiencia en Central Park–, pero es perfectamente consecuente con el triunfo de una doctrina sólida en las elecciones.»

De hecho, los impuestos per cápita más elevados de ninguna ciudad de Estados Unidos (tal como sabe cualquiera que tenga un pequeño negocio) no producen, en Nueva York, a menos que el ciudadano esté dispuesto a llevar a cabo algún que otro chanchullo, nada más que la multiplicación continua de las regulaciones diseñadas para el provecho de los contratistas y las agencias y los sindicatos con quienes los reguladores han hecho sus tratos. Por ejemplo, un electrodoméstico de cocina que en todo el resto de Estados Unidos se considera un simple servicio básico de la América de posguerra, el triturador de basura incorporado al fregadero, es ilegal en Nueva York. Los trituradores, me informó un empleado del Ayuntamiento, no solo hacen que salgan ratas, y «bacterias», presumiblemente a diferencia de las bolsas de basura que se quedan tiradas en la acera («Pues porque es así», me contestó el tipo cuando le pregunté por qué), sino que también invitan a la gente a «tirar a sus bebés por ellos».

Por otro lado, esto ilustra cómo un principio urbano familiar, el del clientelismo (cuanta más basura haya por recoger, a más basureros se puede contratar), se puede reducir, en esa espesura burocrática que es cualquier ciudad del Tercer Mundo, a vudú; por otro lado, refleja la ética criminal subyacente de esta ciudad en concreto, su aceptación del chanchullo y la estafa como los cimientos de cualquier transacción. «Los costos de la basura son atroces –le contó recientemente a *City Limits* un ejecutivo de la Supermarket General, la empresa propietaria de Pathmark, para explicar por qué las cadenas preferían ubicarse en los pueblos residenciales–. Cada vez que tienes que coger a un contratista, es un problema.» No obstante, se trata de un problema del que no solo el contratista, sino todo el mundo con quien el contratista hace negocios –una cadena de clientelismo directo o indirecto que penetra profundamente en el tejido mismo de la ciudad– consigue derivar algún que otro beneficio, lo cual constituye la razón de que la muerte de una joven blanca de clase media en el apartamento situado en la calle Sesenta y ocho Este del comisionado ayudante a cargo de las inspecciones de calderas y ascensores duró lo que un ligerísimo destello en la atención pública local.

Era solo en el seno de esa narración mágica de los «contrastes» donde tanto la criminalidad esencial de la ciudad como su ausencia asociada de urbanidad se podían convertir en fuentes de orgullo, en pruebas de «energía»: si uno podía ganarse la vida aquí, se la podía ganar en cualquier parte, hola, pardillo, espabílate. Aquellos que no conseguían el buen trato, que compraban al detalle, que no sabían qué tenían que hacer para que les aprobaran la instalación eléctrica, eran tachados desdeñosamente de provincianos, de gente que cogía los puentes y los túneles a diario, de gente de fuera que no tenía lo que había que tener para que no les tomaran el pelo. «La pesadilla de todo turista se ha hecho realidad este fin de semana para una pareja de Maryland, cuando el marido ha sido víctima de una paliza y un robo en la Quinta Avenida delante de la Trump Tower», empezaba un artículo del *New York Post* publicado en verano de 1990. «¿De dónde se cree que somos, de Iowa?», dijo ante las cámaras de vídeo el fiscal que le estaba tomando la declaración a Robert Chambers para indicar el escepticismo que le merecía la versión que estaba dando Chambers de la muerte de Jennifer Levin. «Van a por los pobres forasteros como ustedes, viven de los turistas», nos explicó una vez un empleado de la tienda de ordenadores de la calle Cuarenta y seis donde mi marido y yo nos habíamos refugiado para escapar de tres atracadores. Mi marido le contestó que nosotros vivíamos en Nueva York. «Es por eso por lo que a ustedes no los han pillado –contestó el empleado, incorporando sin esfuerzo alguno aquel cambio en la información–. Es por eso por lo que han podido ustedes actuar deprisa.»

La narración nos reconforta, en otras palabras, garantizándonos que el mundo es cognoscible, plano incluso, y que Nueva York es su centro, su motor, su «energía» peligrosa pero vital. «A la familia del atraco mortal le encantaba Nueva York», era el titular que le puso el *Times* a un artículo sobre el asesinato en septiembre de 1990, en la estación de la línea de metro IND de la Séptima Avenida, de un turista de veintidós años de Utah. El joven, junto con sus padres, su hermano y su cuñada, había asistido de público al Open de Estados Unidos y supuestamente iba de camino a cenar a un restaurante marroquí del sur de Manhattan. «Para ellos Nueva York era el lugar más magnífico del mundo», fueron las supuestas palabras de un amigo de la familia de Utah. Como la narración requiere que el resto del país contraste dramáticamente con Nueva York, el *Times* representó el pueblo de la familia en Utah como un lugar donde «la vida gira alrededor de los ritmos ordenados de la Universidad Brigham Young» y donde «solo hay un asesinato al año». De hecho, el pueblo era Provo, donde Gary Gilmore había matado a tiros al encargado de un hotel, tanto en la vida real como en *La canción del verdugo*. «A ella le encantaba Nueva York, le encantaba –le contó al *Times* una amiga de la corredora asaltada después del ataque–. Creo que le gustaban su ritmo veloz y su competitividad.»

Nueva York, concluía el *Times*, «le daba vigor» a la corredora, «estaba a la altura de su nivel de energía». En un momento en que la ciudad permanecía prácticamente inerte, en que cuarenta mil empleos habían sido aniquilados en los mercados financieros y uno encontraba a antiguos corredores de Bolsa vendiendo camisas en los almacenes Bergdorf Goodman for Men, en que se habían doblado las cifras de impago de hipotecas, en que había entre cinco y seis millones de metros cuadrados de espacio de oficinas sin alquilar (seis millones de metros cuadrados de espacio de oficinas sin alquilar es el equivalente a quince torres a oscuras del World Trade Center) y hasta se encontraban manzanas enteras de edificios comerciales de primera entablados y vacíos en Madison Avenue entre la calle Setenta y la Ochenta; en un momento en que el dinero se había alejado de todos los mercados y los europeos que le habían prestado a la ciudad su vigor y su capital durante los años ochenta se habían marchado a otra parte, se habían esfumado rumbo a lugares más risueños, aquella noción de la «energía» de la ciudad resultaba sedante, igual que la identificación del «crimen» como el problema central de la ciudad.

3

Al principio no fue fácil asimilar hasta qué punto la caída de los mercados financieros de Nueva York en 1987 había dañado las ilusiones de recuperación infinita y de crecimiento que habían hecho funcionar a la ciudad durante los años ochenta. «Vivimos en una época de supremacía de Nueva York –había declarado en su informe de 1987 la Comisión de la Ciudad de Nueva York para el Año 2000, creada durante el mandato del alcalde Edward Koch para reflejar las mejores ideas de los distintos negocios y establecimientos institucionales de la ciudad–. La economía de la ciudad es más fuerte ahora que en las últimas décadas, y está impulsada tanto por su propia capacidad de recuperación como por la economía nacional; Nueva York es más que nunca la capital internacional de las finanzas y la puerta de entrada a la economía americana.»

Y luego sus ciudadanos llegaron gradualmente a comprender que no lo era. Esta percepción de que algo «no funcionaba» en Nueva York fue insidiosa, una enfermedad de inicio lento que al principio solo era perceptible en los periodos de remisión temporal. Las pérdidas que podrían haber sido un problema ajeno (e incluso merecido) mientras los mercados protagonizaban su caída libre inicial en 1987, y que podrían haber parecido todavía más remotas cuando los mercados recuperaron su apariencia de fuerza, llegaron a alterar de forma imperceptible pero inexorable el tono de la vida diaria. Para abril de 1990, la gente que vivía en Nueva York o en sus alrededores ya estaba expresando, en entrevistas con el *Times*, un miedo y una angustia considerables: «Me resiento mucho del hecho de haber perdido mucha flexibilidad en mi vida –dijo un ciudadano–. A menudo me pregunto: "¿Estoy loco por venir aquí?"». «La gente tiene una sensación de catástrofe inminente ante lo que les pueda pasar», declaraba un psicólogo clínico. La gente estaba «frustrada», se sentía «absolutamente desolada», «atrapada», «furiosa», «aterrada» y «al borde del pánico».

Se trataba de un pánico que en muchos sentidos parecía específico de Nueva York, e inexplicable fuera de ella. Incluso más tarde, cuando los problemas de Nueva York ya se habían convertido en una cantinela habitual, los americanos de lugares menos deprimidos seguían teniendo dificultades para entender la naturaleza de aquellos problemas, y solían atribuirlos, igual que los mismos neoyorquinos, al «crimen». «Escapar de Nueva York» era el titular de la portada del *New York Post* del 10 de septiembre de 1990. «Una ola salvaje de crímenes tiene aterrado al 59 por ciento de los residentes de la ciudad. La mayoría de la gente quiere marcharse de la ciudad, dice una encuesta de Time/CNN.» Esta encuesta apareció en la edición de la revista *Time* fechada el 17 de septiembre de 1990, que llevaba en portada la leyenda «La Gran Manzana está podrida». «Razón: una oleada de drogas y crímenes violentos que los dirigentes del gobierno parecen completamente incapaces de combatir», explicaba el artículo del interior. Los columnistas de la prensa local hablaban de «esta cloaca de ciudad». El *Times* publicó un artículo quejumbroso sobre cómo a Elizabeth Rohatyn le habían robado su bolso Hermès delante mismo del Arcadia, un restaurante de la calle Sesenta y dos Este que durante una temporada había parecido el corazón mismo del Nueva York que ahora todo el mundo echaba de menos, aquel Nueva York en el que adquirir y gastar eran operaciones que podían tener lugar sin referencia indebida al hecho de tener o no tener, aquel Nueva York libre de obligaciones; el hecho de que esto le hubiera sucedido a la mujer de Felix Rohatyn, que se consideraba que había salvado a la ciudad de su crisis fiscal de mediados de los setenta, les pareció a muchos una ironía clamorosa.

Esta cuestión del crimen era compleja. La verdad era que había ocho ciudades americanas que presentaban tasas de homicidios más elevadas, y doce que tenían tasas generales de crimen más altas. Ya hacía mucho tiempo que el crimen se había convertido en algo perfectamente habitual en las partes menos adineradas de la ciudad, y a mediados de los setenta se había vuelto endémico, a medida que ascendían tanto el desempleo como los costes de mantener las propiedades, y lo que antaño habían sido vecindarios funcionales eran abandonados y quemados y dejados allí para quien los quisiera. «En algunos barrios pobres, el crimen se ha vuelto casi un estilo de vida», comentaba Jim Sleeper, redactor del *Newsday* y autor de *The Closest of Strangers: Liberalism and the Politics of Race in New York*, en su discusión de la desintegración social que había tenido lugar durante este periodo:

> ... una subcultura de la violencia que presentaba complejos vínculos de utilidad y afecto en el seno de las familias y de la comunidad «respetuosa con la ley». Los comerciantes en apuros, por ejemplo, podían revender artículos robados, y de esta manera proporcionaban una tapadera rápida así como un incentivo adicional para los robos y los allanamientos de morada; la economía de la droga se volvió más fuerte, dando nueva forma a los estilos de vida criminales y poniendo en jaque la lealtad de familias y amistades. Pasear incluso por una calle razonablemente ajetreada de un vecindario pobre de minorías a mediodía se podía convertir en un trayecto incómodo por un paisaje sórdido y extraño.

Lo que una década más tarde parecía marcadamente distinto, lo que hacía que el crimen se hubiera convertido en una «historia», era que los ciudadanos más privilegiados, y sobre todo los ciudadanos blancos más privilegiados de Nueva York, habían empezado a sentirse incómodos a mediodía incluso en sus propios barrios. Aunque las estadísticas del Departamento de Policía de la Ciudad de Nueva York sugerían que los neoyorquinos blancos no sufrían ahora un mayor peligro de muerte (el aumento de homicidios producido entre 1977 y 1989, de 1.557 a 1.903, se restringía a lo que el DPNY clasificaba como víctimas hispanas, asiáticas y negras; el número de blancos asesinados había descendido sin parar, de 361 en 1977 a 227 en 1984 y 190 en 1989), la percepción de ese peligro, exacerbada por los tirones en la calle y los atracos y la noción muy útil de que el joven de la sudadera con capucha y las manos metidas en los bolsillos podía muy bien ser un depredador, se había generalizado. Los neoyorquinos más privilegiados se sentían ahora incómodos no solo en la calle, donde la necesidad de estrategias de evasión se había convertido en una constante agotadora, sino incluso en los edificios de apartamentos más aislados y protegidos. A medida que los residentes de esos edificios, los propietarios de los apartamentos de doce y dieciséis y hasta veinticuatro habitaciones, veían desaparecer los ficus enmacetados de delante de sus puertas y aparecer grafitis en sus paredes de piedra caliza y presenciaban cómo los añicos de los cristales reforzados de las ventanillas de sus coches eran barridos de las aceras, se fue volviendo cada vez más fácil imaginarse el resultado de un enfrentamiento entre, por ejemplo, el portero sustituto de noche y seis alumnos en rebeldía del instituto Julia Richman de la calle Sesenta y siete Este.

Y, sin embargo, aquellos mismos neoyorquinos que habían hecho declaraciones al *Times* en abril de 1990 sobre su pérdida de flexibilidad, sobre su pánico, su desolación, su rabia y su sensación de catástrofe inminente, no habían estado hablando ni de las drogas ni del crimen ni de ninguno de los males más publicitados y en cierta medida inflados de la ciudad. En su mayoría no se trataba de gente con apartamentos de doce o dieciséis habitaciones y porteros, ni que se pudiera permitir el lujo de tener unos miedos proyectados. De lo que estaba hablando aquella gente era de un miedo inmediato, de dinero, de la caída vertiginosa del valor de sus casas y sus apartamentos y sus pisos de propiedad compartida, de la posibilidad o la probabilidad de las ejecuciones de sus hipotecas y de perderlo todo; y de forma implícita, estaban hablando también de su miedo a quedarse, igual que tanta otra gente a la que veían todos los días, por debajo de la línea de la pobreza, en la calle, a la intemperie.

Se trataba de un clima en el que muchas de las cuestiones que habían captado la atención de la ciudadanía en 1987 y 1988, por ejemplo la cuestión de si había que «permitir» a Mortimer Zuckerman construir dos rascacielos de oficinas de cincuenta y nueve plantas en lo que ahora es el Coliseum, parecían en retrospectiva simple nostalgia, las preocupaciones barrocas de una época mejor. «No hay nadie en su sano juicio que estuviera dispuesto a ponerse a construir ahora», le contó un vicepresidente de la Cushman and Wakefield al *New York Observer*, refiriéndose al retraso del proyecto del Coliseum, que de hecho había perdido a su supuesto inquilino principal, la Salomon Brothers, poco después del Lunes Negro de 1987. «Sería un suicidio. Te iría mejor si te sentaras en una bañera llena de agua y te cortaras las venas.» Dichos miedos resultaban, por toda una serie de razones, menos fáciles de incorporar a la narración que el miedo al crimen.

La imposición de una narración sentimental, o falsa, sobre esa experiencia dispar y a menudo arbitraria que constituye la vida de una ciudad o de un país comporta necesariamente que gran parte de lo que sucede en esa ciudad o ese país haya de ser convertido en mera ilustración, en una serie de textos elaborados de antemano, o de oportunidades de actuación. Gracias a semejante sustituto de la vida cívica, el alcalde Dinkins podía «romper el boicot» (el boicot de Flatbush, organizado para movilizar el resentimiento de los comerciantes coreanos que trabajaban en barrios negros) gastándose unos dólares en comprarle comestibles a un tendero coreano de Church Avenue. El gobernador Cuomo podía «declararle la guerra al crimen» pidiendo cinco mil policías adicionales. El alcalde Dinkins podía «subir la apuesta» pidiendo seis mil quinientos. «Una zorra blanca se mete en el parque a buscar hombres africanos», podía decir una mujer negra, en voz alta pero sin gritar, en el pasillo de delante de los juzgados donde en verano de 1990 se estaba juzgando a los tres acusados del ataque de Central Park, Antron McCray, Yusef Salaam y Raymond Santana, por los cargos de intento de asesinato, asalto, sodomía y violación. «Su novio le da una paliza y le echan la culpa a nuestros chavales –seguía la mujer, y a continuación, refiriéndose a un joven con el que la víctima había compartido durante una temporada el coste de un apartamento–. Y qué pasa con el tipo que vive con ella, ¿alguien le ha analizado el semen? No. Es blanco. Entre ellos no lo hacen.»

Luego aquellos periodistas y productores y dibujantes de retratos robot judiciales y fotógrafos y cámaras y técnicos y becarios estivales que se reunían a diario en el 111 de Centre Street podían intercambiar miradas. Podían contestar las llamadas a los móviles, un despliegue de indiferencia. Podían charlar de cualquier cosa con los supervisores de los tribunales, un despliegue de solidaridad. Luego la mujer podía levantar la voz: «Los blancos son todos diablos, hasta los que todavía no han nacido, son *diablos*. Pequeños *demonios*. No entiendo a esos diablos, supongo que ellos creen que este tribunal *es suyo*». Los periodistas podían no mirarla, con las caras inexpresivas, evitar que sus miradas se encontraran, lo cual constituía una forma más correcta de hostilidad y también más letal. La mujer podía mantenerse firme pero apartar la vista y dejar que su mirada se posara en otra persona negra, en este caso un columnista negro del *Daily News*, Bob Herbert. «Tú –podía decirle–. Eres una *vergüenza*. Venga. Ponte ahí en la fila. Ponte en la fila con los blancos. Míralos, haciendo cola para ocupar sus asientos de primera mientras *mi* gente está abajo detrás de *un parapeto*… colocados detrás de un parapeto como si fueran *ganado*… ni siquiera les permiten entrar en la sala para ver cómo linchan a sus hijos… ¿Eso que veo en esa fila es un *africano*? ¿O es un *negro*? Oh, oh, lo siento, ya me callo, los blancos no lo sabían, solo estaba de paso…»

En una ciudad donde los problemas graves y perjudiciales se habían vuelto generales –problemas relacionados con el no tener, con el no salir adelante, problemas que existían de forma demostrable, entre los locos, los enfermos, los que no tenían suficiente y los que se veían agobiados, cada vez más independientemente del color de la piel–, el caso de la corredora de Central Park suministraba todo un escenario seguro o estructurado en el que se podían descargar varias modalidades de furia a veces únicamente relacionadas entre ellas de forma muy marginal. «Este juicio –anunció el *Daily News* en la página de su editorial de una mañana de julio de 1990, en pleno juicio de los tres primeros acusados– no es solo por la violación y el salvaje ataque a una mujer. Es por la violación y el salvaje ataque a la ciudad. La corredora es un símbolo de todo lo que va mal aquí. Y también de todo lo que va bien, porque ella no es nada menos que una inspiración.»

El *News* no definía las formas en las que se manifestaba «la violación y el salvaje ataque a la ciudad», ni falta que hacía: se trataba de una ciudad en la que la amenaza o el miedo a la brutalización se había vuelto tan inmediatos que a los ciudadanos se les apremiaba a que se defendieran ellos mismos, a que formaran patrullas ciudadanas o milicias, como si estuvieran en Beirut. Se trataba de una ciudad en la que entre veinte y treinta vecindarios ya habían encomendado su protección –es decir, el derecho a decidir quién pertenecía al vecindario y quién no, y qué había que hacer al respecto– a los Guardian Angels. Se trataba de una ciudad en la que una patrulla ciudadana de Brooklyn, que se hacía llamar el Azote del Crack y que se decía que estaba intentando limpiar de droga el barrio de Bedford-Stuyvesant, iba a «resolver una disputa» antes de que terminara septiembre rociando de gasolina y prendiendo fuego a una furgoneta abandonada y a los tres ciudadanos sin hogar que estaban dentro de ella. Se trataba de una ciudad en la que pronto el *Times* iba a percibir que en aquella recesión económica «no hay mal que por bien no venga para la ciudad en general», y ese bien era que aunque se creía que se había producido un aumento en el número de familias de clase media y alta que querían marcharse de la ciudad, «el desplome del mercado está haciendo que muchas de esas familias se queden en Nueva York».

En aquella ciudad que estaba desapareciendo a toda velocidad en el abismo que se abría entre su vida real y las narraciones que ella prefería, las declaraciones que la gente hacía sobre el caso de la corredora de Central Park llegaron a parecer una especie de poesía, una forma de expresar, sin decirlas de forma directa, una serie de visiones distintas pero todas igualmente vólatiles y todas similarmente ocultas del mismo desastre. Una de aquellas visiones, compartida por aquellos que habían interpretado la detención de los acusados como representación exacta de su propia victimización, representaba a una ciudad en la que la gente sin poder había sido sistemáticamente arruinada, humillada y violada por los poderosos. Mientras aquel caso contara con la atención febril de la ciudad, por tanto, ofrecería una narración para los afligidos de la ciudad, un marco en el que se pudieran personalizar y en última instancia difuminar las fuerzas sociales y económicas reales que retorcían a la ciudad.

O mejor dicho, el caso ofrecía dos narraciones, mutuamente excluyentes. Para mucha gente negra, sobre todo para aquella cuya experiencia con el sistema judicial penal o cuya desconfianza del mismo era tal que solían pasar por alto el hecho de que cinco de los seis acusados habían admitido en distintos grados haber tomado parte en el asalto, y en cambio se concentraban en la ausencia de cualquier prueba forense que vinculara de forma incontrovertible a la víctima con aquellos acusados, el caso se podía interpretar no solo como confirmación de su condición de víctimas, sino también de la conspiración blanca que ellos percibían en el corazón de dicha condición. Para el *Amsterdam News*, que no se lanzaba automáticamente al análisis radical (un ejemplar cualquiera de otoño de 1990 elogiaba al FBI por su reclutamiento de minorías y a la Guardia Nacional de Harlem por su alta moral y su disposición a ir al Golfo), los acusados podían bajo esta luz ser considerados víctimas de un «juicio político» o de un «linchamiento legal», de un caso «amañado desde el principio mismo» por la decisión de «la prensa blanca» de que «cualquiera que fuera arrestado y acusado del cargo de intento de asesinato, violación y sodomía de una mujer blanca prometedora, lista, hermosa y provista de contactos en las altas esferas sería culpable, simple y llanamente».

Para Alton H. Maddox, Jr., el mensaje a extraer del caso era que el sistema judicial penal americano, que bajo cualesquiera circunstancias era «inherente y desvergonzadamente racista», no «funcionaba de manera igualitaria a ningún nivel en cuanto a un hombre negro lo acusaban de violar a una mujer blanca». Para otros el mensaje era más general, y tenía el efecto de reforzar la frágil pero operativa mitología de un pasado negro heroico, aquella narración en que la dominación europea se podía explicar como respuesta directa y vengativa a la superioridad africana. «Hoy día el hombre blanco tiene que afrontar lo que está pasando en el Continente Negro, África», escribió Malcolm X.

Mirad esos artefactos que se están descubriendo allí, y que están demostrando una y otra vez que el hombre negro ya tenía civilizaciones magníficas y sensibles antes de que el hombre blanco saliera de las cavernas. Por debajo del Sahara, en los lugares donde fueron secuestrados los ancestros de la mayoría de los negros de América, se están desenterrando algunas de las obras de artesanía más fabulosas, esculturas y otros objetos, que el hombre moderno ha visto jamás. Algunos de esos objetos se exponen actualmente en sitios como el Museum of Modern Art de Nueva York. Una orfebrería del oro provista de una factura y una resistencia que no tienen rival. Objetos antiguos producidos por manos negras (...) refinados por esas manos negras con unos resultados que hoy día no puede igualar ninguna mano humana.

La historia ha sido tan «blanqueada» por el hombre blanco que hasta los académicos negros han sabido poco más que los negros más ignorantes sobre los talentos y la riqueza de las civilizaciones y las culturas del hombre negro de hace milenios...

«Nuestra orgullosa reina de África», fue como llamó el reverendo Al Sharpton a la madre de Tawana Brawley, Glenda Brawley: «Salió del anonimato, salió de la masa anónima, y entró en la historia». En los pasillos de los juzgados donde se estaba juzgando a Yusuf Salaam se decía que tenía el porte de «un rey africano».

«Ya da completamente igual si el asalto a Tawana sucedió o no –le dijo William Kunstler al *New York Newsday* después de que la supuesta violación y torturas a manos de un número variable de agentes blancos de policía pareciera desmaterializarse en tanto que crimen real susceptible de ser llevado a juicio–. Da igual que ella se inventara su historia para evitar que sus padres la castigaran por pasar toda la noche fuera, eso no cambia el hecho de que a muchas jóvenes negras las tratan tal como ella dice que la trataron.» La importancia de si el crimen había ocurrido realmente o no, de acuerdo con este punto de vista, residía estrictamente en la «descripción» del crimen, que Stanley Diamond definió en *The Nation* como «un crimen que no tuvo lugar» pero que «los actores negros describieron con pericia y con histeria controlada como el epítome de la degradación, una representación repulsiva de algo que les sucede a demasiadas mujeres negras».

Mucho de lo que se dijo en los márgenes del caso de la corredora, en los pasillos y en los programas radiofónicos a los que el público llamaba, pareció derivar exclusivamente de las sospechas de conspiración cada vez más arraigadas entre quienes se consideraban a sí mismos desposeídos de poder. Una encuesta que llevaron a cabo en junio de 1990 el *New York Times* y la WCBS-TV News desveló que el 77 por ciento de la gente negra creía que era «cierto» o «posiblemente cierto» (por oposición a «casi seguro que no es cierto») que el gobierno de Estados Unidos «elige e investiga a cargos electos negros a fin de desacreditarlos, mientras que no lo hace con los cargos blancos». El 60 por ciento creía que era cierto o posiblemente cierto que el gobierno «se asegura de forma deliberada de que haya drogas disponibles en los vecindarios negros pobres para perjudicar a la gente negra». El 22 por ciento creía que era cierto o posiblemente cierto que «el virus que causa el sida ha sido creado de forma deliberada en un laboratorio para infectar a la gente negra». En todos los casos, la respuesta alternativa a «cierto» o «posiblemente cierto» era «casi seguro que no es cierto», lo cual podría parecer que reflejaba una fe no del todo categórica en la ausencia de conspiración. «La conspiración para destruir a los chicos negros es muy compleja y está muy entretejida», escribió Jawanza Kunjufu, un asesor educativo de Chicago, en su *Countering the Conspiracy to Destroy Black Boys*, un panfleto de 1982 que desde entonces ha sido ampliado a tres volúmenes.

> Hay muchos agentes que contribuyen a la conspiración, desde los muy visibles, que son los más obvios, hasta los partícipes menos visibles y más silenciosos, que resultan más difíciles de reconocer.
>
> Aquella gente que se adhiere a la doctrina del racismo blanco, el imperialismo y la supremacía blanca y masculina es más fácil de reconocer. Aquellos que promueven de forma activa las drogas y la violencia de las bandas son conspiradores activos, y resultan más fáciles de identificar. Lo que hace que la conspiración sea más compleja es esa otra gente que no se confabula para destruir a los chicos negros, sino que con su indiferencia se dedica a perpetuar la situación. Este grupo pasivo de conspiradores se compone de padres,

educadores y liberales blancos que niegan ser racistas, pero que con su silencio permiten que continúe el racismo institucional.

Para aquellos que actuaban en función del convencimiento de que existía una conspiración para destruir a los negros, y en especial a los chicos negros, se derivaba lógicamente la fe en la inocencia de aquellos acusados, la convicción de que hasta sus propias declaraciones habían sido amañadas en su contra o les habían sido extraídas a la fuerza. Fue en los pasillos y en los programas radiofónicos de llamadas del público en donde se esbozó dicha conspiración, generando una serie de detalles fantásticos que no solo entraban en conflicto con los datos conocidos, sino también entre ellos. Se decía, de forma alternativa o concurrente, que la acusación estaba ocultando pruebas de que la víctima había ido al parque para participar en un ritual satánico. Se decía que las fotografías forenses que mostraban los efectos de la paliza en su cuerpo no eran «reales», que «ellos», la acusación, habían «usado un cadáver para las fotos». Se decía que la joven que había aparecido en el estrado y se había identificado como la víctima tampoco era la víctima «real», sino que «ellos» habían hecho venir a una actriz.

Lo que se estaba expresando en todos estos ejemplos era la impresión de que debía de haber secretos en juego, de que «ellos», la gente que detentaba el poder en los tribunales, estaban en posesión de una información que le ocultaban sistemáticamente –puesto que la información misma era poder– a quienes no tenían el poder. El día en que los tres primeros acusados recibieron la sentencia, C. Vernon Mason, que había entrado formalmente en el caso durante la fase penal en calidad de abogado de Antron McCray, presentó un expediente que incluía la desconcertante y falsa afirmación de que el novio de la víctima, que de momento no había sido llamado a testificar, era negro. El hecho de que algunos blancos se apresuraran a enzarzarse con aquella afirmación en sus propios términos (la columnista del *Daily News* Gail Collins se refirió a ella como «el argumento más rastrero» de Mason, «su anuncio de que la corredora tenía un amante negro») solo tendió a reforzar la sensación de división racial que constituía el subtexto buscado por la afirmación, que carecía por completo de significado o de relevancia salvo en esas profundidades emocionales donde se consideraba que los blancos conspiraban en secreto para hundir a los negros en la miseria. «A ver, dime tú, ¿dónde están los adictos? –recuerdo que un espectador negro le preguntó a otro mientras abandonaban la sala del tribunal–. Yo te diré dónde están los adictos, en las zonas urbanas deprimidas.» Llevaba con él un panfleto que describía un escenario en el que el gobierno había conspirado para exterminar a los negros inundando sus barrios de drogas, un escenario que mencionaba todos los elementos familiares, Laos, Camboya, el Triángulo Dorado, la CIA, más secretos, más poesía.

«Yo he insistido desde el principio mismo en que este no era un caso racial», dijo Robert Morgenthau, el fiscal del distrito de Manhattan, después de que se emitieran los veredictos del primer juicio de la corredora. Dijo referirse a aquella gente que, en su opinión, quería «segregar a las razas y obtener provecho para sus intereses privados», y contó cómo la ciudad se veía «perjudicada» por aquellos que «buscaban explotar» aquel caso. «Habíamos confiado en que las tensiones raciales que rodeaban el juicio de la corredora se empezaran a disipar en cuanto el jurado alcanzara un veredicto», empezaba un editorial del *Post* de unos días más tarde. El editorial hablaba de una «fea panda de "activistas"», de la «atmósfera de división» que estos habían creado, y de la expectación con que los ciudadanos de Nueva York habían esperado a que «los líderes negros mayoritarios» elogiaran la forma en que los veredictos habían «rescatado a la ciudad del borde mismo del caos criminal»:

> Por desgracia, en el caso de la corredora la espera ha sido en vano. En lugar de elogiar un veredicto que demuestra que a veces a los criminales se los coge y se los juzga, los neoyorquinos han oído a charlatanes como el reverendo Al Sharpton afirmar que el caso estaba amañado. Han oído que C. Vernon Mason, uno de los artífices del engaño de Tawana Brawley, el abogado que piensa que el alcalde Dinkins lleva «demasiadas kipás», está planeando apelar los veredictos...

Para aquellos cuya visión preferida de la ciudad era la de una comunidad inherentemente dinámica y productiva, ordenada por el juego natural de sus elementos en conflicto y enriquecida, como en el «espléndido mosaico» del que hablaba el alcalde Dinkins, por sus mismos «contrastes», el caso ofrecía una serie de elementos útiles. Allí estaba la confirmación del «crimen» como el cáncer que corroía la vida de la ciudad. En la noche de arbitrariedad y salvajismo que describían los atacantes de East Harlem y en la clara inocencia y los daños sufridos por la víctima del Upper East Side y de Wall Street, había una representación inquietantemente precisa y convenientemente personalizada de lo que el *Daily News* había llamado «la violación y el salvaje ataque a la ciudad». Entre los reporteros a cargo de este caso, cuyas convenciones narrativas incluían a «policías heroicos» y «valientes fiscales» que luchaban juntos contra el «crimen» (el «sufrimiento secreto de la fiscal del caso de la corredora», descubrimos en el *Post* unos días después de los veredictos del primer juicio, consistía en que «el matrimonio de la valiente fiscal se había estado hundiendo mientras ella encarcelaba a los violadores»), parecía existir un entusiasmo inagotable por la repetición y la reafirmación de estos elementos, y una reticencia igualmente inagotable, incluso una hostilidad, a explicar el punto de vista de las familias de los acusados, de sus amigos y sus aliados personales o políticos (o, tal como se los llamaba en las noticias, sus «partidarios») que se concentraban a diario en la otra punta del pasillo que llevaba a la sala del tribunal.

Esto resultaba curioso. Los periodistas americanos consideraban generalmente los casos criminales como ventanas a la ciudad o a la cultura en que tenían lugar, como oportunidades no solo para entrar en los hogares, sino también en partes de la cultura que solían permanecer cerradas, y sin embargo en aquel caso la indiferencia al mundo de los acusados se extendía hasta abarcar incluso la información sobre sus nombres y ocupaciones. La madre de Yusuf Salaam, que se daba el caso de que era joven y fotogénica y tenía rasgos europeos, salía fotografiada de forma tan regular que ella y su hijo se convirtieron en las «imágenes» reconocibles al instante del primer juicio de la corredora, pero ni siquiera entonces nadie consiguió escribir su nombre bien. Durante una temporada los periódicos la llamaban «Cheroney», o a veces «Cheron*ay*», McEllhonor, y luego se convirtió en Cheroney McEllhonor Salaam. Después de que testificara, le corrigieron el nombre de pila y le pusieron «Sharonne», aunque es posible que esto también fuera un error, puesto que un artículo que ella escribió para el *Amsterdam News* iba firmado como «Sharrone». Solía mencionarse que su ocupación era «diseñadora» (más adelante, después de que su hijo fuera a la cárcel, entró a trabajar como procuradora para William Kunstler), pero nadie pareció tomarse esto lo bastante en serio como para especificar qué era lo que diseñaba o para quién; hasta que testificó, y el *Newsday* reprodujo su testimonio de que la noche de la detención de su hijo ella había llegado tarde a la comisaría porque era profesora en la Parsons School of Design, la noción de que era «diseñadora» no se concretó lo bastante como para sugerir una ocupación real.

En las columnas de información del *Post*, a los acusados en el primer juicio de la corredora se los denominaba incesantemente «maleantes». Los periodistas mencionaban a menudo que los acusados y sus familias «soltaban resoplidos de burla». (A su vez, desde la otra punta del pasillo se decía que los periodistas «soltaban risillas».) «No tenemos una incógnita tan grande en relación con la culpabilidad o la inocencia de los acusados como la que teníamos en Bensonhurst –le dijo al *New York Observer* un reportero del *Newsday* que estaba cubriendo el primer juicio de la corredora, mucho antes de que llegaran los argumentos finales, a modo de explicación de por qué la cobertura que estaba llevando a cabo el *Newsday* de aquel juicio parecía menos extensa que la que había hecho de los juicios de Bensonhurst–. No hay una gran incógnita sobre lo que pasó aquella noche en Central Park. Faltan unos cuantos detalles, pero está bastante claro quién le hizo qué a quién.»

De hecho, esto llegaba bastante bien al fondo de la cuestión: el hecho de que, basándose en las declaraciones grabadas en vídeo, pareciera bastante claro quién le había hecho qué a quién era precisamente el aspecto liberador del caso, la circunstancia que permitía a muchos ciudadanos de Nueva York decir y pensar lo que de otro modo no habrían expresado. A diferencia de otros casos recientes que habían tenido mucha publicidad en Nueva York, a diferencia de los casos de Bensonhurst y de Howard Beach y de Bernhard Goetz, el de la corredora era un caso en el que el problema no exactamente de la raza sino de una clase marginada cada vez más visible podía ser afrontado por la clase media, tanto blanca como negra, sin culpa. Se trataba de un caso que le daba a esa clase media una vía para transferir y expresar lo que claramente se había convertido en una cólera creciente y antaño inadmisible ante el desorden de la ciudad, ante toda la gama de males y culpas incómodas que venían a la mente en una ciudad donde había familias enteras que dormían dentro de las cajas de cartón en que las neveras nuevas con congelador, a dos mil seiscientos dólares la unidad, llegaban a las casas de otras familias más adineradas. Y lo que es más importante, también se trataba de un caso en el que incluso esa rabia transferida se podía transferir todavía más lejos, debidamente velada y personalizada: un caso en que se podía considerar que la angustia de la ciudad no derivaba precisamente de su clase marginada sino de ciertos individuos identificables que afirmaban hablar en nombre de dicha clase marginada, unos individuos que, en palabras de Robert Morgenthau, «buscaban explotar» el caso, «obtener provecho para sus intereses privados», unos individuos que incluso deseaban «segregar a las razas».

Si los problemas de la ciudad podían considerarse trastornos deliberados de una comunidad naturalmente cohesionada y armoniosa, una comunidad en que los «contrastes» no perjudiciales generaban una «energía» tal vez peligrosa pero vital, entonces dichos problemas, como el «crimen», podían tratarse y podían resolverse mediante la petición de «unos líderes mejores». Dada esta línea narrativa, era posible obtener un alivio considerable mediante la demonización del reverendo Al Sharpton, cuya presencia en los márgenes de ciertos casos criminales que le interesaban tenía un efecto polarizador que tendía a reforzar la narración. Jim Sleeper, en *The Closest of Strangers*, describía una de las quince marchas que Sharpton encabezó por Bensonhurst después de que en 1989 fuera asesinado un chico de dieciséis años de East New York, Yusuf Hawkins, que había ido a Bensonhurst y había sido atacado, con bates de béisbol y después con balas, por un grupo de jóvenes blancos.

Una fotografía publicada en el *Daily News* el 27 de agosto de 1989 que muestra al reverendo Al Sharpton y una panda de adolescentes negros en plena marcha por Bensonhurst para protestar por la muerte de Hawkins muestra que en realidad no están haciendo una «marcha». Están dando tumbos, apiñados, con las cabezas gachas bajo la tormenta de odio que se cierne sobre ellos, con los ojos muy abiertos, agarrándose los unos a los otros y a Sharpton, completamente aterrados. También ellos son inocentes, o bien lo eran hasta ese día, que no olvidarán nunca. Y como Sharpton está con ellos, con la cabeza gacha, mostrando con la cara que sabe cómo se sienten, también está en el corazón de la gente negra de todo Nueva York.

Y, sin embargo, algo falla en esta escena. Sharpton no invitó a los líderes de la comunidad de Bensonhurst que se querían unir a la marcha ni tampoco se coordinó con ellos. Sin el tiempo para organizarse que esos líderes habrían necesitado para mantener a raya a la escoria que se dedicaba a blandir sandías como provocación racista, sin un esfuerzo por parte de los líderes negros con más reputación para reclutar a gente blanca por toda la ciudad y engrosar la manifestación, Sharpton se aseguraba de que la escoria acapararía el protagonismo. En varios momentos incluso los provocó tirándoles besos...

«Yo sabía que Bensonhurst aclararía si el incidente había sido racial o no», dijo Sharpton a modo de explicación, en un documental reciente de *Frontline*, de su estrategia en Bensonhurst. «El hecho de que yo fuera una figura tan controvertida para Bensonhurst les ayudó a olvidarse de que las cámaras estaban allí –dijo–. De manera que decidí ayudarlos (...). Me puse a tirarles besos y ellos se pusieron como locos.» Un chiste que circulaba en las postrimerías del primer juicio de la corredora decía lo siguiente: «Pregunta: estás en una habitación con Hitler, Saddam Hussein y Al Sharpton. Solo tienes dos balas. ¿A quién disparas? Respuesta: a Al Sharpton. Dos veces».

Sharpton no encajaba exactamente en los roles que Nueva York asigna tradicionalmente, para la máxima comodidad del público, a los negros prominentes. En muchos sentidos parecía un fantasma, alguien cuyo instinto para las conexiones entre la religión, la política y el mundo del espectáculo era tan innato que llevaba toda la vida siendo un recipiente de esperanzas y miedos ajenos. Había dado su primer sermón a los cuatro años. A los once ya estaba de gira con Mahalia Jackson. De adolescente, según Robert D. McFadden, Ralph Blumenthal, M. A. Farber, E. R. Shipp, Charles Strum y Craig Wolff, los periodistas y redactores jefe del *New York Times* que colaboraron en la obra *Outrage: The Story Behind the Tawana Brawley Hoax*, Sharpton tuvo como tutor legal primero a Adam Clayton Powell, Jr. («Hay que saber cuándo meterse y hay que saber cuándo salirse, y cuando lo que toca es salirse, no hay que seguir dando la vara», le dijo Powell) y luego al reverendo Jesse Jackson («Cuando enciendes el fogón, tienes que cocinar o bien quemar algo», le dijo Jackson), y finalmente, después de obtener una beca de Bayard Rustin y hacer campaña a favor de Shirley Chisholm, a James Brown. «Una vez siguió a Brown por un pasillo, a través de una puerta y, para su asombro, hasta un escenario bañado en la luz de los focos –explicaban los autores de *Outrage*–. E inmediatamente se puso a contonearse y a bailar.»

Tal vez fuera este talento para adueñarse de los focos y del momento, esta inclinación fatídica al contoneo y al baile, lo que descalificaba más claramente a Sharpton para interpretar el papel del Negro Bueno, el que daba crédito a su raza, esa figura ejemplar aunque a menudo imaginaria en cuyos modales refinados y buena gramática se podía hacer hincapié y que todo el mundo podía ver que dejaba, tal como había dicho Jimmy Walker de Joe Louis, «una rosa sobre la tumba de Abraham Lincoln». Solo quedaba la opción, por tanto, de asignarle a Sharpton, y de que Sharpton se asignara a sí mismo, el rol de Negro Escandaloso, ese rol tan familiar –que hacía sesenta años le había sido asignado al padre Divine y treinta años más tarde a Adam Clayton Powell– del impostor esencialmente manejable cuya preocupación principal es su propio bienestar. Por ejemplo, se mencionó en repetidas ocasiones, durante los diez días que pasó reunido el jurado del primer juicio de la corredora, que Sharpton había decidido esperar el veredicto no en el 111 de Centre Street, sino en el «cómodo despacho con aire acondicionado» de C. Vernon Mason, donde se lo podía encontrar por medio de un busca.

A menudo los blancos, y también algunos negros, decían que Sharpton «no representaba a nadie», que «se nombraba a sí mismo» y que «se promocionaba todo el tiempo». Que era alguien que «se aprovechaba» de los negros y que «hacía más daño que bien» a la causa. Se señaló que en junio de 1989 el estado de Nueva York lo había acusado de robo a gran escala. (Al final lo absolvieron.) Se señaló que el *New York Newsday*, basándose en una información que parecía haber sido suministrada por agencias federales de la ley, lo había nombrado informador en enero de 1988, y que él mismo admitía haber dejado que el gobierno le pinchara el teléfono en nombre de la lucha contra la droga. Se decía habitualmente, y resultaba muy elocuente dentro de una narración basada en la capacidad mágica de los «líderes» para mejorar el bien común, que no era «el líder adecuado», que no era «para nada el líder que necesita la comunidad negra». Su ropa y su conducta eran ridiculizadas (la revista *Esquire* le pidió a mi marido que escribiera un artículo consistente en entrevistar a Sharpton mientras este se estaba arreglando el pelo en la peluquería), sus motivos eran objeto de burla y su táctica –que era la de un jugador extremadamente sofisticado que ya contaba entre sus bazas con ser ampliamente tratado con desdén– no era demasiado bien entendida.

Los blancos tenían tendencia a creer, y a decir, que Sharpton estaba «usando» la cuestión racial, y claro, en la medida en que toda acción política se basaba en «usar» un problema u otro, estaba claro que así era. Los blancos también tenían tendencia a verlo como una persona destructiva e irresponsable, indiferente a la verdad o a las sensibilidades de los blancos, y estaba claro que lo era, eso se pudo ver claramente en su forma de aferrarse al caso de Tawana Brawley, una fantasía primitiva en la que se acusó a hombres blancos de un crimen que es muy posible que Sharpton hubiera sabido que era falso. Lo que no parecía entenderse en absoluto era que para Sharpton, a quien no le interesaba hacer que el problema pareciera más tratable («La cuestión es si queremos "aliviarla" o si queremos "curarla"», había contestado cuando le sugirieron que sus marchas no habían contribuido precisamente a «aliviar la tensión» en Bensonhurst), el hecho de que a veces fuera evidente que blancos y negros tenían intereses divergentes no sugería en absoluto que hiciera falta una solución paliativa. En cambio, esos intereses divergentes eran un golpe de suerte, una herramienta organizativa lista para ser usada, una ilustración dramática de quién tenía el poder y quién no lo tenía, quién estaba saliendo adelante y quién se estaba hundiendo; una metáfora de esa sensación de estar siendo víctimas que no solo sentían los negros, sino todos aquellos que Sharpton llamaba «la oposición desposeída». «Tenemos el poder», decían los cánticos de *Sharpton and Fulani in Babylon: Volume I, The Battle of New York City*, una grabación de los discursos de Sharpton y de Leonora Fulani, una líder del Partido de la Nueva Alianza. «Somos el pueblo elegido, / salidos del dolor. / Aunque ni siquiera podemos hablar entre nosotros, / hemos aprendido a andar juntos.»

«Ya no estoy seguro de que lo que yo pensaba hace un año o dos de Al Sharpton siga siendo vigente –le dijo en septiembre de 1990 Jerry Nachman, redactor jefe del *New York Post*, que había criticado con frecuencia a Sharpton, a Howard Kurtz del *Washington Post*–. He pasado mucho tiempo en las calles. Hay mucha rabia y mucha frustración. Tenga Sharpton la razón o no, es posible que esté dando voz a las actitudes generalizadas en mucha mayor medida de lo que algunos pensábamos.» Wilbert Tatum, redactor jefe y editor del *Amsterdam News*, intentó explicarle a Kurtz que, desde su punto de vista, a Sharpton lo habían pintado como «una caricatura del líder negro»:

> Era gordo. Llevaba chándal. Llevaba medallones y cadenas de oro. Y lo más imperdonable de todo, se moldeaba el pelo en la peluquería. Los medios de comunicación blancos, tal vez sin ser conscientes de ello, decían: «Vamos a darle publicidad a este tipo porque así podemos subrayar la ridiculez y la penuria de los líderes negros». Pero Al entendía exactamente lo que estaban haciendo. Al es probablemente el estratega más brillante que ha producido nunca este país...

Los blancos mencionaban a menudo, a modo de argumento concluyente, que Sharpton pagaba a sus manifestantes para que acudieran; la cifra que solía mencionarse era cinco dólares (en noviembre de 1990, mientras Sharpton estaba alineando a sus manifestantes para que protestaran contra el homicidio de una mujer que supuestamente le había agarrado la porra a un policía después de una disputa doméstica, una fuente policial citada en el *Post* ya había elevado el emolumento a veinte dólares), pero la cifra que esgrimió un fiscal del caso de la corredora fue cuatro dólares. Esto parecía ser a muchos niveles un malentendido, o bien un desencuentro, o bien, como dirían los negros, una falta de respeto, demasiado profunda para responderla, pero que en su nivel más simple servía para sugerir el valor que los blancos atribuían a lo que ellos consideraban que era el tiempo de los negros.

En el otoño de 1990 se inició el juicio del cuarto y el quinto de los seis acusados del asalto de Central Park, Kevin Richardson y Kharey Wise. Como aquella narración en particular ya había alcanzado su resolución, o bien su catarsis, con la condena de los primeros tres acusados, el interés de la ciudad en el caso ya prácticamente se había esfumado. Aquellos «charlatanes» que habían intentado «aprovecharse» del caso habían sido llevados de vuelta entre bastidores, en espera de que pudieran volver a resultar de utilidad. Los veredictos de aquel segundo juicio ni siquiera llegaron a encabezar las informaciones locales, por coincidir con una detención más de John («The Dapper Don») Gotti, un favorito de siempre de la escena neoyorquina. Era de hecho la economía la que había ocupado el centro de la atención de la nueva, aunque familiar, obra narrativa de la ciudad: una obra en que aquella ciudad llena de vida pero atribulada capearía o no una «crisis» más (la respuesta era un atronador «sí»); una obra, o tal vez una fantasía, que no solo ponía énfasis en la naturaleza cíclica de dichas «crisis», sino también en el poder regenerador de los «contrastes» de la ciudad. «Con su población migratoria, su diversidad de culturas y de instituciones, y sus enormes recursos o infraestructuras, capital e intelecto, Nueva York lleva más de un siglo siendo la quintaesencia de la ciudad moderna, que nunca deja de reinventarse –concluyó Michael Stone en su artículo de portada de la revista *New York*, "Tiempos difíciles"–. Aunque el proceso pueda ser largo y doloroso, no hay razón para creer que no vaya a suceder de nuevo.»

Se trataba de ideas comúnmente expresadas en apoyo de una narración que con su línea dramática de «crisis» y resolución, o recuperación, únicamente tendía a ocultar todavía más el trabajo de base económico e histórico que favorecería la situación en que se encontraba la ciudad; esa conspiración larga y no tipificada como delito de acuerdos comerciales y cívicos de naturaleza criminal y semicriminal, tratos, negociaciones, tomas y dacas, chanchullos y estafas, tuberías, tierra para parques, cemento y basura; la conspiración de los que estaban en el ajo, de los que estaban conectados, de los que tenían a un rabino en el Departamento de Salubridad o en el Departamento de Edificios o en la Autoridad de Construcción de Escuelas o en Foley Square, la conspiración de quienes creían que todo el mundo había puesto el grito en el cielo por tratarse de quien se trataba y que si hubiera sido cualquier otro se habría emitido una citación y ya está. El 12 de noviembre de 1990, en su análisis de primera plana de los problemas de la ciudad, el *New York Times* llegó a identificar el «gasto público» no ya con la sangría de la vitalidad y los recursos de la ciudad que históricamente había sido, sino con «un factor positivo importante»:

> Hace décadas que no va tanto dinero a las obras públicas de la zona: aeropuertos, autopistas, puentes, cloacas, el metro y otros proyectos. Durante el presente año fiscal se van a gastar aproximadamente doce mil millones de dólares en la región metropolitana. Estos desembolsos gubernamentales son una saludable contrapartida al 43 por ciento de descenso que ha habido desde 1987 del valor de la construcción privada nueva, un descenso asociado con la fuerte caída del precio de la propiedad (...). Mientras que casi todas las industrias del sector privado llevan desde la primavera reduciendo plantillas, las contrataciones gubernamentales han aumentado, manteniendo una tasa de crecimiento anual de veinte mil personas desde 1987...

El hecho de que, en una ciudad donde la proliferación de impuestos y el aumento de la imposición ya estaban expulsando de la ciudad a las plantillas del sector privado, pudiera no quedar apenas nadie a quien cobrarle impuestos para sufragar esas obras públicas y esos trabajos del sector público era un tema que no demasiados ciudadanos querían afrontar con seriedad; entre los ciudadanos de una ciudad de Nueva York afligidos por las historias sentimentales que se contaban en defensa de su propia perezosa criminalidad, la indefectibilidad de la ciudad seguía siendo la herencia, el corazón, la primera y la última palabra en las que se basaban todas las historias. Amamos Nueva York, promete la narración, porque está a la altura de nuestro nivel de energía.

1990

LLEGADA A SAN SALVADOR, 1982

Construido hace tres años, el aeropuerto internacional de El Salvador es todo de cristal y blanco y se encuentra espléndidamente aislado, concebido durante los estertores de la «Transformación Nacional» de Molina no tanto pensando en la capital (San Salvador está a sesenta y cinco kilómetros, y hasta hace poco se tardaba varias horas en coche en llegar) como en una alucinación común a los regímenes de Molina y Romero: los proyectos de centros turísticos costeros, el Hyatt, el Pacific Paradise, el tenis, el golf, el esquí acuático, los apartamentos de propiedad horizontal, la Costa del Sol; la invención visionaria de una industria turística en otra de esas repúblicas donde la principal causa de muerte es la infección gastrointestinal. Por culpa de la ausencia generalizada de turistas, estos hoteles han sido abandonados y se han convertido en centros turísticos fantasmagóricos en las playas vacías del Pacífico, y aterrizar ahora en este aeropuerto construido para darles servicio equivale a zambullirse de cabeza en un estado donde no existe terreno firme, no hay ninguna profundidad de campo fiable y no hay percepción lo bastante nítida como para no fundirse con su opuesto.

La única lógica es la de la aceptación. La entrada al país se gestiona en medio de una espesura de armas automáticas, pero no está muy claro en nombre de qué autoridad se blanden esas armas (si es la Guardia Nacional o la Policía Nacional o la Policía de Aduanas o la Policia del Tesoro o alguna otra de la continua proliferación de fuerzas turbias y traslapadas). Nadie mira a los ojos de nadie. Los documentos se examinan del revés. En cuanto has salido del aeropuerto por la nueva autopista que atraviesa unas colinas que el dosel de nubes de la estación lluviosa del trópico vuelve fosforescentes, lo que ves sobre todo es ganado desnutrido, perros mestizos y vehículos blindados, furgonetas y camionetas y jeeps Cherokee Chief protegidos con acero reforzado y plexiglás antibalas de dos centímetros y medio de grosor. Estos vehículos son un elemento constante de la vida local y se los asocia popularmente con la desaparición y la muerte. Estaba por ejemplo el Cherokee Chief al que se vio siguiendo al equipo de televisión que fue asesinado en la provincia de Chalatenango en marzo de 1982. Estaba la camioneta Toyota roja de tres cuartos de tonelada que fue avistada cerca de la furgoneta en la que iban cuatro trabajadores católicos estadounidenses durante la noche de 1980 en que los mataron. Estaban, a finales de la primavera y en el verano de 1982, los tres furgones, uno amarillo, uno azul y uno verde, todos sin matrícula, que se informó de que estuvieron presentes en cada una de las detenciones masivas (las «detenciones» son otro elemento constante de la vida local, y suelen preceder a las «desapariciones») producidas en el distrito de Amatepec de San Salvador. Estos son los detalles –los modelos y colores de los vehículos blindados, las marcas y calibres de las armas, los métodos concretos de desmembramiento y decapitación que se usaron en cada caso concreto– en los que el visitante de El Salvador aprende inmediatamente a concentrarse, excluyendo todo interés pasado o futuro, como si estuviera sumido en una fuga amnésica prolongada.

El terror es la realidad de este lugar. Los coches de policía blanquinegros patrullan de dos en dos, y en todos se ve el cañón de un rifle sobresaliendo de una ventanilla abierta. Los controles de carreteras se materializan al azar, con los soldados saliendo de los camiones, abriéndose en abanico y tomando posiciones, con el dedo siempre en el gatillo y los seguros haciendo clic. Da la sensación de que te apuntan con el arma para pasar el rato. Todas las mañanas *El diario de hoy* y *La prensa gráfica* publican historias con moraleja: «Una madre y sus dos hijos fueron asesinados con arma cortante (corvo) por ocho sujetos desconocidos el lunes en la noche». Y en el periódico de la misma mañana: encontrado en el arcén de una carretera el cuerpo sin identificar de un joven estrangulado. Otro artículo de la misma mañana: encontrados en otra carretera los cuerpos sin identificar de tres jóvenes, con las caras parcialmente destrozadas por bayonetas y una cruz grabada a cuchillo en una de ellas.

Es sobre todo a partir de estas informaciones de los periódicos que la embajada de Estados Unidos lleva a cabo sus recuentos de cadáveres, que luego envía a Washington en forma de unos informes semanales que la gente de la embajada denomina los «fiambre-gramas». Estos recuentos se presentan en una especie de clave tortuosa que no consigue ocultar lo que todo el mundo da por sentado en El Salvador: que la mayoría de la gente muere a manos de las fuerzas gubernamentales. En un memorando enviado a Washington el 15 de enero de 1982, por ejemplo, la embajada realizó un desglose «cauteloso» de su recuento de 6.909 «supuestos» asesinatos políticos cometidos entre el 16 de septiembre de 1980 y el 15 de septiembre de 1981. De esos 6.909, según el memorando, se creía que 922 habían sido «cometidos por las fuerzas de seguridad», 952 por «terroristas de izquierdas», 136 por «terroristas de derechas» y 4.889 por los famosos «asaltantes desconocidos» de los que hablaban siempre aquellos periódicos de San Salvador que se seguían publicando. (De hecho, las cifras no sumaban 6.909 sino 6.899, lo cual dejaba a diez muertos en una especie de limbo oficial.) El memorando continuaba:

> La incertidumbre que reina aquí puede verse en el hecho de que en la mayoría de los casos no es posible discernir la autoría de las muertes. Dejamos constancia, sin embargo, de que en El Salvador se cree que gran parte de los asesinatos sin explicar los llevan a cabo las fuerzas de seguridad, de forma oficial o no. La embajada tiene noticia de las dramáticas declaraciones que han llevado a cabo una serie de grupos de interés, según las cuales las fuerzas de seguridad figuran como los principales autores de los asesinatos locales. La intrincada red de ataques y venganzas que reina en El Salvador, de violencia criminal tradicional y caos político, hace que esta sea una acusación imposible de demostrar. Sin embargo, pese a esto, no intentamos mitigar la responsabilidad que puede atribuirse a las fuerzas de seguridad en muchos centenares o incluso millares de muertes...

El recuento de muertes que lleva a cabo lo que suele conocerse en San Salvador como la «Comisión de Derechos Humanos» es más elevado que el de la embajada, y está periódicamente documentado por un fotógrafo que sale en busca de cadáveres. Los cadáveres que fotografía suelen estar contorsionados en posiciones antinaturales, y las caras que hay unidas a los cuerpos (cuando están unidas a ellos) resultan igualmente antinaturales, a veces irreconocibles como caras humanas, borradas con ácido o machacadas hasta convertirlas en una pulpa de orejas y dientes fuera de sitio, o bien rajadas de oreja a oreja e invadidas por los insectos. «Encontrado en Antiguo Cuscatlán el día 25 de marzo de 1982; camisón de dormir celeste», dice el pie de foto mecanografiado de una de las fotografías. Los pies de foto siempre son lacónicos. Encontrado en Soyapango el 21 de mayo de 1982. Encontrado en Mejicanos el 11 de junio de 1982. Encontrado en El Playón el 30 de mayo de 1982, camisa blanca, pantalones morados y zapatos negros.

La fotografía que acompaña a este último pie de foto muestra a un cadáver sin ojos porque los buitres lo encontraron antes que el fotógrafo. Hay una modalidad especial de información práctica que el visitante de El Salvador adquiere de inmediato, de la misma manera que los visitantes de otros lugares adquieren información sobre las tasas de cambio de moneda o los horarios de los museos. En El Salvador uno aprende que los buitres buscan primero los tejidos blandos, los ojos, los genitales al desnudo o las bocas abiertas. Uno aprende que las bocas abiertas pueden usarse para transmitir mensajes, rellenándose con algo emblemático; rellenándose con un pene, por ejemplo, o si el mensaje tiene que ver con la propiedad de unas tierras, rellenando la boca con un puñado de la tierra en cuestión. Uno aprende que el pelo tarda más en deteriorarse que la piel, y que no es raro ver cráneos rodeados de melenas en perfecto estado en las fosas comunes.

Las fotografías forenses siempre inducen en el espectador cierta insensibilidad que lo ayuda a protegerse, pero aquí la disociación resulta más difícil. En primer lugar, técnicamente estas no son fotografías «forenses», puesto que las pruebas que documentan nunca se presentarán ante un tribunal. En segundo lugar, la desfiguración es demasiado rutinaria. Las localizaciones son demasiado cercanas y las fechas demasiado recientes. También hay que tener en cuenta la presencia de los parientes de los desaparecidos: esas mujeres que se pasan día tras día sentadas en una oficina diminuta de las instalaciones de la archidiócesis, esperando para mirar los álbumes encuadernados en espiral en los que se archivan las fotografías. Los álbumes tienen cubiertas de plástico con fotografías difuminadas en color de parejas jóvenes estadounidenses en situaciones románticas (en uno de los álbumes pasean por el follaje otoñal y en otro están tumbados en un campo de margaritas), y las mujeres, mientras buscan los cadáveres de sus maridos y hermanos y hermanas e hijos, se los pasan entre ellas sin hacer ningún comentario y con caras inexpresivas.

> Uno de los elementos más turbios de la violencia de este país [son] los escuadrones de la muerte. Se ha disputado mucho la existencia de estos grupos, pero no hay muchos salvadoreños que duden de ella (...). Otra pregunta difícil es quién constituye esos escuadrones de la muerte. Nosotros no creemos que los escuadrones existan en tanto que formaciones permanentes, sino más bien como grupos de justicieros *ad hoc* que se juntan cuando lo consideran necesario. Tampoco está claro quiénes son sus miembros, pero además de civiles, creemos que participan en ellos miembros de las fuerzas de seguridad, tanto de servicio como fuera de servicio. Esto lo ha confirmado de forma no oficial el portavoz de la derecha comandante Roberto D'Aubuisson, que en una entrevista de principios de 1981 declaró que los miembros de las fuerzas de seguridad adoptan la identidad de escuadrones de la muerte cuando tienen que llevar a cabo tareas potencialmente embarazosas o detestables.
>
> *Del antes citado memorando confidencial pero después desclasificado del 15 de enero de 1982, redactado para el Departamento de Estado por la sección política de la embajada estadounidense en San Salvador*

Los muertos y sus pedazos aparecen en El Salvador por todas partes, a diario, aceptados con tanta naturalidad como si uno estuviera en una pesadilla o en una película de terror. Por supuesto, los buitres indican la presencia de un cadáver. Una aglomeración de niños en la calle indica la presencia de un cadáver. Los cadáveres aparecen en la maleza de los descampados, entre la basura que se tira por los barrancos de los distritos más ricos, en los lavabos públicos o en las estaciones de autobuses. Algunos son tirados al lago Ilopango, que está a unos kilómetros al este de la ciudad, y la corriente los arrastra hasta las inmediaciones de los chalets y clubes de la orilla frecuentados por lo que queda en San Salvador de la burguesía que practica deportes. Algunos siguen apareciendo en El Playón, ese campo de lava de aspecto lunar lleno de carne humana podrida que se ha podido ver en un momento u otro en todas las pantallas de televisión de Estados Unidos, pero que en junio de 1982 fue descrito en las páginas de *El Salvador News Gazette*, una revista semanal en inglés editada por un estadounidense llamado Mario Rosenthal, como «un cuento sin corroborar, sacado de los archivos de la propaganda izquierdista». Otros aparecen en Puerta del Diablo, en lo alto del parque Balboa, un *Turicentro* nacional del que hace muy poco, en el número de abril-julio de 1982 del *Aboard TACA*, la revista que se les da a los pasajeros de la línea área nacional de El Salvador, se decía que «ofrece excelentes oportunidades para la fotografía en color».

Fui en coche hasta Puerta del Diablo una mañana de junio, pasando junto a la Casa Presidencial y las torres de vigilancia camufladas y las concentraciones enormes de tropas y armamento del sur de la ciudad, y a continuación por una carretera angosta y todavía más estrechada por los corrimientos de tierras y las profundas grietas de su lecho, un trayecto en coche tan insistentemente ominoso que al cabo de un rato empecé a confiar en pasar de largo por Puerta del Diablo sin darme cuenta, en simplemente no verla, en cancelar el viaje, dar media vuelta y volver. Pero resultó imposible no verla. Puerta del Diablo es un «monumento natural» en un sentido arcano y claramente literario, la naturaleza entendida como lección, una inmensa roca hendida a través de la cual se puede ver la mitad de El Salvador como si estuviera enmarcada, un lugar tan romántico y «místico», con un aspecto tan teatralmente adecuado para los sacrificios que podría ser la parodia cósmica de un paisaje al óleo del siglo XIX. El lugar se presenta a sí mismo como falacia patética: el cielo se muestra «huraño», las rocas «lloran», con un goteo constante de agua que cae sobre los helechos y el musgo. El follaje es espeso y reluce de humedad. El único ruido es un zumbido constante que creo que viene de las cigarras.

En El Salvador las fosas comunes se consideran una especie de visita obligada, difícil pero que hace que valga la pena desviarse. «Supongo que habrá visto El Playón», me dijo un día un ayudante del presidente Álvaro Magaña, y procedió a explicarme la geología del lugar, a modo de ilustración de los recursos geotérmicos del país. Yo no estaba segura de si el hombre me estaba sondeando o si realmente el aspecto geotérmico le resultaba fascinante. Una diferencia que hay entre El Playón y Puerta del Diablo es que la mayoría de los cadáveres de El Playón parecen haber sido asesinados en otro lugar y luego dejados allí; en Puerta del Diablo se cree que las ejecuciones tienen lugar allí mismo, en la cima, y luego los cuerpos son despeñados. Algún periodista se ha planteado pasar la noche en Puerta del Diablo con el objeto de documentar la ejecución en sí, pero durante el tiempo que yo pasé en El Salvador ninguno lo había hecho.

El día después, el aspecto a la luz del día, está bien documentado. «Hoy no ha aparecido ninguno, tengo entendido», me dijo un funcionario de la embajada cuando le comenté que había visitado Puerta del Diablo. «¿Había alguno en la cima? –me preguntó otro–. Se supone que ayer había tres en la cima.» Lo interesante de si había aparecido o no alguno en la cima era que para ver cadáveres solía ser necesario bajar. El descenso es difícil. El vertiginoso acantilado está lleno de losas de roca cubiertas de musgo resbaladizo, y es por ese acantilado por donde uno inicia el descenso hacia los cadáveres, o lo que queda de ellos, masas de carne, hueso y pelo picoteadas por las aves y llenas de gusanos. Algunos días hay helicópteros volando en círculos, vigilando a los que descienden. Otros días hay miembros de la milicia en la cima, en el claro donde parece terminar la carretera, pero la mañana en que yo estuve allí en la cima no había más que un hombre con una mujer y tres niños, que jugaban en la hierba mojada mientras la mujer arrancaba y detenía una camioneta Toyota. Parecía que estaba aprendiendo a conducir. Conducía hacia delante y luego hacia atrás en dirección al precipicio, obedeciendo al parecer las señales del hombre, una y otra vez.

No hablamos, y solo más tarde, tras bajar la montaña y encontrarnos otra vez en la tierra de los provisionalmente vivos, se me ocurrió que constituía todo un enigma el por qué un hombre y una mujer habían elegido un sitio famoso por ser una fosa común para hacer prácticas de conducción. Fue una de las diversas ocasiones, durante las dos semanas que mi marido y yo pasamos en El Salvador, en que llegué a entender, de una manera en que no lo había entendido antes, el mecanismo exacto del terror.

1983

LA CATEDRAL METROPOLITANA DE SAN SALVADOR, 1982

Durante la semana previa a que yo volara a El Salvador, una mujer salvadoreña que trabaja para mi marido y para mí en Los Ángeles no paró de darme instrucciones sobre lo que debíamos hacer y lo que no. No teníamos que salir de noche. Teníamos que evitar las calles en la medida de lo posible. Nunca teníamos que coger autobuses o taxis, nunca teníamos que salir de la capital ni tampoco imaginarnos que nuestros pasaportes nos iban a proteger. Ni siquiera teníamos que considerar que el hotel era un lugar seguro: en los hoteles también mataban a gente. Nos habló con una vehemencia considerable, porque en agosto de 1981 habían matado a dos de sus hermanos en sus camas en El Salvador. Los habían degollado a los dos. A su padre lo habían apuñalado pero había sobrevivido. A su madre le habían pegado una paliza. A una docena de parientes suyos, entre tíos, tías y primos, se los habían llevado de sus casas una noche de aquel mismo mes de agosto y sus cadáveres habían sido encontrados un tiempo después, en una zanja. Yo le aseguré que nos acordaríamos de todo, que tendríamos cuidado, que de hecho íbamos a tener tanto cuidado que lo más seguro (intentando aligerar un poco el tono) era que nos fuéramos a pasar todo el tiempo dentro de una iglesia.

Ella se puso todavía más nerviosa, y yo me di cuenta de que había hablado como una norteamericana: para aquella mujer las iglesias no eran el terreno neutral que representaban para mí. Yo tenía que acordarme: al arzobispo Romero lo habían matado mientras daba una misa en la capilla del hospital de la Divina Providencia de San Salvador. Yo tenía que acordarme: en el funeral del arzobispo Romero, celebrado en la Catedral Metropolitana de San Salvador, habían muerto más de treinta personas. Yo tenía que acordarme: en una ocasión anterior más de veinte personas habían resultado muertas a tiros en la escalinata de la Catedral Metropolitana. Lo había filmado la CBS. Había salido por televisión, los cuerpos convulsos y los que seguían vivos reptando por encima de los muertos para intentar alejarse del alcance de las balas. Yo tenía que entenderlo: la Iglesia era peligrosa.

Yo le dije que lo entendía, que estaba al corriente de todo aquello, y era cierto que lo estaba, en abstracto, pero el significado específico de la Iglesia que ella conocía no lo capté hasta que estuve allí, en la Catedral Metropolitana de San Salvador, una tarde en que la lluvia caía a raudales por sus ventanas de plástico ondulado y formaba charcos alrededor de los soportes de las vallas publicitarias de Sony y Phillips que había junto a las escaleras. El efecto de la Catedral Metropolitana es inmediato, y completamente literario. Se trata de la catedral que el difunto arzobispo Óscar Arnulfo Romero se negó a terminar, con el argumento de que la obra de la Iglesia era más importante que su aspecto exterior, y los muros altos de cemento desnudo estaban erizados de barras estructurales, ya oxidadas y manchando el cemento, sobresaliendo en ángulos retorcidos y violentos. Con el cableado al descubierto. Con unos tubos fluorescentes que colgaban torcidos. La parte de atrás del enorme altar era de tablones combados de contrachapado. La cruz del altar estaba hecha de bombillas incandescentes desnudas, pero aquella tarde las bombillas estaban apagadas: de hecho, no había ninguna luz en el altar principal, ni tampoco en la cruz, ni en el globo terráqueo que representaba América del Norte en gris y América del Sur en blanco; ni tampoco en la paloma que había encima del globo, el «Salvador del mundo». En aquel gigantesco espacio brutalista que era la catedral, el altar sin iluminar parecía ofrecer un mensaje único e ineludible: en aquel momento y en aquel lugar se podía interpretar que la luz del mundo estaba apagada, muerta, extinguida.

En muchos sentidos la Catedral Metropolitana es una obra de arte político, una declaración para El Salvador análoga a la que representa el *Guernica* para España. En ella apenas hay relieve sentimental. No hay referencias decorativas ni arquitectónicas a parábolas familiares, de hecho no hay historia alguna, ni siquiera las

Estaciones de la Cruz. La tarde que yo estuve allí, las flores que descansaban sobre el altar estaban muertas. No había ni rastro de actividad parroquial normal. Las puertas estaban abiertas a las barricadas de la escalinata principal, y al pie de la misma había una mancha de pintura roja, para que nadie olvidara la sangre que se había derramado allí. Desperdigadas por el suelo de linóleo barato del interior de la catedral había algo que parecía ser manchas de sangre seca, esa clase de manchas que deja una hemorragia lenta, o bien una mujer que no sabe que está menstruando o no le importa.

Durante la hora aproximada que pasé allí, vi a varias mujeres dentro de la catedral, una joven con un bebé, una mujer mayor en pantuflas y varias más, todas vestidas de negro. Una de las mujeres caminaba por los pasillos como si no pudiera dejar de hacerlo, de un lado a otro, una y otra vez, canturreando en voz alta mientras caminaba. Otra estaba arrodillada sin moverse ante la tumba del arzobispo Romero, situada en el transepto derecho. «LOOR A MONSEÑOR ROMERO», decía el tosco tapiz bordado en cañamazo que había junto a la tumba. «Loor a Monseñor Romero de parte del Comité de Madres y Familiares de Presos, Desaparecidos y Asesinados Políticos de El Salvador.»

La tumba en sí estaba cubierta de ofrendas y peticiones, de notas decoradas con motivos recortados de tarjetas de felicitaciones y tebeos. Me acuerdo de una que tenía figuras recortadas de una tira cómica de Bugs Bunny y de otra que tenía el dibujo a lápiz de un bebé en una cuna. El bebé del dibujo parecía estar recibiendo medicación, o tal vez fluido o sangre, por una vía intravenosa que tenía en la muñeca. Examiné aquellas notas durante un rato y luego volví a observar el altar a oscuras y la pintura roja de la escalinata, desde la cual era posible ver a los guardias apostados en el balcón del Palacio Nacional, con la espalda pegada a la pared para evitar la lluvia. A muchos salvadoreños les ofende la Catedral Metropolitana, porque sigue siendo tal vez la única declaración política carente de ambigüedades que hay en El Salvador, una bomba metafórica en la central eléctrica suprema.

1983

MIAMI UNO

Las vanidades de La Habana se convierten en polvo en Miami. La noche de agosto de 1933 en que el general Gerardo Machado, por entonces presidente de Cuba, huyó en avión de La Habana para exiliarse, se llevó consigo cinco revólveres, siete sacos de oro y a cinco amigos que todavía iban en pijama. Hoy Gerardo Machado está enterrado en una cripta de mármol del cementerio de Woodland Park de Miami, en la sección 14, el mausoleo. La noche de marzo de 1952 en que Carlos Prío Socarrás, que había ayudado a derrocar a Gerardo Machado en 1933 y había llegado a presidente él también quince años más tarde, huyó en avión de La Habana para exiliarse, se llevó consigo a su ministro de Exteriores, a su ministro de Interior, a su mujer y a sus dos hijas pequeñas. Una fotografía de la ocasión muestra a la señora de Prío, bastante guapa, subiendo a la avioneta vestida con lo que parece ser un conjunto de seda cruda y un sombrero con velo de rejilla negro. Lleva guantes y pendientes. Está recién maquillada. El marido y padre, y hasta hace poco presidente, aparece con gafas oscuras y lleva en brazos a su hija pequeña, María Elena.

Hoy Carlos Prío está enterrado en el cementerio de Woodland Park de Miami, en la sección 3, en una tumba marcada con una lápida de piedra de unos dos metros sobre la cual hay una bandera cubana ondeante hecha de azulejos rojos, blancos y azules. «CARLOS PRÍO SOCARRÁS 1903-1977», dice la lápida, y justo debajo, como si la principal salvaguarda contra el olvido de Carlos Prío Socarrás fuera aquel periodo en la Universidad de La Habana en que estaba dirigiendo acciones contra Gerardo Machado: «MIEMBRO DEL DIRECTORIO ESTUDIANTIL UNIVERSITARIO 1930». Solo después aparece la leyenda «PRESIDENTE DE LA

REPÚBLICA DE CUBA 1948-1952», un anticlímax. Las presidencias son breves y el glamour de la acción es largo, allí entre los sacuanjoches caídos y las flores del árbol de Júpiter del cementerio de Woodland Park de Miami. «Dicen que fui un presidente terrible para Cuba –le dijo una vez Carlos Prío a Arthur M. Schlesinger, Jr., durante una visita a la Casa Blanca de Kennedy, cuando ya llevaba diez años de los veinticinco que duraría el epílogo en Miami a sus cuatro años de presidencia en La Habana–. Puede que eso sea verdad. Pero yo fui el mejor presidente que ha tenido nunca Cuba.»

Muchos epílogos de La Habana se han llevado a cabo en Florida, y también algunos prólogos. Florida es esa parte del escenario cubano en que se llevan a cabo las salidas declamatorias y los tratos de tapadillo. Florida es el lugar donde el coro espera para comentar la acción, y a veces para unirse a ella. Estando en el exilio, José Martí recaudó fondos entre los trabajadores del tabaco cubanos de Cayo Hueso y Tampa, y en 1894 intentó montar una expedición invasora que partiera del norte de Jacksonville. Estando en el exilio, Fidel Castro Ruiz llegó a Miami en 1955 en busca de dinero para llevar su Movimiento 26 de Julio a la Sierra Maestra, y lo obtuvo, de Carlos Prío. Fulgencio Batista también regresó de Florida para quitarle La Habana a Carlos Prío en 1952, pero en 1958 Fidel Castro, con el dinero de Carlos Prío, ya se la estaba quitando a Fulgencio Batista, momento en el cual el antiguo primer ministro de Carlos Prío intentó desembarcar una tercera fuerza en la provincia de Camagüey, con la idea de aprovecharse de la oportunidad de Fidel Castro, un intento notoriamente fallido que fue promovido por la Agencia Central de Inteligencia estadounidense y financiado por Carlos Prío desde su casa de Miami Beach.

Todo esto resulta instructivo. En esa ópera en curso que la gente, incluso los cubanos que ya han vivido la mayor parte de su vida en este país, sigue llamando *el exilio*, se ha comprobado que las reuniones en las casas privadas de Miami Beach tienen consecuencias. Se ha comprobado que los actos individuales afectan directamente a los acontecimientos. Las revoluciones y contrarrevoluciones se enmarcan en el sector privado, y el aparato de seguridad del Estado existe exclusivamente para ser reclutado por algún que otro actor privado. El hecho de que ahora se haya nacionalizado estadounidense ese particular estilo político, indígena del Caribe y de América Central, es una de las razones de que –en las ciénagas de la costa del sur de Florida, donde antes las hojas de las palmeras enanas volaban por encima de los detritos de una docena de booms inmobiliarios fallidos y donde los hoteles se pasaban seis meses al año entablados– haya brotado desde aquella primera hora del día de Año Nuevo de 1959 en que Fulgencio Batista salió en avión por última vez de La Habana (en aquel vuelo, que las llevó a la República Dominicana a bordo de un DC-4 de Aerovías Q, las mujeres todavía lucían los vestidos de noche que se habían puesto para la cena) un asentamiento de interés considerable, no exactamente una ciudad estadounidense en el mismo sentido en que hasta hace poco entendíamos las ciudades estadounidenses, sino una capital tropical: plagada de rumores y desprovista de memoria, construida aparatosamente sobre la quimera del dinero de la huida y tomando como referentes no Nueva York, Boston, Los Ángeles ni Atlanta, sino Caracas y México, La Habana y Bogotá, París y Madrid. De todas las ciudades estadounidenses, la única con la que ha estado conectada Miami desde 1959 ha sido Washington, lo cual constituye una peculiaridad de ambos lugares, y cada vez más su deformación.

1987

MIAMI DOS

Guillermo Novo era conocido por los agentes del FBI y los fiscales federales y por el diverso personal que componía las «fuerzas antiterroristas» de la Costa Este de Estados Unidos como uno de los dos hermanos Novo, Ignacio y Guillermo, dos exiliados cubanos que llamaron por primera vez la atención del país cuando en 1964 dispararon un obús de bazuka que no estalló contra las Naciones Unidas durante un discurso del Che Guevara. La historia tiene ciertos elementos de farsa (los belicosos hermanos bamboleándose en un botecito, el obús cayendo inofensivamente en el East River), y en una época en que muchos estadounidenses consideraban a los hispanos intrínsecamente graciosos, simple material para hacer chistes sobre su acento, aquel incidente se trató en general con tolerancia, como una simple y cómica nota a pie en las noticias. A medida que pasó el tiempo, sin embargo, los nombres de los hermanos Novo empezaron a aparecer en notas a pie menos cómicas, como, por ejemplo, la siguiente, sacada de la página 93 del volumen X del informe que llevó a cabo el Comité Selecto del Congreso sobre Asesinatos Políticos durante su investigación en 1978 del asesinato de John F. Kennedy:

> (67) Sesión de testimonio ejecutivo con inmunidad de Marita Lorenz, 31 de mayo de 1978. Vistas ante el Comité Selecto del Congreso sobre Asesinatos Políticos. Lorenz, que ha afirmado en público que fue amante de Castro (*Miami News*, 15 de junio de 1976) le ha dicho al comité que ella estuvo presente en una reunión celebrada en septiembre de 1963 en la casa de Orlando Bosch en Miami durante la cual Lee Harvey Oswald, Frank Sturgis, Pedro Díaz Lanz y Bosch hicieron planes para ir a Dallas. (...) Más tarde ha testi-

ficado que sobre el 15 de noviembre de 1963, ella, Jerry Patrick Hemming, los hermanos Novo, Pedro Díaz Lanz, Sturgis, Bosch y Oswald viajaron en una caravana de dos coches hasta Dallas y se alojaron en un motel donde contactó con ellos Jack Ruby. Que en la habitación del motel había varios rifles y miras telescópicas. (...) Lorenz ha dicho que regresó a Miami sobre el 19 o el 20 de noviembre. (...) El comité no ha encontrado pruebas que apoyen las afirmaciones de Lorenz.

El mismo Guillermo Novo estuvo entre los condenados de un juicio de 1979 que se basó en la demostración de las conexiones entre los acusados cubanos y la DINA, la policía secreta chilena, en relación con el asesinato en Washington del antiguo diplomático chileno Orlando Letelier y de la investigadora del Instituto de Estudios Políticos que estaba con él al estallar su coche, Ronni Moffitt. Aquella condena fue invalidada tras su apelación (el tribunal de apelación dictó que se había admitido de forma impropia el testimonio de dos informantes de la cárcel), y en un nuevo juicio celebrado en 1981, después de que los fiscales federales rechazaran un acuerdo en el que la defensa ofrecía declararse culpable del cargo menor de conspiración, además de lo que el abogado de Guillermo Novo llamó «una guinda» –la «garantía» por parte de Guillermo Novo de «detener toda la violencia de los exiliados cubanos en Estados Unidos»–, Guillermo Novo fue absuelto.

Resulta que conocí a Guillermo Novo en 1985, un lunes por la mañana en que yo estaba esperando a alguien en la recepción de la WRHC-Cadena Azul de Miami, una emisora cuyas iniciales significaban Radio Habana Cuba. El encuentro careció por completo de trascendencia. Simplemente un hombre que se presentó a sí mismo como «Bill Novo» apareció a mi lado y nos pasamos unos minutos intercambiando datos biográficos menores. Me dijo que se había fijado en que yo estaba leyendo una carta que había enmarcada en la pared de la recepción. Me dijo que era el jefe de ventas de la WRHC y que solo llevaba tres años viviendo en Miami. Me dijo que, sin embargo, llevaba viviendo en Estados Unidos desde 1954, sobre todo en Nueva York y Nueva Jersey. Era un hombre bajito y de rasgos marcados, vestido con traje blanco tropical y que de hecho hablaba inglés con un acento que remitía a Nueva Jersey; tenía una manera peculiar de materializarse y esfumarse de lado, de surgir de una oficina interna y luego escabullirse de vuelta a ella, y allí fue donde se retiró después de darme su tarjeta de visita, y es que el intercambio de tarjetas de visita seguía siendo un ritual más o menos fijo en el Miami cubano. «GUILLERMO NOVO SAMPOL –decía la tarjeta–. *Gerente de ventas, WRHC-Cadena Azul.*»

A mí me pareció notable que en Miami fuera posible un lunes cualquiera por la mañana tener un encuentro tan insulso con uno de los hermanos Novo, tal vez porque yo todavía no estaba acostumbrada a un ritmo en que los tratos con la DINA y las acusaciones no demostradas sobre la habitación de motel en Dallas se podían incorporar sin problema a la jornada de trabajo norteamericana, y aquella misma semana le pregunté a un exiliado cubano que conocía bastante la WRHC si el Guillermo Novo que trabajaba de jefe de ventas de la WRHC era el mismo Guillermo Novo que había sido juzgado por el asesinato de Letelier. Mi conocido objetó que «al final lo habían absuelto de la acusación de lo de Letelier». Pero ¿se trataba, insistí yo, del mismo hombre? Mi conocido se encogió de hombros con impaciencia, no como si le pareciera mejor no hablar del tema, sino como si no le acabara de ver el interés.

–Bill Novo ha sido un hombre de acción –dijo–. Sí, claro.

Ser un hombre de acción en Miami significaba recibir apoyo de muchas partes. En la pared de la sala de recepción de la WRHC-Cadena Azul de Miami –donde el jefe de ventas era Guillermo Novo y de vez en cuando participaba como comentarista Juanita, la hermana de Fidel y Raúl Castro que había roto con ellos, y donde el presentador de la tertulia más popular era Felipe Rivero, cuya familia había publicado desde 1832 hasta 1960 el poderoso *Diario de la Marina* en La Habana y que en 1986, después de una controversia alimentada por su insistencia en que el Holocausto no había tenido lugar sino que había sido inventado «para difamar y dividir al pueblo alemán», dejaría la WRHC para irse a la WOCN– colgaba en 1985 una carta enmarcada, la que había mencionado Guillermo Novo al materializarse a mi lado aquel lunes por la mañana. La carta, con fecha de octubre de 1983 y firmada por el presidente de Estados Unidos, decía así:

> Me he enterado por Becky Dunlop [presumiblemente Becky Norton Dunlop, asistente de la Casa Blanca que más tarde seguiría a Edwin Meese al Departamento de Justicia] del magnífico trabajo que se está haciendo en la WRHC. Muchos de vuestros oyentes también se han puesto en contacto conmigo, elogiando vuestra cobertura de las noticias y vuestros editoriales. Esa plantilla tan llena de talento que tenéis se merece un elogio especial por mantener tan bien informados a vuestros oyentes.
>
> Por supuesto, me ha complacido en especial el hecho de que hayáis estado traduciendo mi charla semanal al español y emitiéndola. Esto es importante porque vuestra señal llega al pueblo de Cuba, cuyos medios de comunicación rígidamente controlados por el gobierno suprimen cualquier noticia que Castro y sus secuaces comunistas no quieren que la gente conozca. La WRHC está llevando a cabo un gran servicio para todos sus oyentes. Seguid con vuestro buen trabajo y que Dios os bendiga.
>
> [firmado] *Ronald Reagan*

El día en que me fijé en ella en la pared de la WRHC, y llamé la atención de Guillermo Novo al leerla, esta carta me interesó porque la semana anterior yo había estado revisando los argumentos de la administración a favor de Radio Martí, ninguno de los cuales, construidos como estaban en torno a la figura del rayo de luz que rasgaba las tinieblas, aludía a aquellas charlas semanales que la gente de Cuba parecía estar recibiendo por la WRHC-Cadena Azul de Miami. Más tarde la carta me interesó porque yo había empezado a revisar las charlas radiofónicas semanales en sí, y me había encontrado una de 1978 en que Ronald Reagan, que todavía no era presidente, se mostraba escéptico ante la idea de que el gobierno de Pinochet o los «exiliados cubanos anticastristas» acusados, uno de los cuales era Guillermo Novo, tuvieran algo que ver con el asesinato de Letelier.

En cambio, Ronald Reagan se preguntaba («No conozco la respuesta, pero es una pregunta que vale la pena hacerse...») si la razón del asesinato de Orlando Letelier no habrían sido sus «contactos con marxistas y con causas de la extrema izquierda», si dichos contactos no habrían provocado, según el guión de aquella charla, que «lo acabaran asesinando sus propios amos». Este es el escenario que pintaba: «Vivo», razonaba Ronald Reagan en 1978, Orlando Letelier «podía causar problemas; muerto, se lo podía convertir en un mártir. Y la izquierda no perdió ni un momento en hacer eso mismo». En realidad, esta versión del asesinato de Letelier ya la había adelantado el senador Jesse Helms (republicano, Carolina del Norte), que les explicó a sus colegas del Senado que no era «verosímil» sospechar que el gobierno de Pinochet estuviera implicado en el caso Letelier, porque el terrorismo era «casi siempre una herramienta organizada de la izquierda», pero la refundición que llevó a cabo después Reagan resultaba interesante en sí misma, elaborada mediante una forma de hablar que más adelante se volvería familiar, y según la cual los acontecimientos eran susceptibles de ser revisados sobre la marcha para convertirse en ejemplos de ideología.

«En Hollywood no hubo listas negras –le dijo Ronald Reagan a Robert Scheer del *Los Angeles Times* durante la campaña de 1980–. Las listas negras de Hollywood, si las hubo, las hicieron los comunistas.» «Voy a expresar una sospecha que nunca he manifestado en voz alta –les dijo Ronald Reagan a treinta y seis estudiantes de secundaria de Washington en 1983, hablando de los escuadrones de la muerte de El Salvador–. Me pregunto si todo esto es obra de la extrema derecha o bien si esas fuerzas guerrilleras no se habrán dado cuenta de que si se infiltran en la ciudad de San Salvador y en sitios parecidos, podrán cometer esos actos violentos con impunidad y contribuir a derrocar al gobierno, y la extrema derecha será quien cargue con las culpas.» «Tenemos nuevas informaciones que demuestran», les contó Ronald Reagan a sus oyentes radiofónicos en marzo de 1986, a modo de explicación de por qué le estaba pidiendo al Congreso que apoyara económicamente a quienes él llamaba «los defensores de la libertad en Nicaragua», que «Tomás Borge, el ministro de Interior comunista, está implicado en una brutal campaña para desacreditar a los defensores de la libertad. Sepan que los agentes comunistas de Borge se disfrazan con uniformes de defensores de la libertad, se van al campo y allí asesinan y mutilan a nicaragüenses normales y corrientes».

Todas estas historias eran lo que David Gergen, cuando era director de comunicaciones de la Casa Blanca, llamaba «un arte popular», la forma que tenía el presidente de «intentar contarnos cómo funciona la sociedad». Otros miembros del personal de la Casa Blanca habían descrito las historias como los «pensamientos» del presidente, emplazándolas en el cordial marco de las reflexiones paternales espontáneas; sin embargo, eran más que eso. En primer lugar, nunca eran espontáneas, sino sistemáticas, y lo eran de una forma enérgica. Las historias transmitían todas una misma idea. El lenguaje en que se contaban no era el de la argumentación política, sino el de la publicidad («Tenemos nuevas informaciones que demuestran...» y «Acabamos de enterarnos de que...» y una construcción que me llamó la atención en un discurso de 1984 dirigido a la Asociación Nacional de Emisoras Religiosas: «Los doctores en medicina confirman que...»), el del discurso de los vendedores.

No se trataba de una simple vulgaridad en la dicción. Cuando alguien dice que Orlando Letelier fue «asesinado por sus propios amos» o que la señal de la WRHC llega a una gente a quienes les niegan la información «Castro y sus secuaces comunistas», o bien habla de los «uniformes de defensores de la libertad» con que se disfrazan «los agentes comunistas» del «ministro de Interior comunista», esa persona no está exponiendo unos argumentos, sino contando con la disposición del oyente a acceder a lo que Hannah Arendt denominaba, hablando de la propaganda, «la calma atroz de un mundo completamente imaginario». La mañana en que conocí a Guillermo Novo en la sala de recepción de la WRHC-Cadena Azul copié en mi cuaderno los elogios enmarcados de la Casa Blanca y más tarde los mecanografié y los pegué en la pared de mi oficina, a modo de recordatorio de la distancia que hay entre lo que se dice en las etéreas alturas de Washington –que trata de la confección de los gestos y el envío de los mensajes y el trazado de las posiciones que van a servir para mantener ese mundo imaginario, trata de las estrategias bidireccionales y de las rutas alternativas y de los Grupos Especiales (Aumentados), trata de «no romper la fe» y de «dejar las cosas claras»– y lo que se oye en la calle en Miami, que trata de las consecuencias.

En muchos sentidos Miami sigue siendo nuestra lección más gráfica en el tema de las consecuencias. «Yo les aseguro que esta bandera le va a ser devuelta a esta brigada en una Habana libre», les dijo John F. Kennedy a los miembros supervivientes de la Brigada 2506 en 1962 en el Orange Bowl (la «supuesta promesa», la promesa «que no estaba en el guión», la promesa motivada «por la emoción del momento»), y lo dijo como una abstracción, como la mera expresión retórica de un deseo colectivo; una especie de poesía, que por supuesto no hace que suceda nada. «No permitiremos que los soviéticos y sus secuaces de La Habana le roben a la gente su libertad», dijo Ronald Reagan en el Auditorio del Condado de Dade en 1983 (2.500 personas dentro, 60.000 fuera, doce ovaciones con el público en pie y un almuerzo a base de pollo asado en La Esquina de Tejas con Jorge Mas Canosa y otros 203 adeptos provisionales), y a continuación Ronald Reagan, el primer presidente norteamericano desde John F. Kennedy que visitaba Miami en busca del apoyo cubano, añadió lo siguiente: «Algún día, también Cuba será libre».

Por supuesto, esto también era simple poesía, otra expresión retórica del mismo deseo colectivo, pero Ronald Reagan, igual que había hecho John F. Kennedy, estaba dirigiéndose allí a una gente cuya experiencia histórica no les decía que la poesía no hace que suceda nada. En una de las primeras veladas que pasé en Miami me senté a cenar carne con papas a medianoche en un apartamento lleno de cuadros de uno de los edificios de Arquitectonica en Brickwell Avenue y escuché a varios exiliados hablar de la relación entre lo que se decía en Washington y lo que se hacía en Miami. Aquellos exiliados eran todos gente culta. Habían leído mucho y viajado mucho, eran ciudadanos que se sentían a gusto en un mundo que iba más allá de Washington y Miami, llevaban americanas elegantes y vestidos franceses y tenían intereses en Nueva York y Madrid y México. Y, sin embargo, lo que se dijo aquella noche en aquel apartamento de lujo que dominaba la bahía Vizcaína nacía de una impotencia casi primitiva, de una furia regresiva provocada por el hecho de haber sido, según lo veían aquellos exiliados, repetidamente utilizados y repetidamente traicionados por el gobierno de Estados Unidos.

–Le voy a contar una cosa –me dijo uno de ellos–. Hablan de los «terroristas cubanos». Pero a esos tipos que llaman «terroristas cubanos» los han entrenado ellos.

Por tanto, no se trataba de esa queja general de los exiliados sobre un gobierno que podría haber adoptado su lucha pero no lo había hecho. Se trataba de algo más específico: se quejaban de que el gobierno en cuestión sí que había adoptado «la lucha», pero lo había hecho para su propio beneficio, y, en lo que aquellos exiliados veían como una tendencia repetida al engaño que se remontaba a seis administraciones atrás, para sus propios fines. Esa tendencia, tal como ellos la veían, consistía en que el gobierno de Estados Unidos se dedicaba a animar o apoyar insistentemente las acciones de los exiliados y luego, cada vez que se producía un cambio de política y aquellas acciones se volvían embarazosas, una nota discordante en el mensaje que fuera que Washington estuviera mandando aquel mes o aquel año, se desentendía de los exiliados involucrados, y a veces no solo se desentendía de ellos sino que, como la naturaleza de «la lucha» era esencialmente ilegal, les tendía trampas para acusarlos; los posicionaba, por así decirlo, para su caída.

Mencionaron, igual que muchos exiliados, los juicios al Omega 7. Mencionaron, igual que muchos exiliados, a los ladrones de casas cubanos del Watergate, a quienes les habían dicho, puesto que para entonces ya había muchos exiliados que no confiaban en la CIA, que el encargo que estaban llevando a cabo no era simplemente para la CIA, sino directamente para la Casa Blanca. Mencionaron el caso de José Elías de la Torriente, un respetado líder del exilio que a finales de la década de 1960 había sido reclutado por la CIA para prestar su nombre y su prestigio a un nuevo plan trazado para derrocar a Fidel Castro, el «Plan de Trabajo para la Liberación» o Plan Torriente.

Una vez más se había reunido dinero y se habían generado expectativas. Toda la atención del exilio se había concentrado durante un tiempo en el Plan Torriente, generando una división de energías que, a medida que pasaban los años sin que sucediera nada, a muchos les sugirió que tal vez desde su mismo inicio el plan no había sido más que otra solución improvisada al problema del derrocamiento, otro truco con espejos. Y una comunidad frustrada que volvía a quedarse sin ningún sitio adonde ir acabó llamando traidor a José Elías de la Torriente. Acabó llamándolo esbirro de la CIA. Y finalmente José Elías de la Torriente terminó, a los setenta años, mientras estaba sentado en su casa de Coral Gables viendo *La túnica sagrada* por la tele sobre las nueve de la noche del Viernes Santo de 1974, siendo asesinado, tiroteado a través de la persiana de lamas de una ventana a manos de alguien, presumiblemente un exiliado, que reivindicó la muerte en nombre de «Cero».

Cuando la contaron a la mesa de aquella cena, esta historia tuvo el aire de una situación desarrollada hasta su mismo final aristotélico, de ese inexorable progreso caribeño de la causa al efecto que más tarde he llegado a ver como algo fundamental en la forma en que Miami se piensa a sí misma. Las historias de Miami suelen tener finales. El cañón del escenario suele dispararse. Una de las personas que hablaron con mayor ardor aquella noche fue una preciosa joven con un vestido de rayón blanco, abogada y miembro activo del Partido Demócrata de Miami. Aquella cena en el apartamento de lujo que dominaba la bahía Vizcaína tuvo lugar en marzo de 1985, y la mujer del vestido de rayón blanco era María Elena Prío Durán, la hija que se había exiliado en avión en marzo de 1952 junto con el ministro de Exteriores de su padre, el ministro de Interior de su padre, su padre, su hermana y su madre, la igualmente preciosa mujer del sombrero con velo de rejilla.

Recuerdo que aquella noche contemplé a María Elena Prío Durán mientras se apartaba el pelo de la cara y extendía el brazo hacia el otro lado de la mesa para coger un cigarrillo. Aquello fue mucho antes de que el C-123K que llevaba a Eugene Hasenfus cayera del cielo en territorio de Nicaragua. Mucho antes de que Eugene Hasenfus mencionara los nombres de los miembros de la Brigada 2506 que ya estaban en sus puestos en Ilopango. «NICARAGUA HOY, CUBA MAÑANA.» «Permítame que le hable de terroristas cubanos –me dijo desde el otro extremo de la mesa otro de los exiliados que estaban en la cena de aquella noche, un importante arquitecto de Miami llamado Raúl Rodríguez–. Cuba nunca ha cultivado plástico. Cuba cultiva tabaco. Cuba cultiva caña de azúcar. Cuba nunca ha cultivado C-4.» María Elena Prío Durán encendió el cigarrillo y lo aplastó de inmediato. «El C-4 –dijo Raúl Rodríguez, y al decirlo dio una fuerte palmada en el mantel blanco– se cultiva aquí.»

1987

MIAMI TRES

A sus veintiséis años, Steven Carr era un maleante del sur del Florida que trabajaba esporádicamente como obrero de la construcción en Naples y llevaba tatuados en el bíceps izquierdo el lema «MUERTE ANTES QUE DESHONOR» y una calavera en llamas; lo habían expulsado de la armada por consumo abusivo de alcohol; y lo habían condenado por el robo de dos anillos de oro y diamantes, valorados en 578 dólares, que su padrastro le había regalado a su madre. «Solo los llevaba los días de fiesta, yo pensaba que ni se fijaría en que ya no los tenía», dijo más tarde Steven Carr sobre el asunto de los anillos de su madre. No hablaba español. No tenía interés alguno en ningún bando del conflicto de Nicaragua. Pese a todo, en marzo de 1985, de acuerdo con la historia que empezó a contar después de que lo detuvieran en Costa Rica por un asunto de armas y mientras esperaba a ser juzgado en la prisión de La Reforma de San José, Steven Carr había recogido armas para la Contra en varios puntos del condado de Dade, las había cargado en un vuelo chárter a bordo de un Convair 440 en el aeropuerto internacional de Fort Lauderdale-Hollywood, había acompañado aquel envío hasta el aeropuerto de Ilopango en San Salvador y había presenciado la entrega final de las armas a una unidad de veteranos de la Brigada 2506 que ahora luchaba con la Contra desde una base situada a unos cinco kilómetros al sur de la frontera nicaragüense.

Más adelante esta historia se volvería familiar, pero su trascendencia en el momento en que Steven Carr se la contó por primera vez a Juan Tamayo del *Miami Herald*, en verano de 1985, se debió a que era la primera persona que aseguraba en público conocer de primera mano todas las etapas de un envío. En verano de 1986, después de que Steven Carr saliera bajo fianza de La Reforma y regresara al sur de Florida (los detalles de cómo llegó allí son objeto de controversia, pero es posible que hubiera implicados funcionarios de las embajadas estadounidenses en Panamá y San José, quienes es posible que le regalaran un billete de avión y le dieran la orden de «salir cagando leches de Dodge»), y mientras se hallaba cumpliendo seis meses en la cárcel del condado de Collier por haber violado su libertad condicional con aquel asunto de los anillos de su madre, ya se la estaba contando también, por supuesto, a los investigadores de diversos comités del Congreso y también de la oficina del fiscal federal de Miami. Fue entonces, en agosto de 1986, cuando sus abogados pidieron que fuera excarcelado antes de tiempo y acogido, debido a que la historia que estaba contando supuestamente ponía en peligro su vida, en un programa de protección de testigos.

–Hay mucha gente a quien le caigo mal porque digo la verdad –le contó Steven Carr al *Miami Herald* unos días antes de que su petición fuera escuchada y rechazada–. Cuando todo esto se acabe no me voy a sentir muy seguro yendo por la calle.

Steven Carr salió de la cárcel del condado de Collier, tras cumplir su sentencia completa, el 20 de noviembre de 1986. Veintitrés días más tarde, a las dos de la madrugada del 13 de diciembre de 1986, Steven Carr se desplomó delante de la habitación que tenía alquilada en Panorama City, California (una habitación de la que no salía casi nunca, según la mujer a quien se la había alquilado, Jackie Scott, y en la que dormía con las puertas cerradas con llave y las luces encendidas), empezó a tener convulsiones y murió de una supuesta sobredosis de cocaína. «Lo siento», dijo Steven Carr cuando Jackie Scott, cuya hija había oído «un ruido fuerte» y la había despertado, se lo encontró tirado en la entrada de la casa. Jackie Scott le dijo al *Los Angeles Times* que aquella noche no había visto a Steven Carr beber ni tomar drogas, y que tampoco podía arrojar luz alguna sobre lo que él había dicho a continuación: «Me ha entrado la paranoia... me las he tragado todas».

Jesús García era un ex funcionario de prisiones del condado de Dade que a principios de 1986, cuando empezó a contar su historia, estaba cumpliendo sentencia en Miami por posesión ilegal de una MAC-10 con silenciador. Jesús García, que había nacido en Estados Unidos de padres cubanos y se consideraba un patriota, contó que había recogido armas para la Contra durante la primavera de 1985, y también habló del plan, que él decía que se había discutido en febrero de 1985 en la coctelería del Howard Johnson's que había cerca del aeropuerto de Miami, para asesinar al nuevo embajador estadounidense en Costa Rica, volar por los aires la embajada en ese país y echarles la culpa a los sandinistas. La idea, contó Jesús García, había sido darle a Estados Unidos la oportunidad que necesitaba para invadir Nicaragua, y también cobrar el millón de dólares que se decía que el cártel colombiano de la cocaína había ofrecido por el nuevo embajador estadounidense en Costa Rica, que había sido hasta hacía poco el embajador estadounidense en Colombia y había hablado con frecuencia de lo que él llamaba las «narco-guerrillas».

En las historias contadas por Jesús García y por Steven Carr había ciertos detalles que parecían coincidir. Tanto Jesús García como Steven Carr mencionaban el hotel Howard Johnson's que había cerca del aeropuerto de Miami, que resultaba ser también el Howard Johnson's que tenía el «descuento de guerrilla» de diecisiete dólares la noche. Tanto Jesús García como Steven Carr mencionaban reuniones en Miami con un americano llamado Bruce Jones, de quien se decía que tenía una granja en la frontera entre Costa Rica y Nicaragua. Tanto Jesús García como Steven Carr mencionaban a Thomas Posey, el vendedor de hortalizas al por mayor de Alabama que había fundado el grupo paramilitar AMC, o Asistencia Material Civil, antes conocido como Asistencia Militar Civil. Tanto Jesús García como Steven Carr mencionaban a Robert Owen, el joven licenciado por Stanford que se había ido a Washington a trabajar a las órdenes del senador Dan Quayle (republicano, Indiana), después se había pasado a las relaciones públicas, trabajando en Gray and Company, en enero de 1985 había fundado el Instituto por la Democracia, la Educación y la Asistencia, o IDEA (un instituto sin ánimo de lucro que para el otoño de 1985 ya tenía un contrato de consultoría con la Oficina de Asistencia Humanitaria a Nicaragua del Departamento de Estado), y que, como salió a la luz más tarde, había estado llevando dinero en metálico a América Central y trayéndolo de vuelta para Oliver North.

Tal como lo describían, aquel era un mundo pequeño, en el que los encuentros parecían al mismo tiempo casuales y predestinados, igual que en aquel sueño diurno que era el mismo Miami. La gente de aquel mundo decía que se había «topado con una organización». La gente veía a los defensores de la libertad primero en *Nightline* y luego en Miami. La gente veía cajas en habitaciones de motel y sacaba la conclusión de que en las cajas había C-4. La gente recibía llamadas telefónicas de desconocidos e iba a recogerlos al aeropuerto a las tres de la madrugada y se ponía a buscar un avión privado para volar a América Central. Había gente que aparecía de la nada: Jesús García había conocido por casualidad a Thomas Posey porque estaba haciendo el turno de tarde en la cárcel del condado de Dade el día en que llevaron allí a Thomas Posey por intentar pasar una pistola automática de nueve milímetros por la máquina de rayos X de la zona G del aeropuerto de Miami. Había gente que no aparecía exactamente de la nada pero aparecía por todo el mapa: Jesús García contaba que había visto a Robert Owen en Miami, y más concretamente, en palabras de un ayudante del fiscal federal de Miami, «en aquel Howard Johnson's donde planeaban aquellos rollos», con lo cual el ayudante del fiscal federal se refería a los vuelos cargados de armas. Steven Carr decía que había visto a Robert Owen en Costa Rica, supervisando una entrega de armas en la base cercana a la frontera nicaragüense. Cuando por fin compareció ante los comités selectos, Robert Owen reconoció haber estado presente al efectuarse dicha entrega, pero afirmó que jamás había visto la descarga en sí del material, y que su presencia en la escena había sido, en palabras del *Miami Herald*, «una mera coincidencia»: otro encuentro casual pero predestinado.

No había ningún elemento particularmente novedoso ni en la historia que había contado Jesús García ni tampoco en la de Steven Carr. Se trataba de historias de Miami, fragmentos de la narración subacuática, y en tanto que tales ya constituían un género familiar en este país por lo menos desde Bahía de Cochinos. Muy a menudo estas historias tenían una procedencia dudosa, las filtraban fiscales incapaces de usarlas ante un tribunal o bien se obtenían, como es el caso que nos ocupa, mediante entrevistas dentro de la cárcel, una circunstancia que tradicionalmente ha ido, igual que el tatuaje de «MUERTE ANTES QUE DESHONOR», en contra de la credibilidad de su autor. Además, las historias de Miami siempre costaban bastante de seguir y normalmente requerían un recuerdo de otras historias de Miami más extenso del que podía tener nadie que no fuera de Miami. Sus personajes reaparecían con frecuencia. Por ejemplo, resultó que un individuo encarcelado por poner bombas y llamado Héctor Cornillot, antiguo miembro del movimiento Poder Cubano de Orlando Bosch, había sido durante la primavera de 1985 el contable nocturno del Howard Johnson's que había cerca del aeropuerto de Miami. La motivación de esta clase de individuos, que a menudo no se veía claramente en su primera o su segunda aparición, podía aclararse únicamente a la tercera, o incluso a la décima.

Las historias de Miami eran mezquinas y escabrosas, y dependían en tan gran medida de un salto deductivo que solían atraer a los partidarios de las explicaciones ideológicas o paranoicas, lo cual constituía otra razón de que a mucha gente le siguieran costando tanto de creer. A la Comisión Warren le habían contado historias así en 1964, pero mucha gente había preferido hablar de lo que por entonces se llamaba el clima de violencia y el proceso de curación. Durante las investigaciones del Watergate en 1974 se habían contado historias así, pero el presidente había dimitido, permitiendo que empezara el proceso de curación, tal como se volvió a denominar. Al Comité Church le habían contado historias así en 1975 y 1976, y también al Comité Selecto del Congreso sobre Asesinatos Políticos en 1977 y 1978, pero mucha gente había preferido concentrarse en las cuestiones constitucionales suscitadas y no en la jeringa hipodérmica que contenía insecticida de nicotina y con la que la CIA había intentado asesinar a Fidel Castro en noviembre de 1963, ni en Johnny Roselli dentro de un bidón de petróleo flotando en la bahía Vizcaína, ni tampoco en aquella habitación de motel de Dallas donde Marita Lorenz aseguraba haber visto los rifles y las miras telescópicas y a Frank Sturgis y a Orlando Bosch y a Jack Ruby y a los hermanos

Novo, sino en la separación de poderes y en el rol verdadero de la supervisión por parte del Congreso. «La búsqueda de la conspiración –había escrito Anthony Lewis en el *New York Times* en septiembre de 1975–, únicamente intensifica la tendencia a la morbidez, la paranoia y la fantasía que tiene este país. Les atribuye romanticismo a unos crímenes que son terribles precisamente por su falta de sentido. Y empaña nuestra necesaria comprensión del hecho de que en esta vida a menudo la tragedia se presenta sin razón alguna.»

Esta no era una reflexión nada atípica durante aquella época, como tampoco lo sería más tarde. Particularmente en Washington, donde se creía que las consecuencias lógicas de las ansias imperiales de una administración se borraban cada vez que se volvían a accionar las palancas electorales, se consideraba que el estudio de la narración subacuática, aquellas historias sobre lo que la gente de Miami podía o no haber hecho basándose en las cosas que la gente de Washington podía o no haber dicho, no tenía ningún propósito útil. El hecho de que el asesinato de John F. Kennedy pudiera tal vez haber sido la consecuencia concreta de las incursiones de su administración en los trópicos de la morbidez, la paranoia y la fantasía (ya en 1964, dos abogados de la Comisión Warren, W. David Slawson y William Coleman, habían redactado un memorando que apremiaba a la comisión a que investigara la posibilidad de que Lee Harvey Oswald hubiera estado actuando a las órdenes de exiliados anticastristas cubanos, o bien que hubiera sido víctima de una trampa de estos), no recomendaba, según esta perspectiva, un estudio más minucioso de los trópicos. El hecho de que pudieran tal vez existir, entre los escombros de la administración Reagan, ciertas consecuencias de las incursiones similares que había llevado a cabo dicha administración únicamente recomendaba, según esta perspectiva, que todo el mundo volviera a concentrarse en el modelo mecánico, en hablar de departamentos arrolladores, de la arrogancia de la rama ejecutiva, de crisis constitucionales y de la naturaleza de la presidencia, de defectos estructurales y de defectos de procedimiento; y que se concentraran, por encima de todo, en 1988, cuando las palancas serían accionadas otra vez y las consecuencias borradas y cualquier resto de morbidez se vería disipado por los entusiasmos y las energías del nuevo equipo. «Dick Goodwin estaba manejando América Latina y una docena de problemas más», nos contó una vez Arthur M. Schlesinger, Jr., sobre los primeros meses de la administración Kennedy, tal vez una de las frases más sugerentes que se han escrito nunca sobre aquel efecto de tabla rasa que tenía la vida de Washington.

A finales del verano de 1985, unos meses después de la reunión de Apoyo Exterior celebrada en la sala 450 del Antiguo Edificio de Oficinas Ejecutivas de Washington en la que yo había oído a Jack Wheeler hablar de la necesidad de apoyar a los defensores de la libertad en todo el mundo, resulta que recibí una carta («Querido ciudadano norteamericano») firmada por el general de brigada John K. Singlaub, una carta que me invitaba a la Cena de la Internacional de Defensores de la Libertad que se iba a celebrar aquel mes de septiembre en el Crystal Ballroom del hotel Registry de Dallas. La carta llevaba fecha del 7 de agosto de 1985, una fecha en la que Steven Carr ya estaba instalado en la prisión de La Reforma de San José y en la que a Jesús García le faltaba un día para recibir la llamada de un desconocido de veintinueve años que se identificó como Allen Saum, y que le dijo que era comandante de marines y que llamaba de parte de la Casa Blanca y que a continuación alistó a Jesús García en una misión que le describió como una «criatura de George Bush» y después telefoneó a la oficina del FBI en Miami y les dijo dónde podían coger a Jesús García y su MAC-10. «Tenía el típico aspecto de la Ivy League, me pareció que debía de ser de la CIA», diría más tarde Jesús García sobre «Allen Saum», que no se presentó al juicio de Jesús García pero sí a una vista previa al juicio, donde afirmó recibir órdenes de un hombre al que únicamente conocía como «Sam».

La carta del general Singlaub pedía que todo el que la recibiera y no pudiera asistir a la cena de Dallas (quinientos dólares el cubierto) se planteara en cualquier caso hacer constar su nombre en el Programa Conmemorativo de la Internacional de Defensores de la Libertad (cincuenta dólares la copia), que a su vez el general Singlaub le «presentaría en persona al presidente Reagan». Hasta la donación más pequeña, recalcaba el general Singlaub, era importante para mantener «encendida la llama de la libertad». Los muyahidines de Afganistán, por ejemplo, que se contaban entre los defensores de la libertad que se iban a beneficiar de la cena de Dallas (junto con los de Angola, Laos, Vietnam del Sur, Camboya, Mozambique, Etiopía y por supuesto Nicaragua), habían destruido no hacía mucho «aproximadamente un 25 por ciento de la fuerza aérea proporcionada por la Unión Soviética al gobierno de Afganistán» (o bien, de acuerdo con el general Singlaub, veinte cazas MIG, valorados en cien millones de dólares) con solo «unos pocos centenares de dólares gastados en explosivos plásticos».

Recuerdo que mientras leía aquella frase sobre los muyahidines y los pocos centenares de dólares que se habían gastado en explosivos plásticos experimenté esa misma sensación de oportunidades en expansión, o tal vez en contracción, que había experimentado recientemente durante los vuelos a Miami. En aquella carta del general Singlaub convergían muchos elementos aparentemente dispares, y no se trataba de una convergencia que disuadiera precisamente de aquella «búsqueda de la conspiración» que tanto había deplorado Anthony Lewis una década atrás. La narración en la que unos pocos centenares de dólares gastados en explosivos plásticos podían cambiar la historia, que parecía ser el guión que estaban siguiendo el general Singlaub y mucha de la gente que yo había visto en la sala 450, era la misma narración según la cual estaba comprobado que las reuniones en casas particulares de Miami Beach derrocaban gobiernos. La narración según la cual estaba comprobado que los actos individuales afectaban directamente a los acontecimientos, y según la cual las revoluciones y contrarrevoluciones se enmarcaban en el sector privado; esa narración según la cual el aparato de seguridad del Estado existía exclusivamente para ser reclutado por algún que otro actor privado.

También se trataba de la narración en la que las palabras solían tener consecuencias, y las historias tenían finales. «NICARAGUA HOY, CUBA MAÑANA.» Cuando Jesús García hablaba de reunirse en la coctelería del Howard Johnson's cercano al aeropuerto de Miami para discutir un plan para asesinar al embajador estadounidense en Costa Rica, poner una bomba en la embajada americana de aquel país y echar la culpa a los sandinistas, el embajador estadounidense del que estaba hablando era Lewis Tambs, uno de los autores del documento de Santa Fe, las cincuenta y tres páginas que habían articulado para mucha gente de Washington las razones precisas de la misma implicación estadounidense en la política del Caribe que aquel plan discutido en la coctelería del Howard Johnson's cercano al aeropuerto de Miami estaba destinado a asegurar. «Permítame que le hable de terroristas cubanos –me dijo Raúl Rodríguez durante aquella cena celebrada a medianoche en el apartamento del edificio de Arquitectonica que daba a la bahía Vizcaína–. Cuba nunca ha cultivado plástico. Cuba cultiva tabaco. Cuba cultiva caña de azúcar. Cuba nunca ha cultivado C-4.»

Aquella noche en Miami soplaba un aire cálido y suave incluso a medianoche, y las puertas de cristal de la terraza que dominaba la bahía estaban abiertas. La hija del decimoquinto presidente de la República de Cuba, María Elena Prío Durán, la tumba de cuyo padre en el cementerio de Woodland Park de Miami estaba a un tiro de piedra de la cripta privada a la cual otro presidente exiliado, Anastasio Somoza Debayle de Nicaragua, había sido llevado cuarenta y ocho horas después de su asesinato en Asunción (en aquella cripta no figuraba ningún nombre, ni fechas, ni epitafio, solo las iniciales «A. S.» grabadas entre las azucenas de una vidriera, como si su ocupante hubiera negociado su salida de la historia), se había encendido su cigarrillo y lo había apagado de inmediato. Cuando Raúl Rodríguez dijo aquella noche que el C-4 crecía aquí, estaba hablando de lo que había costado olvidar que las decisiones tomadas en Washington tenían efectos fuera de Washington; del efecto reverberante de ciertas ideas y de las consecuencias de las mismas. Aquella cena en Miami se celebró el 26 de marzo de 1985. Las reuniones en Miami descritas por Jesús García ya habían tenido lugar. Los vuelos procedentes de Miami descritos por Jesús García y por Steven Carr ya habían tenido lugar. Aquellas reuniones y aquellos vuelos eran una parte mínima de todo lo que ya había tenido lugar; de lo que iba a tener lugar después; y también de lo que, en este mundo en el que las historias siempre han acostumbrado a tener finales, sigue sin haber sucedido. «De hecho, yo jugué un papel muy importante en las decisiones de apoyar a los defensores de la libertad –dijo el cuadragésimo presidente de Estados Unidos más de dos años después, el 15 de mayo de 1987–. De hecho, fueron idea mía.»

1987